# Literatur – Kultur – Geschlecht

Studien zur Literatur- und
Kulturgeschichte

In Verbindung mit
Jost Hermand, Gert Mattenklott,
Klaus R. Scherpe und Lutz Winckler

herausgegeben von
Inge Stephan und Sigrid Weigel

Kleine Reihe
Band 9

Inge Stephan

# MUSEN & MEDUSEN

Mythos und Geschlecht in der Literatur
des 20. Jahrhunderts

1997

BÖHLAU VERLAG KÖLN · WEIMAR · WIEN

Die Deutsche Bibliothek – CIP-Einheitsaufnahme

**Stephan, Inge:**

Musen & Medusen : Mythos und Geschlecht
in der Literatur des 20. Jahrhunderts / Inge Stephan. –
Köln ; Weimar ; Wien : Böhlau, 1997
(Literatur - Kultur - Geschlecht ; Bd. 9 : Kleine Reihe)
ISBN 3-412-13296-9

Satz: Offizin Wissenbach, Würzburg
Druck: MVR-Druck, Brühl
Printed in Germany
ISBN 3-412-13296-9

# Inhalt

# Einleitung

## Viva Medusa!

### Mythos und Geschlecht in der Literatur des 20. Jahrhunderts

Im Jahre 1897 veröffentlichte Jules Verne den phantastischen Roman *Le Sphinx des glaces*, einen Roman, dessen Abenteuer nicht in der Zukunft angesiedelt sind, sondern als Vergangenheit erzählt werden.[1] Der Roman berichtet von einer merkwürdigen Schiffsreise im Jahre 1838, die den Kapitän Len Guy mit einer Mannschaft von verwegenen Männern durch die Antarktis bis hin zum Südpol führt. Len Guy ist auf der Suche nach Arthur Gordon Pym, dessen „denkwürdige Erlebnisse"[2] Edgar Allan Poe im Jahre 1837/38 als *The Narratives of Arthur Gordon Pym* herausgegeben hatte. Der Kapitän ist von der Idee besessen, daß Poe „keinen Roman geschrieben" habe, sondern daß es sich um ein „historisches Werk"[3] handele. Es gelingt ihm sogar, den zunächst skeptischen Erzähler, der mehr oder minder zufällig zu der Mannschaft gestoßen ist, davon zu überzeugen, daß Pym vielleicht noch leben könne. Auf der Suche nach Pym findet die Mannschaft nicht nur Spuren des Verschollenen, sondern sie stellt auch fest, daß bereits zahlreiche Expeditionen vor ihnen versucht haben, zum Südpol zu gelangen. Keine aber dringt so weit zum Polarkreis vor wie Len Guy mit seinen Männern. Stürme, Nebel, Packeis und Eisberge fordern jedoch auch unter Len Guys Expedition zahlreiche Opfer. Am Ende ist das Schiff zerstört und ein Großteil der Mannschaft ums Leben gekommen. Die kleine Schar der Überlebenden setzt ihre Reise auf einer riesigen Eisscholle fort und verliert sich schließlich in einer bizarren Eiswüste, in der sie Pym und seine Mannschaft vermuten. In der endlosen Weite des Nebel- und Eismeeres verschmelzen der Erzähler und die gesuchte Romanfigur in einer Halluzination, in der der Erzähler das zu sehen glaubt, was auch Pym seiner Meinung nach gesehen hat:

Abb. 1 *Eissphinx (1897)*

Mir schien, ich verschmölze mit seiner außergewöhnlichen Persönlichkeit, und ich glaubte schließlich zu sehen, was er gesehen hatte! Dieser unzerreißbare Nebel war der vor seinen irren Augen sich über den Horizont spannende Dunstvorhang! Ich suchte darin die leuchtenden Strahlenbündel, die vom Morgen bis zum Abend den Himmel färbten … Ich suchte den übernatürlichen Glanz des Gipfels … Ich suchte jene zuckenden Lichterscheinungen des Raums sowie des vom leuchtenden Grund des Ozeans erhellten Wassers … Ich suchte jenen Katarakt ohne Grenzen, der stumm von einem hohen gewaltigen Wall in die Tiefe des Zenits herniederfloß … Ich suchte die breiten Spalten, hinter denen sich unter den mächtigen Luftwirbeln ein Chaos schwebender, kaum zu erkennender Bilder bewegte … Ich suchte den weißen Riesen, den Riesen des Pols![4]

Die Gestalt, auf die die Mannschaft Len Guys schließlich stößt, ist jedoch nicht dieser halluzinierte weiße Riese und auch nicht die große weiblich verhüllte Figur, die Pym zu sehen geglaubt hatte. Es handelt sich vielmehr um eine gewaltige Sphinx[5], die am Polarkreis auf die Männer zu warten scheint:

[…] gegen zehn Uhr löste sich dann der Nebel in den unteren Schichten auf. Das westliche Ufer erschien wieder, ein Felsenufer ohne Berge dahinter. Und da ragte, eine Viertelmeile entfernt, eine Masse auf von fünfzig Klaftern Höhe und zwei- bis dreihundert Klaftern Breite. In ihrer seltsamen Gestalt ähnelte sie einer gewaltigen Sphinx mit aufgerecktem Oberkörper und ausgestreckten Tatzen. Sie hockte dort in der Haltung des geflügelten Fabeltiers, das die griechische Mythologie in der Nähe von Theben ansiedelt.[6]

Das Ungeheuer wuchs, je näher wir ihm kamen, ohne etwas von seiner mythischen Gestalt zu verlieren. Ich vermag kaum die Wirkung zu schildern, die von dem Wesen, das dort einsam über dieser unendlichen Ebene hockte, ausging. Es gibt Eindrücke, die weder Reden noch Worte wiedergeben können. Und – das konnte natürlich nur eine Sinnestäuschung sein – uns schien es, wir würden durch seine magnetische Anziehung hingezogen.[7]

Zwischen den Tatzen des Ungeheuers entdecken die Männer schließlich die Leiche eines Mannes, die die Kälte konserviert hat. Es ist – wie könnte es anders sein – Arthur Gordon Pym, der Langgesuchte, der in den Armen der Sphinx den Tod gefunden hat. Die Sphinx, in Wahrheit ein „riesiger Magnet"[8], hatte Pym an sich gerissen:

Abb. 2 *WestLB, Reklame*

Nachdem er wie wir den Südpol hinter sich gelassen hatte, war er in die Zone der Anziehungskraft des Ungeheuers geraten, und während sein Boot von der Strömung weiter nach Norden entführt wurde, hatte ihn der riesige Magnet an sich gezogen, und er war, ehe er sich der Waffe hatte entledigen können, die er an einem Riemen quer über Schulter und Brust trug, gegen das Massiv geschleudert worden.[9]

Wenn dem Kapitän und dem Erzähler in Bezug auf das Schicksal des Arthur Gordon Pym damit auch die „Lösung des Rätsels"[10], bei der so viele Männer ihr Leben hatten lassen müssen, gelungen ist, so haben sie doch keineswegs alle „Geheimnisse"[11] aufgeklärt, wie der Erzähler am Schluß des Romans versichert:

Arthur Pym, der von Edgar Allan Poe so sehr gefeierte Held, hat den Weg gezeigt ... Andere werden seinen Spuren folgen und der Eissphinx die letzten Geheimnisse der Antarktis entreißen.[12]

Mit seinem Roman *Die Eissphinx* (1897) greift Verne Bilder auf, die um 1900 in Kunst, Literatur und Wissenschaft gleichermaßen kursierten. Die Eroberung der Antarktis, von der der Roman phantasiert, hat ihre Entsprechung in der Eroberung des „dark continents", von der Freud in jener Zeit träumte und bei der er auf eben jene mythische Sphinx stieß, auf die Verne seine Männer im ewigen Eis der Antarktis treffen läßt. Anders als Verne, der das Geheimnis der Sphinx entschlüsselt zu haben vorgibt, hat Freud dieses Geheimnis zeit seines Lebens nicht lösen können.

Als „Rätsel der Weiblichkeit" verweist es auf das Verhältnis zwischen den Geschlechtern. Dieses Verhältnis aber ist von Machtbegehren und Eroberungslust geprägt. Das Weibliche wird nicht nur in ambivalenten Natur- und Landschaftsbildern beschworen, sondern es wird auch zum diffusen Objekt männlicher Eroberungs- und Kolonisierungswünsche gemacht.

In Joseph Conrads Erzählung *Heart of Darkness* (1899) erinnert sich Kapitän Marlow, der mit seinem Flußdampfer immer tiefer in die Welt des Kongos, ins Herz des schwarzen Kontinents, eindringt, an seine kindliche Phantasie:

[...] als kleiner Junge hatte ich eine große Passion für Landkarten gehabt. Stundenlang konnte ich Südamerika oder Afrika oder Australien betrachten und mich in die Herrlichkeiten des Entdeckerlebens verlie-

ren. Zu jener Zeit gab es noch viele weiße Flecken auf der Erde, und wenn
ich auf der Landkarte einen erblickte, der besonders einladend aussah
(doch das tun sie schließlich alle), pflegte ich mit dem Finger darauf zu
weisen und zu sagen: Wenn ich einmal groß bin, gehe ich dorthin. Der
Nordpol war ein solcher Fleck, wie ich mich erinnere. Nun, dort bin ich
nicht gewesen und werde auch nicht mehr versuchen hinzukommen. Der
Zauber ist verschwunden. Andere Flecken lagen um den Äquator herum
und über alle Breiten beider Hemisphären zerstreut. In einigen von ihnen
bin ich gewesen und ... nun, reden wir nicht davon. Doch da war noch
einer – der größte, der weißeste, sozusagen – nach dem ich mich besonders sehnte.
Freilich war er inzwischen längst kein weißer Fleck mehr. Er hatte sich
seit meiner Jugend mit Flüssen und Seen und Namen gefüllt. Er hatte
aufgehört, ein leerer Raum köstlicher Geheimnisse zu sein – ein weißer
Fleck, über dem ein Junge sich in glorreiche Träume verlieren konnte. Er
war zu einem Ort der Finsternis geworden. Doch gab es darin vor allem
einen Fluß, einen gewaltig großen Fluß, den man auf der Landkarte
sehen konnte und der einer riesigen sich aufringelnden Schlange glich,
deren Kopf im Meer, deren Leib über eine weite Fläche hingelagert war
und deren Schwanz sich in den Tiefen des Kontinents verlor. Und als ich
mir die Landkarte im Schaufenster eines Ladens betrachtete, faszinierte
mich der Fluß, wie eine Schlange einen Vogel fasziniert. [...][13]

Marlow, ein Nachfahre all jener historischen und legendären Erobe-
rer, die Jules Verne in seinem Roman als phantastische Kette von
Konquistadoren unterschiedlicher Nationen und Zeiten zusam-
menschließt, stößt in seinen Träumen auf ein Wesen, das noch gewal-
tiger als die Sphinx ist: auf eine riesige Seeschlange, eine Mischung aus
alttestamentarischem Leviathan und mythischer Gorgo-Medusa.
Leviathan, von dessen Unterwerfung unter die Allmacht Gottes die
Bibel erzählt[14], verweist ebenso wie Gorgo-Medusa, die von dem
Drachenkämpfer Perseus erschlagen wird, auf die Unterworfenen
zurück, auf deren zerstückelten Leibern göttliche und menschliche
Ordnungen errichtet werden. Auch die Sphinx gehört zu jenen
urzeitlichen Fabelwesen, deren Tötung die Voraussetzung für die
erfolgreiche Gründung städtischer Zivilisationen ist.
    Beide Texte – sowohl der von Verne wie der von Conrad – er-
zählen Eroberungsgeschichten, in denen koloniale Landnahme und
Geschlechtermythologien durch eine Fülle von Bildern und Symbolen miteinander verschränkt sind. Die Helden bilden und härten

Abb. 3 *Test the West, Reklame*

sich im Kampf mit einer Umgebung, die faszinierend und abschreckend zugleich ist. Das Objekt des männlichen Begehrens ist
dabei jeweils an extreme Orte phantasiert. Die öde, majestätische
Eislandschaft der Antarktis und die üppige, wilde Tropenlandschaft
des Äquators bilden mit ihrer klirrenden Kälte und ihrer flirrenden
Hitze einen Gegensatz, wie er größer kaum vorstellbar ist. Am Ziel

ihrer Reisen stoßen die Helden jedoch beides Mal auf mythische
Wesen, die in ihrer tödlichen Potenz weitgehend identisch sind.
Während Verne die mörderische Sphinx mit Blick auf ein breites
Lesepublikum ausphantasiert, ihre Macht mit einer pseudo-natur-
wissenschaftlichen Argumentation ein stückweit entzaubert und
koloniale Eroberung und Ausbeutung als Fortschreiten des menschlichen Geistes rechtfertigt, verzichtet Conrad darauf, der Todes-
vision seines Helden eine festumrissene Gestalt zu geben. Die letzten
Worte des Sterbenden „Das Grauen! Das Grauen!"[15] spielen auf jenes tödliche Entsetzen an, den der Anblick des abgeschlagenen Medusenhauptes erregt.[16] Durch seine subtile Erzählweise, die Viel-
deutigkeit schafft, restituiert Conrad das ‚Geheimnis', ohne jedoch
seine Kritik an der Eroberungs- und Ausbeutungspolitik, die seine
Helden ins „Herz der Finsternis" treiben, zurückzuhalten. Conrads
Helden sind gebrochene Männer, die ihre ursprünglichen Ziele
vergessen und sich in einer feuchten Tropenlandschaft verlieren.
80 Jahre später wird Francis Ford Coppola in seinem Film *Apoca-
lypse now* (1979), einer modernen Adaption von Conrads *Heart of
Darkness,* den Schauplatz an die vienamesisch-kambodschanische
Grenze verlegen. Vernes Männer – im ewigen Eis gehärtet – steuern
ungebrochen neuen Zielen zu. Sie sind Vorläufer jener stählernen
Kommandeure, die am Ende unseres Jahrhunderts in ihren Raum-
schiffen in ferne Galaxien und virtuelle Welten aufbrechen und dort
mit eben den mythischen Wesen konfrontiert werden, denen Vernes
und Conrads Helden am Anfang des Jahrhunderts begegnet sind.
   Beide Texte erzählen Geschichten zölibatärer Helden, Frauen
kommen in den Texten entweder – wie bei Verne – überhaupt nicht
vor oder aber sie sind – wie bei Conrad – auf den Status von ‚lebenden Bildern' wilder und domestizierter Weiblichkeit reduziert. Das
auf der Handlungs- und Figurenebene weitgehend ausgeschlossene
Weibliche kehrt auf der metaphorischen und symbolischen Ebene
jedoch in den Text zurück. Es ist verlagert in die Landschaft, in die
die Helden eindringen und in der sie sich verlieren, und es gewinnt
eine mythische Aura in den Figuren der Sphinx, des Leviathan und
der Medusa. Heroische Männlichkeit und weiblich imaginierte
Natur verbinden sich bei Verne und Conrad zu einem mythischen
Komplex, der am Ende unseres Jahrhunderts nicht weniger gefragt
ist als am Anfang. Christoph Ransmayr zum Beispiel greift mit sei-

nem Roman *Die Schrecken des Eises und der Finsternis* (1984) ebenso wie der Bestseller-Autor Dean Koontz mit seinen Büchern *Dark
Rivers of the Heart* und *Ice-Bound* (1995) auf die alten Heldenge-
schichten und die Bilder des „musée imaginaire" zurück, was – wie
bereits die Beispiele von Conrad und Verne zeigen – aus sehr unterschiedlicher Absicht erfolgen und zu sehr unterschiedlicher literari-
scher Qualität führen kann.

*

Von Männlichkeit, Weiblichkeit und Mythos handeln auch die
Texte dieses Buches. Die These, daß auch noch im 20. Jahrhundert
Subjektdiskurse in mythischen Konfigurationen inszeniert und
durchgespielt werden, wird an verschiedenen Beispielen diskutiert –
an literarischen Texten wie auch an kulturtheoretischen Abhand-
lungen. Die Einbeziehung von Texten Freuds, Jungs, Horkheimers
und Adornos erfolgt aus der Überlegung heraus, daß Psychoanalyse, Tiefenpsychologie, Marxismus und Kritische Theorie kulturelle Deutungsmuster darstellen, auf die die literarischen Texte –
bewußt oder unbewußt – immer wieder rekurrieren. Die Mythos-
Aufsätze von Benn stellen in diesem Kontext extreme Beispiele für
die Verbindung von heroischem Männlichkeitskult, Antifeminismus und faschistischer Ideologie dar.

Wieweit dieser ‚faschistische Komplex' auch noch in post-faschi-
stischen Texten virulent ist, versuchen die Aufsätze zu Langgässer
und Nossack zu zeigen. Während sich bei Langgässer Mythos und
Katholizismus zur Wiederherstellung einer ‚reinen' Mütterlichkeit
verbinden, bilden Mythos und Antifeminismus bei Nossack den
Ausgangspunkt für eine emphatische Rekonstruktion von Männlichkeit. Sowohl Nossack wie Langgässer reagieren mit ihren Texten
auf den Zusammenbruch des nationalsozialistischen Terrorregimes
und den von Verdrängen und Vergessen geprägten Schulddiskurs
der frühen Nachkriegszeit. Als Versuche, an die Stelle des alten,
zusammengebrochenen Systems eine neue Ordnung zu phantasie-
ren, sind sie Teil der Gründungsdiskurse, die sich in nationalen
Umbruch- und Wendezeiten bevorzugt als mythische Diskurse for-
mieren. Der Mythos-Boom nach 1945 ist für diese Beobachtung

ebenso ein Beleg wie der Mythos-Boom um 1976 und nach 1989. Vor allem die *Odyssee* und *Argonautika*, die beiden ‚klassischen Reisetexte der Antike‘, in denen die Geschichte der männlichen Subjektbildung als Auseinandersetzung mit der Natur und als Unterwerfung und Ausgrenzung des Weiblichen erzählt wird, bilden die mythische Folie, auf der die Fragen geschlechtlicher und nationaler Identität verhandelt werden.

Das Buch versucht den Bogen von 1900 bis in die Gegenwart zu schlagen, wobei besonderes Gewicht auf Epochenschwellen (Faschismus, Nachkriegszeit, Wendezeit) gelegt wird, in denen sich das Verhältnis von Mythos und Geschlechterdiskurs jeweils neu formiert. Die Auswahl beschränkt sich bewußt auf wenige Figuren (Kassandra, Medea, Ödipus, Odysseus) und Konstellationen (Odysseus und die Sirenen, Ödipus und die Sphinx), die aufgrund ihres mythischen Profils immer dann aufgerufen werden, wenn es um eine Neuorientierung nationaler und geschlechtlicher Identität geht.

An diesem Mythos-Boom partizipieren Autoren und Autorinnen gleichermaßen, aber nicht in gleicher Weise. Durch die gezielte Konfrontation von Texten männlicher und weiblicher Autoren können Unterschiede und Gemeinsamkeiten in der Mythosrezeption herausgearbeitet werden. Zugleich können die besonderen Schwierigkeiten thematisiert werden, mit denen gerade Autorinnen konfrontiert sind, wenn sie auf Mythen zurückgreifen, in denen die Gründungsgeschichte der patriarchalischen Ordnung und die Konstituierungsgeschichte des männlichen Subjekts verschlüsselt als Geschlechterkampf und als Unterwerfung des Weiblichen erzählt werden. Während Autoren sich von vornherein in einem durch illustre Vorgänger hoch legitimierten Traditionszusammenhang bewegen, können Autorinnen sich in diese männliche Traditionslinie nur mit großen Schwierigkeiten einschreiben. Ebenso wie eine lange Traditionslinie eine Last und Entmutigung für Autoren darstellen kann, so kann die fehlende Traditionslinie auch eine Chance für Autorinnen bedeuten, eine eigene, originelle Sicht auf das Verhältnis von Mythos und Geschlecht zu entwickeln.

Es muß an der besonderen Aura des Mythos liegen, daß eine solche neue Sicht Autoren und Autorinnen gleichermaßen schwerfällt. Als „Urtexte der Zivilisation" (Horkheimer/Adorno) können

Mythen nicht übertroffen, sondern immer nur neu ausgelegt werden. Die „Arbeit am Mythos" (Blumenberg) ist Hermeneutik und Mimesis, das heißt Wiederholung und Nachahmung. Natürlich gibt es auch ironische Paraphrasen, witzige Verfremdungen, kritische Verschiebungen und einen respektlosen, ja rüden Umgang mit den Mythen. Im ganzen gesehen aber überwiegen die Texte, die der „Faszination des Mythos" (Schlesier) erliegen und Mythen mehr oder minder emphatisch und affirmativ reinszenieren.

Ungeachtet aller Trivialisierung und Kommerzialisierung des Mythos im 20. Jahrhundert sind die Mythen immer noch unangefochten das große Reservoir, aus dem alle diejenigen schöpfen, die nach Sinn suchen und Sinnangebote machen wollen. Der Rückgang der klassischen Bildung in der Gegenwart ist dabei der Mythenrenaissance keineswegs schädlich, sondern eher günstig, befördert er doch eine unkritische und affirmative Haltung der Tradition gegenüber.

Zum Schluß noch ein Wort zum Titel des Buches: Musen & Medusen. Er ist nicht nur der Alliteration wegen gewählt, sondern auch weil Musen und Medusen tatsächlich zusammengehören. Die Angst vor den Medusen erzeugt mit schöner Regelmäßigkeit die Sehnsucht nach rettender Weiblichkeit der Musen.[17] Wie umgekehrt die Musen sich nur allzu schnell in die todbringenden Medusen verwandeln können. Das Shaffer-Theaterstück *Das Geschenk der Gorgo* (1997) entwickelt für diesen Zusammenhang zwischen Musen und Medusen ein modernes Szenario: Helen, die Tochter eines pazifistisch gesonnenen Hellenistik-Professors, ist die Muse des jungen Dramatikers Damson (damned son, verdammter Sohn), der Stücke im Stil der alten antiken Tragödien schreibt. Helen bearbeitet die Dramen und streicht die ärgsten Blutrausch-Passagen aus den Texten. Der Autor, zunächst dankbar für die Hilfestellung und Unterstützung, empfindet die Eingriffe zunehmend als Zensur: Die Muse wird in seiner Wahrnehmung zur kastrierenden Gorgo-Medusa ... Es scheint, als ob die alten mythischen Bilder zählebig sind.

Die Arbeit am Mythos geht weiter: Viva Medusa, kommentiert ein unbekannter zeitgenössischer Graffiti-Schreiber.

Abb. 4  *Viva Medusa, Postkarte*

## Anmerkungen

1 Verne, Jules: Die Eissphinx. Zürich 1985.
2 Ebd., S. 120.
3 Ebd., S. 102.
4 Ebd., S. 385.
5 Vgl. dazu auch die Erzählung „Die Sphinx" von E. A. Poe, wo die Sphinx jedoch kein riesiges Untier, sondern ein kleiner Totenkopf-Falter ist. Poe, Edgar Allan: Werke. Bd. 2: Arabesken, Detektivgeschichten. Deutsch von Arno Schmidt und Hans Wollschläger. Olten 1966, S. 699–705. – Zum Verhältnis von Poe und Verne siehe Sprout, Monique: The Influence of Poe on Verne. In: Revue de la littérature comparée, Vol. 40, Nr. 1 (1967), S. 37–53.
6 Verne, S. 453 f. (Anm. 1)
7 Ebd., S. 461.
8 Ebd., S. 458.
9 Ebd., S. 463.
10 Ebd., S. 61.
11 Ebd., S. 454.
12 Ebd., S. 472.
13 Conrad, Joseph: Herz der Finsternis. München 1977, S. 15 f.
14 Buch Hiob 40 und 41.

15 Conrad, S. 165. (Anm. 13)

16 Vgl. Freud, Sigmund: Das Medusenhaupt (1922). In: ders.: Gesammelte Werke. London 1940–1952, Bd. XVII, S. 47 f.

17 Vgl. Picht, Georg: Die Musen. Ein „Festvortrag". In: Merkur, Jg. XVII, H. 7 (Juli 1963), S. 613–630.

# Im Zeichen der Sphinx*

## Psychoanalytischer und literarischer Diskurs über Weiblichkeit um 1900

> Hinweg mit dir, abscheuliches Geheimnis!
> Entsetzliches Tier, hinweg!
> Du weckst alle tierischen Instinkte in mir!
> (Oscar Wilde: Die Sphinx, 1892)[1]

## I

Die Zeit um 1900 gehört zu den großen soziokulturellen Umbruchszeiten, in der ‚alte‘ und ‚neue‘ Konzepte vom Menschen in einer vorher nicht gekannten Schärfe aufeinander prallen. Die Freudsche Vorstellung, daß das Ich nicht mehr ‚Herr im Hause‘ ist, gehört zu den großen narzißtischen Kränkungen der Moderne, durch die das Subjekt endgültig aus seiner ehemaligen Mittelpunktstellung im Universum in die Marginalität gerückt wurde. Wie auf alle ‚kopernikanischen Wenden‘ zuvor reagiert die Literatur auf diese erneute Kränkung wie ein Seismograph. Literatur und Wissenschaft treten dabei in ein schwieriges Verhältnis, in dem sich die ‚alte‘, hauptsächlich über literarische Texte vermittelte ‚Erfahrungsseelenkunde‘ und die Psychoanalyse als ‚neue Wissenschaft‘ in komplizierter und widersprüchlicher Weise verschränken.

Im Schnittpunkt der beiden sich überkreuzenden Bewegungen steht dabei ‚Weiblichkeit‘ als literarisches und psychoanalytisches Konstrukt. Als diskursiver Effekt ist ‚Weiblichkeit‘ eingebunden in einen übergreifenden Geschlechterdiskurs, dessen Spezifika sich thesenartig folgendermaßen zusammenfassen lassen:

– Der um 1900 geführte Geschlechterdiskurs wendet sich gegen

Emanzipationskonzepte, wie sie sich im Verlauf des 19. Jahrhunderts auch im deutschsprachigen Raum langsam, aber stetig ausgebildet haben. Die organisierte Frauenbewegung ist ebenso Gegner wie die individualistischen Rebellionen einzelner Frauen.

– Dieser Geschlechterdiskurs wird in den unterschiedlichsten Bereichen geführt, wobei diese sich zuarbeiten und gegenseitig stützen. Politik, Kunst und Wissenschaft konzentrieren sich gleichermaßen auf eine Neudefinition des Verhältnisses der Geschlechter.

– Im Vergleich zu den Debatten um 1800, die im Zeichen der Menschenrechtsdebatte der Französischen Revolution standen, hat sich um 1900 der Ton verschärft. Die Debatte steht nicht mehr im Zeichen der Emanzipation, sondern im Zeichen des Geschlechterkampfes.

– Die Militanz der Debatte läßt auf einen starken Gegner schließen. Tatsächlich waren die ökonomischen, wissenschaftlichen und kulturellen Veränderungen enorm und die Emanzipation der Frau gesamtgesellschaftlich gesehen längst überfällig.

– Insofern ist der ‚Geschlechterkampf' um 1900 in seiner militanten Übersteigerung ein Dokument der Rückständigkeit und der politischen und ideologischen Verspätung.

– Das mindert jedoch keineswegs seine Bedeutung und seine einschneidenden Konsequenzen für die Emanzipationsbewegung im 20. Jahrhundert. Diese bleibt vielmehr nachhaltig von den ideologischen Konstellationen geprägt, die sich um 1900 herausbilden.

– Die Formierung der Debatte erfolgt im Zeichen des Mythos. Im Verlauf der Debatte um 1900 kommt es zu einer Remythisierung der Geschlechterrollen. Die Berufung auf den Mythos dient dazu, einen Essentialismus zu stützen, der von den Ergebnissen der Wissenschaften und von der gesellschaftlichen Entwicklung her längst obsolet geworden ist.

– Der Rückgriff auf den Mythos hat im Gegensatz zum Diskurs um 1800 an der Schwelle vom 19. zum 20. Jahrhundert keine emanzipatorische Kraft. Er ist re-aktionär im eigentlichen Sinne des Wortes.

## II

Eine der bevorzugtesten Konstellationen, auf die Künstler und Autoren in der ideologischen Neuorientierung um 1900 zurückgreifen, ist die Ödipus-Sphinx-Konstellation. Sie findet sich nicht nur in der Malerei der Zeit, sondern sie prägt auch den psychoanalytischen und literarischen Diskurs in einer ganz spezifischen Weise. Wenn Autoren um 1900 auf die Ödipus-Sphinx-Konfiguration zurückgreifen, um in ihr das Geschlechterverhältnis zu inszenieren, dann tun sie das unter Rückgriff auf eine mythische Konstellation, die Ingres in seinem berühmten Bild *Ödipus und die Sphinx* (1808) für die Moderne in die ‚klassische Form‘ gebracht hatte. Ingres hatte die Konfrontation zwischen Ödipus und der Sphinx nicht als mörderischen Geschlechterkampf gefaßt, sondern als eine eher intime Szene dargestellt. Der weitgehend nackte, sinnende Ödipus steht der erhöht sitzenden, weitgehend ins Dunkle gehüllten Sphinx gegenüber, deren Brust jedoch deutlich hervortritt und sich auf der gleichen Ebene wie die Augen des Ödipus befindet (die dieser sich dann später durchstechen wird). Nicht nur durch den Blick von Ödipus wird die Beziehung zur Sphinx hergestellt, sondern auch durch die Handhaltung: Mit der linken Hand weist Ödipus auf die Sphinx, mit der rechten auf sich selber. Die Sexualisierung der Szene ist auffällig: Es geht um den Menschen nicht im abstrakten Rätselsinn, sondern um den Menschen als Geschlechtswesen. Dabei ist die Verteilung der Geschlechterpositionen im Bild ambivalent. Die ins Dunkle gehüllte Sphinx verbleibt im Rätselhaften, zugleich ist ihre Brust als offenbares Geheimnis provozierend entblößt. Der athletisch dargestellte Ödipus, der ganz Körper zu sein scheint, ist zugleich nachdenklich, durchgeistigt, sein Geschlecht ist bedeckt. Er ist kein triumphierender Sieger, sondern Zweifler, Melancholiker. Es ist sicher keine Überinterpretation, in dieser Darstellung der Ödipus-Sphinx-Konstellation auch einen Reflex auf die gescheiterte Revolution und das sich neu abzeichnende Verhältnis der Geschlechter zu sehen.

Freud hat dieses Bild sehr geschätzt. Eine Reproduktion hing in seinem Arbeitszimmer. Auf das Bild wird häufig angespielt, wenn es um das Verhältnis von Psychoanalyse und Weiblichkeit geht. Man kann Ingres Bild deuten als vorweggenommene Darstellung jenes

Abb. 5   *Ingres, Oedipe expliquant l'énigme du Sphinx (1808)*

„Rätsels der Weiblichkeit", über das nach Freuds Meinung die Menschen zu allen Zeiten gegrübelt hätten und dem er durch seine eigenen Forschungen auf den Grund zu kommen suchte. In den *Vorlesungen zur Einführung in die Psychoanalyse* (1933) heißt es:

Über das Rätsel der Weiblichkeit haben die Menschen zu allen Zeiten
gegrübelt. [...] Auch Sie werden sich von diesem Grübeln nicht ausgeschlossen haben, insofern Sie Männer sind, von den Frauen unter Ihnen
erwartet man es nicht, sie sind selbst dieses Rätsel.[2]

Unter der Hand hat Freud damit die Rätselfrage der Sphinx verschoben, denn diese galt dem Menschen, nicht der Weiblichkeit.
Diese Verschiebung hat Konsequenzen: Die Frau wird zum Rätsel,
das sich nicht selbst lösen kann. Die ins Rutschen gekommene Hierarchie zwischen den Geschlechtern ist damit wieder hergestellt, die
Position von Subjekt und Objekt erst einmal wieder festgeschrieben. Als Ödipus schlüpft Freud in die Rolle des Rätsellösers.

Die Selbststilisierung Freuds zum Ödipus wird durch zwei
Details gestützt, die bei einem von geheimen Bedeutungen faszi-
nierten Mann wie Freud nicht als belanglos abgetan werden können.
Freud nannte seine Tochter Anna, die ihm als Mitarbeiterin und
später als Nachfolgerin und Nachlaßverwalterin von größter Wichtigkeit war, „Anna-Antigone".[3] Wenn Freud auf die Figur der Antigone, die Tochter des Ödipus, zurückgriff, um die Funktion der
Tochter für sich zu beschreiben, so liegt darin nicht nur eine problematische Festschreibung der Tochter auf die Idealgestalt der
selbstlosen Liebe, als die Antigone in der abendländisch-humani-
stischen Antigone-Deutung figuriert, sondern auch eine Identifizierung mit Ödipus.[4] Diese Identifizierung mit Ödipus wird zusätzlich durch eine Münze gestützt, die Freud zu seinem 50. Geburtstag
im Jahre 1906 von seinen Schülern erhielt und auf der er als Ödipus,
der das Rätsel der Sphinx löst, dargestellt ist. Als Rätsellöser ist
Freud aber zugleich Sphinx-Bezwinger.[5] Wer das Rätsel der Sphinx
löst, ist schon im Mythos der Sieger über die Sphinx.[6]

Die Identifizierung Freuds mit der Figur des Ödipus kompliziert
sich dadurch, daß er zumindest in der Wahrnehmung der Zeitge-
nossen zugleich auch die Position der rätselhaften Sphinx besetzte.[7]
Dieses Spielen mit den mythischen Zuschreibungen – mal Ödipus,
mal Sphinx, das Freud und seine Anhänger gleichermaßen virtuos
beherrschen – ist dabei keine unverbindliche Spielerei, sondern
Ausdruck des Ineinandergreifens und partiellen Verschmelzens von
Psychoanalyse und Mythos. Die Psychoanalyse wird zur „Neuen
Mythologie"[8] und löst damit – freilich in anderer Weise als dies den
Romantikern vorgeschwebt hat – das Konzept der „neuen Mytho-

Abb. 6
*Medaille zu Freuds 50. Geburtstag*

logie" ein. Nicht die romantische Dichtung – wie dies Schlegel gemeint und gehofft hatte – ist die Verkörperung der „neuen Mythologie", sondern Psychoanalyse und Mythologie treten in eine komplexe Äquivalenzrelation, in der die eine die Position der anderen einnehmen kann und vice versa. Auf der einen Seite wird durch diese Doppelidentifizierung – mal Ödipus, mal Sphinx – der weibliche Part weiter marginalisiert, auf der anderen Seite vollzieht sich unterhalb der Hierarchisierung in Subjekt und Objekt ein Entmächtigungs- und Verdrängungsprozeß, der nicht einer mythischen Figur, sondern realen Frauen gilt.

Die Figur des Ödipus erschöpft sich für Freud aber nicht in seiner Funktion als Rätsellöser und Sphinxbezwinger, sondern Ödipus wird für Freud zum Schlüsselmythos, an dem er die Entwicklungslinien der beiden Geschlechter neu zieht. Dabei kommen dann die Elemente des Mythos zum Tragen, die in der Ödipus-Sphinx-Konstellation bislang

noch unmobilisiert geblieben waren. Zur Erinnerung: Ödipus löst
nicht nur das Rätsel der Sphinx, sondern er ist auch derjenige, der
unwissentlich seinen Vater Laios tötet, seine Mutter Jokaste heiratet
und mit ihr Kinder zeugt, u. a. die nachmals bekannte Antigone.

In der *Traumdeutung* von 1900 hat Freud – unter Rekurs auf die
beiden großen Tabus der Menschheitsentwicklung: Vatermord und
Mutterinzest – den Ödipus-Mythos als die Erfüllung eines „urzeitlichen Kinderwunsches" interpretiert:

> Sein Schicksal (= Ödipus) ergreift uns nur darum, weil es auch das unsrige
> hätte werden können, weil das Orakel vor unserer Geburt denselben Fluch
> über uns verhängt hat wie über ihn. Uns allen vielleicht war es beschieden,
> die erste sexuelle Regung auf die Mutter, den ersten Haß und gewalttätigen
> Wunsch gegen den Vater zu richten: unsere Träume überzeugen uns davon.
> König Ödipus, der seinen Vater Laios erschlagen und seine Mutter Jokaste
> geheiratet hat, ist nur die Wunscherfüllung unserer Kindheit. Aber glück-
> licher als er, ist es uns seitdem, insofern wir nicht Psychoneurotiker gewor-
> den sind, gelungen, unsere sexuellen Regungen von unseren Müttern
> abzulösen, unsere Eifersucht gegen unsere Väter zu vergessen. Vor der Per-
> son, an welcher sich jener urzeitliche Kindheitswunsch erfüllt hat, schau-
> dern wir zurück mit dem ganzen Betrag der Verdrängung, welche diese
> Wünsche in unserem Innern seither erlitten haben.[9]

Die schrittweise Enthüllung der „schwer erkennbaren dunklen
Spur der alten Schuld", die sich nach Freuds Interpretation in dem
Sophokleischen Drama vollzieht, wird der „Arbeit einer Psycho-
analyse"[10] gleichgesetzt. Dichterische Phantasie und Arbeit des
Psychoanalytikers werden auf der gleichen Ebene angesiedelt.
Mythos und Psychoanalyse verschmelzen in Freuds Interpretation
der Ödipus-Geschichte, sie stützen und bestätigen sich gegenseitig.

Dieser gegenseitige Bestätigungszusammenhang von Literatur
und Psychoanalyse wird noch dadurch verstärkt, daß Freud einen
weiteren Gewährstext in die Argumentation einführt: Shakespeares
Drama *Hamlet*, das seiner Meinung nach eine Neufassung des
Sophokleischen Dramas darstellt. Freud betont aber nicht nur die
Gemeinsamkeiten von Ödipus und Hamlet, sondern auch die Unterschiede, in denen sich seiner Meinung nach das „säkulare Fortschreiten der Verdrängung im Gemütsleben der Menschheit"[11] ausdrücke:

Im *Ödipus* wird die zugrunde liegende Wunschphantasie des Kindes wie im Traum ans Licht gezogen und realisiert, im *Hamlet* bleibt sie verdrängt, und wir erfahren von ihrer Existenz [...] nur durch die von ihr ausgehenden Hemmungswirkungen.[12]

In der Literatur vollzieht sich ein Stück Psychoanalyse, und die Psychoanalyse ihrerseits ist ein Stück Literatur. Über das hermeneutische Verfahren der Interpretation sind beide untrennbar miteinander verbunden. Das aber hat Konsequenzen für den Geschlechterdiskurs: Wo die eine Argumentationslinie nicht ausreicht, kann die andere eintreten und umgekehrt.

Dieses prekäre Referenzverhältnis zwischen Literatur und Psychoanalyse wird besonders deutlich an der Weiterentwicklung der Ödipus-Interpretation zur Behauptung des Ödipus-Komplexes als „einer allgemein menschlichen, schicksalsgebundenen Formation"[13]. Der Ödipus-Komplex ist, wie Freud weiß, am männlichen Modell entwickelt und kann daher nicht einfach auf die Entwicklung von Mädchen übertragen werden. Genau dies aber tut Freud – von der Entwicklung eines eigenständigen Elektra-Komplexes beim Mädchen hatte er sehr schnell Abstand genommen – und kommt dabei zu weitreichenden Aussagen über die weibliche Entwicklung, die in der These von der angeblichen Sublimationsunfähigkeit des weiblichen Geschlechts gipfeln und Frauen im allgemeinen kreatives Vermögen absprechen. Damit aber werden Frauen kraft psychoanalytischer Theorie, die sich auf Literatur stützt, aus dem Bereich von Kunst und Wissenschaft verwiesen.

Mit seinem Interesse für die Ödipus-Sphinx-Konfiguration steht Freud keineswegs allein. Er profitiert nicht nur von den Arbeiten Bachofens (*Mutterrecht*, 1862), Laistners (*Das Rätsel der Sphinx*, 1889, 2 Bde.) und Rhodes (*Psyche*, 1890), sondern auch von dem hohen Standard, den die Altertumswissenschaft um 1900 erreicht hatte.[14] Überdies ist er nicht der einzige Psychoanalytiker, der die Ödipus-Sphinx-Konstellation aufgreift. Seine Schüler und Kontrahenten Abraham (1909), Ferenczi (1912), Rank (1912), Jung (1912) und Reik (1920) sind – wenn auch später – mit Arbeiten hervorgetreten, die sich freilich in vielen Zügen mit der von Freud in der *Traumdeutung* vorgelegten Interpretation decken.

In Anlehnung und Weiterführung von Freud deutet Reik die Sphinx als „totemistischen Vaterersatz"[15] und „Mutterdoublette"

und rekurriert damit auf die verwirrende Doppelgeschlechtigkeit
und die irritierende Zwischenstellung der Sphinx zwischen Mensch
und Tier.

> Die Tötung der Sphinx ist ursprünglich der Mord am Totem; ebenso
> unzweifelhaft aber ist es, daß sie später zur Vergewaltigung der Mutter
> wurde [...]. So wären also in der Gestalt der Sphinx Doublierungen des
> Vater- und Mutterbildes vereinigt? Tatsächlich ist es so [...]: die mensch-
> liche Oedipussage [...] hat sich aus der Sphinxgeschichte durch Ver-
> menschlichung und Spaltung entwickelt [...]. Wir gelangen so zu der
> Annahme, daß in der Sphinxsage [...] eine großartige Verdichtungslei-
> stung vieler Generationen steckt, welche die Tötung des Vaters und die
> Vergewaltigung der Mutter in der einen Tat, die an der Sphinx geschieht,
> zusammengepreßt hat. Homo- und heterosexuelle, sadistische und ma-
> sochistische Gefühlszüge gehen unentschieden und ununterscheidbar
> ineinander über.[16]

Ähnlich wie Freud zieht auch Reik eine Verbindungslinie zwischen
frühkindlichen Erfahrungen und menschheitsgeschichtlicher Entwicklung. Die Sphinx erscheint als Verkörperung von zwei ge-
gensätzlichen Bestrebungen, die sich sowohl in der Entwicklungsgeschichte des einzelnen (männlichen) Kindes wie in der der Völker
insgesamt nachweisen lassen.

> Die Verdichtung der Tötung des Vaters und des sexuellen Verkehrs mit
> der Mutter, die sich dann durch die Spaltung in der Oedipussage in zwei
> getrennte Aktionen auflöst, weist [...] in eine Urzeit der Menschheit
> zurück, in der sich die Liebeswahl der Jugend nicht so entschieden wie
> jetzt für das Weib erklärte, in der aber auch Liebesspiel und Kampf noch
> nicht so scharf voneinander geschieden waren wie heute [...].[17]

Reik nimmt also an, daß der „erste Anstoß zur Schöpfung des Oedi-
pusmythos die Phantasie vom [sadistisch gefärbten] Geschlechts-
verkehr mit der Mutter war"[18], zu der dann die vom Vater als dem
Störenden hinzutrat. Der „Mythus"[19] wird interpretiert als „objektivierte Halluzination erfüllter Wünsche"[20].

> Wir wissen aus der individuellen Analyse, daß diese Formel dem bio-
> genetischen Gesetze entspricht, da das Kind ursprünglich die Wünsche,
> welche die Realität ihm versagt, sich halluzinatorisch erfüllt. Haben wir
> den Oedipusmythos so auf seinen ersten Keim, die phantasierte gewalt-
> same geschlechtliche Vereinigung mit der Mutter zurückgeführt, so wird

Abb. 7
*Moreau, Ödipus und
die Sphinx (1864)*

es uns nicht überraschen, wenn wir noch in einer seiner spätesten Gestaltungen an bedeutsamer Stelle ein Anzeichen jener Abstammung finden: Ich meine den von Freud als Ausgangspunkt seiner Analyse gewählten Traum, von dem Jokaste bei Sophokles spricht: „[...] viele Menschen sahen auch im Traum schon/Sich zugesellt der Mutter [...]."[21]

Durch eine solche Interpretation, die die Ödipus-Sphinx-Konstellation quasi „biogenetisch" in der Biographie des Einzelnen wie
ganzer Völker als ‚Erbmasse' verankert, wird das Geschlechterverhältnis traumatisch belastet und extrem biologistisch determiniert.
Vatermord und Inzest kehren als „urzeitliche" Wünsche, Ängste,
Phantasien und Träume in den Geschlechterbeziehungen in jeder
neuen Generation in einer so schicksalhaften Weise zurück, daß
auch die Psychoanalyse als ‚aufklärerische' Wissenschaft kaum Entlastung und Entspannung bringen kann. Gerade die zugespitzte
Ödipus-Sphinx-Deutung bei Reik zeigt, wie stark die Psychoanalyse in Gefahr steht, in Mythos umzuschlagen, wenn sie sich unkritisch auf angebliche psychische Konstanten und letztlich unverän-
derliche Konstellationen beruft.

Gerade in der Verknüpfung von wissenschaftlichem Diskurs und
mythischem Rekurs hat die Wiederbelebung der Ödipus-Sphinx-
Konfiguration um 1900 fatale Konsequenzen für die gesellschaftlich
längst überfällige Neudefinition der Geschlechterrollen, die sich
folgendermaßen zusammenfassen lassen:

– Der Subjektdiskurs (was ist der Mensch?) wird als Geschlechterdiskurs geführt, und dieser wird auf das „Rätsel Weiblichkeit"
  eingeengt.
– Frauen werden als Rätselgeschöpfe definiert und abhängig vom
  männlichen Rätsellöser gemacht (der im Ausnahmefall natürlich
  auch eine Frau als Analytikerin sein konnte).
– Frauen werden nach männlichem Muster entworfen und an der
  männlichen Norm orientiert. Dabei bildet das ödipale Schema
  das Modell, dem auch die Frauen in ihrer psychischen und sexuellen Entwicklung zu folgen haben.
– Vatermord und Mutterinzest sind immer wiederkehrende, trau-
  matische Momente in der Beziehung zwischen den Geschlechtern. Sie bilden eine subtile Rechtfertigung für die Gewaltförmigkeit zwischen den Geschlechtern in Geschichte und Gegenwart.
– Der psychoanalytische Diskurs ruft Biologie, Geschichte, Literatur und Mythos gleichermaßen als Zeugen auf, um ein essentia-
  listisches Verständnis von „Weiblichkeit" ‚wissenschaftlich' neu
  zu begründen.
– Weitgehend unausgesprochen korrespondiert dem ein essentia-
  listisches Verständnis von „Männlichkeit", das sich in der Ab-

Abb. 8   *Moreau, Die Sphinx als Siegerin (1886)*

grenzung von einem phantasmatischen „Weiblichen" als dem
‚Anderen' konstituiert.

Die Ödipus-Sphinx-Figuration entpuppt sich also als eine Konstruktion, mit Hilfe derer der Subjektdiskurs um 1900 gegenüber
dem um 1800 in eine neue Phase tritt. Läßt sich für die Zeit um 1800
zeigen, daß sich hinter der Menschenrechtserklärung von 1789 der
Emanzipationsanspruch des männlichen, bürgerlichen Individuums verbirgt, so läßt sich für die Zeit um 1900 die These aufstellen,
daß sich hinter der erregten Debatte um das „Rätsel der Weiblichkeit" die Frage nach der männlichen Identität versteckt, die durch
die rasanten Modernisierungs- und Emanzipationsschübe in eine
existentielle Krise geraten war.[22]

An den Ödipus-Sphinx-Darstellungen, die in der Malerei im Ver-
laufe des 19. Jahrhunderts stetig zunehmen und um 1900 zahlen-
mäßig geradezu explodieren, zeigt sich, daß die Konfiguration auch
auf bildende Künstler eine große Faszination ausübte. Dabei fällt
auf, daß das intellektuelle Moment, das in dem Bild von Ingres do-
miniert hatte, in der Konfrontation zwischen Ödipus und der
Sphinx immer stärker zurücktritt, sich das Verhältnis dynamisiert
und die Positionen neu arrangiert werden. Die auffälligste Verände-
rung gegenüber Ingres betrifft die Figur der Sphinx: Sie wird größer,
rückt in den Mittelpunkt und geht schließlich zum Angriff über.
Ödipus wird ihr Opfer. Bei Moreau (1886) ist er Teil eines anonymen Leichenberges geworden, auf dem die Sphinx als Siegerin
triumphiert. Bei Khnopff (1896) wird erstmals eine Parität zwischen
Ödipus und Sphinx hergestellt, mit einer interessanten Konsequenz: Aus der intellektuellen Konfrontation bei Ingres, der der
Geschlechterdiskurs im Vergleich zu den späteren Bildern diskret
eingeschrieben war, ist eine eindeutige, erotische Szene geworden,
aus der die Momente von Intellektualität vollständig getilgt sind.
Aus Ödipus ist ein namenloser Lustknabe geworden.

In den Ödipus-Sphinx-Bildern von Ingres bis Khnopff läßt sich
deutlich erkennen, wie Wissen, Macht und Eros in sehr unterschiedlicher Gewichtung als Momente der Begegnung zwischen
Ödipus und Sphinx in Szene gesetzt werden. Die Betonung des
einen oder des anderen Moments hängt dabei ab von der gesell-
schaftspolitischen Situation, in der die Bilder entstehen und auf die
sie reagieren. Bei Ingres ist dies die Französische Revolution und

Abb. 9 *Khnopff, Liebkosungen (1896)*

der durch sie ausgelöste Geschlechterdiskurs, bei Khnopff sind es die Verunsicherung durch die Frauenbewegung und die durch Industrialisierungs- und Modernisierungsschübe veränderten Verhältnisse der Geschlechter.

Die Bilder von Moreau bis Khnopff sind ebenso wie der psychoanalytische Diskurs Teil jenes „Kampfes der Geschlechter"[23], der um 1900 in Literatur, Kunst und Wissenschaft allgegenwärtig war und sich durch seine spezifische Aggressivität deutlich von den Debatten unterscheidet, die ein Jahrhundert früher geführt wurden.

## III

In den Umkreis dieser Debatten gehört auch das Drama *Ödipus und die Sphinx* von Hugo von Hofmannsthal.[24] Hofmannsthal, der wie Freud in Wien lebte, gehört zu den Autoren der Wiener Moderne, die von der Psychoanalyse außerordentlich stark beeindruckt und beeinflußt worden sind und die auf das Mythosverständnis und das Antike-Bild Freuds ganz unmittelbar reagiert haben. Hofmannsthals Drama *Elektra*, das 1903 unter Reinhardt in Berlin aufgeführt wurde und durch die Straußsche Vertonung bis heute lebendig geblieben ist, ist ein frühes Dokument für den enormen Einfluß der Psychoanalyse auf die Literatur und darüber hinaus für die komplizierte Wechselwirkung zwischen literarischem und psychoanalytischem Diskurs im 20. Jahrhundert. Dabei verschränkt sich bei Hofmannsthal Freud-Rezeption mit Bachofen-Rezeption in untrennbarer Weise. Während Hofmannsthal Freud mit großem

Interesse las – vor allem die *Hysterie-Studien* und die *Traumdeutung* –, dem Menschen und Wissenschaftler Freud eher distanziert gegenüber stand, war Hofmannsthals Verhältnis zu Bachofen uneingeschränkt positiv, wie folgende Selbstaussage zeigt:

> Ich war noch ein junger Mensch, als mir das gewaltige Mythenwerk „Das Mutterrecht" in die Hand kam. [...] Es war noch ein Exemplar der völlig vergriffenen ersten Ausgabe von 1862 [...], der durch die Witwe veranstaltete Neudruck von 1897 existierte noch nicht. Was mir das Buch bedeutete, läßt sich kaum sagen. Ich rechne diesen Mann seit damals wahrhaft zu meinen Lehrern und Wohltätern und ausgelesen habe ich seine Bücher bis heute nicht.[25]

Spuren von Freud und Bachofen finden sich nicht nur in der *Elektra*, sondern auch in dem Drama *Ödipus und die Sphinx*, an dem Hofmannsthal zwischen 1903 und 1905 gearbeitet hat und das als Antwort auf Freuds *Traumdeutung* (1900) gelesen werden kann. Wie die *Elektra* wurde auch *Ödipus und die Sphinx* von Reinhardt in Berlin aufgeführt. Im Zusammenhang der Arbeit an diesem Drama entsteht eine Übersetzung von *König Ödipus* nach Sophokles *Ödipus der König. Tragödie von Sophokles mit einiger Freiheit übertragen und für die neuere Bühne eingerichtet*, die 1910 ebenfalls von Reinhardt aufgeführt wird, und ein Vortrag über *Shakespeares Könige und Herren*. Wir finden bei Hofmannsthal also all die Autoren und Texte wieder versammelt, die sich bereits in Freuds *Traumdeutung* finden. Sophokles *König Ödipus*, Shakespeares *Königsdramen* und die Figuren des Ödipus und des Hamlet. Offensichtlich hat Hofmannsthal die Anregungen von Freud aufgenommen und versucht, eigene Antworten im Medium der Literatur zu finden.

Während er mit seiner *Elektra* auf die *Hysterie-Studien* von Breuer und Freud (1895) reagiert, ist sein Ödipus-Projekt der mir bekannte früheste Reflex auf Freuds *Traumdeutung*. Das Drama besteht aus drei Aufzügen: Der erste Aufzug thematisiert die Ermordung des Vaters, der zweite die verworrene Situation in Theben nach dem Tod des Herrschers, und der dritte schließlich bringt jene schicksalshafte Begegnung zwischen Ödipus und Sphinx, die in der Malerei der Zeit immer wieder variiert wurde.

Die Sphinx – mal als Tier, mal als Frau apostrophiert – tritt bei Hofmannsthal jedoch nicht direkt auf. Diese Aussparung hat sicher-

lich auch praktische Gründe – wie soll man eine Sphinx auf die
Bühne bringen? –, hat aber darüber hinaus noch Gründe, die jenseits
des Dramaturgischen liegen: Als Figur, die im Dunkeln, Geheimnisvollen verbleibt, kann sie ganz zur Projektionsfigur werden. Schon
allein die Nennung ihres Namens löst beim Volk Entsetzen aus:

> Sphinx.
> Das Wort ist Qual und Tod. Dort drüben wohnts.
> Es horstet im Geklüft so wie ein Geier
> und äugt herab, wo Theben liegt, und Theben
> gleicht dem gefallnen Vieh und zuckt vor Angst,
> und seine Flanken fliegen, und die Augen
> sind blutig.[26]

Offensichtlich knüpft Hofmannsthal mit seinem Bild der Sphinx an
jene Bilder an, die in der zweiten Hälfte des Jahrhunderts in der
Malerei kursierten: Aus der kleinen Rätselfigur, die Ödipus gegen-
übersitzt, ist jene übermächtige dämonische Gestalt geworden, der
die Männer reihenweise zum Opfer fallen. Moreaus *Siegreiche
Sphinx* (1886) verkörpert diesen Typus der triumphierenden Sphinx
am reinsten. Bei Hofmannsthal wird aber nicht Ödipus das Opfer
der Sphinx, sondern er bringt ihr – wie in einer der unterschiedlichen Versionen des Mythos erzählt wird – den Tod. Diese Szene
wird nicht direkt dargestellt, sondern sie wird von dem durch die
Begegnung mit der Sphinx zunächst völlig verstörten Ödipus erzählerisch nachgetragen.

> ÖDIPUS *in fliehender Hast*   Vor seiner Höhle
> auf stand das Weib und neigte sich zur Erde
> vor mir, und als ich nahe kam, so trat es
> demütig hinter sich und bog sich nieder
> bis an die Erde, als wäre ich der Gast,
> auf den sie hundert Jahre wartete.
> Und dann nach rückwärts taumelnd, ohne Laut,
> da hob es sein Gesicht und sah mich an
> da sah ich das Gesicht, da traten mir
> die Augen aus den Höhlen, von den Knochen,
> wie Zunder fühlte ich mein Fleisch sich lösen

vor Graun und Angst: mein Herz schlug wie im Tod,
die ganze Brust schlug mir, da gab es von den fahlen
gräßlichen Lippen seinen Gruß in meine
schlagende Brust hinein: „Da bist du ja",
das Wort legt' es in mich hinein, „auf den ich
gewartet habe, heil dir, Ödipus!
Heil, der die tiefen Träume träumt" – und da
zerschnitten meine Brust, wirft sichs nach rückwärts,
den Blick auf mir, den schon verendenden,
mit einer grauenhaften Zärtlichkeit
durchtränkten, rücklings in den Abgrund, den
das Aug nicht mißt, den steinernen, und schreit
im Todessturz den namenlosesten,
furchtbarsten Schrei, in dem sich ein Triumph
mit einem Todeskampf vermählt, und stürzt
vor meinem Fuß hinab und schlägt tief unten
dumpf auf. [...][27]

Gegenüber der mythischen Vorlage hat Hofmannsthal eine wichtige Verschiebung vorgenommen: Nicht Ödipus löst das Rätsel der Sphinx, sondern sie löst seines. Sie kennt ihn schon seit langem.

> ÖDIPUS *verstörten Gesichtes, seiner selbst nicht*
> *mächtig, sich an Steinen haltend, bald*
>                           *zu Boden taumelnd*
> Es nannte mich beim Namen! „Ödipus",
> sprach es zu mir! „sei Ödipus, gegrüßt,
> der du die tiefen Träume träumst"! G e k a n n t !
> Auch hier gekannt! [...][28]

Die „tiefsten Träume" aber sind, daran läßt das Drama keinen Zweifel, die beiden großen Tabus, die Ödipus verletzt: Vatermord und Mutterinzest.

> ÖDIPUS *Von Grausen geschüttelt* Der Dämon,
> der grauenhafte Dämon hat mit mir
> Gemeinschaft! mit dem Todesatem lüftet
> es den verschloßnen Deckel meiner Brust.

> Er weiß von meinen Träumen – ah, es gibt nur einen,
> den Traum von Delphoi, weh, den Traum vom Vater
> und von der Mutter und dem Kind![29]

Die Begegnung mit der Sphinx ist nicht zufällig an der Stelle plaziert, wo Ödipus den Vater bereits erschlagen, sich mit der Mutter
aber noch nicht verbunden hat. Diese Begegnung, die als Konfrontation von Ödipus mit seinen eigenen unbewußten Wünschen
arrangiert ist, bereitet die Vereinigung von Sohn und Mutter vor, die
am Ende des Dramas ekstatisch in Szene gesetzt ist.

> JOKASTE […] *lacht ein kurzes unbeschreiblich*
> *leichtes, flüchtiges Lachen*
> Du – ich – nicht blind! – was sagts du – nein,
>                                         nicht blind!
> sehend wir beide! du kein Gott und ich,
> du Knabe, keine Göttin! Knabe, Knabe,
> arm sind sie gegen uns, die Götter, die
> nicht sterben können, arm! Doch du – und ich:
> dein Dastehn, da auf diesem heiligen Berg,
> dein Blut, das dich getrieben hat, dein Leid,
> das dich gejagt hat – meine Tag und Nächte,
> mein Blut, das leben nicht noch sterben konnte:
> und heute, dieses Heute, du und ich!
> Die Tage, die nun kommen, Tage, Tage,
> das Namenlose, das noch kommt und doch
> schon da ist, Tag und Nächte, Nächt und Tage,
> das Dunkel, das wir wissen, und doch lachen wir –
> und du mich weihend, ich dich weihend, dein
> Gesicht bei mir und mein Gesicht bei dir!
> Wo sind die Götter, wo ist denn der Tod,
> mit dem sie immer unser Herz zerdrücken?
> er war doch immerfort um mich, er war
> vor meinem Aug, in meinem Haar, er hing ja
> an mir so wie ein Rauch, wo ist er hin?
> er ist in meinen Leib hineingesunken,
> wie eine namenlose Lust, ein un-
> geheueres Verbrechen: o mein König,

o du: wir sind mehr als die Götter, wir,
Priester und Opfer sind wir, unsere Hände
heiligen alles, wir sind ganz allein
die Welt![30]

Hofmannsthal phantasiert also die beiden großen Tabus aus, die bei
Sophokles als Verbrechen handlungsmäßig *vor* dem Einsetzen des
Dramas stattgefunden haben und damit von der Darstellung ausgespart geblieben waren und die Freud in seiner Ödipus-Interpretation als verdrängte Kindheitswünsche identifiziert hatte. Er setzt
damit in Szene, was nicht sein darf und nach Freud auch nicht sein
soll. Freud war es ja gerade darum gegangen, die ödipalen Wünsche
zu überwinden.[31] Hofmannsthal läßt seinen Ödipus seine inzestuösen Wünsche jedoch triebhaft ausagieren. Sein Drama ist eine Form
der Wunscherfüllung, die Freud ablehnte. Obwohl keine Stellungnahme von Freud zum *Ödipus*-Drama von Hofmannsthal vorliegt,
kann man davon ausgehen, daß er dieses Drama ebenso scharf abgelehnt hätte, wie er dies im Falle von Hofmannsthals *Elektra* getan
hat. So gerne Freud auf Literatur zur Stützung seiner Thesen
zurückgriff, so ungern sah er es, wenn Dichter sich der Psychoanalyse bemächtigten. Der Austausch zwischen Psychoanalyse und
Literatur war für ihn ein einseitiger Prozeß.

Der Begegnung zwischen Ödipus und Sphinx unterlegt Hofmannsthal eine sehr eigenwillige Deutung: Die Sphinx repräsentiert
das Unbewußte des Ödipus. Damit aber verschiebt sich das
Geschlechterverhältnis ein weiteres Mal. Es geht nicht mehr – wie
ansatzweise noch bei Freud – um einen Geschlechterdiskurs, der
zwischen männlicher und weiblicher Position bzw. zwischen zwei
unterschiedlichen Wissensmodi geführt wird, sondern es geht um
die Subjektwerdung des Mannes als Entwicklung vom Unbewußten
zum Bewußten. Das Weibliche ist dabei als Unbewußtes in den
Mann inkorporiert und zugleich als Objekt inzestuösen Begehrens
nach außen gewendet.

Ungeachtet aller Nuancen und Abweichungen im Detail kann
man das Hofmannsthalsche Drama als frühe und sehr direkte
Umsetzung der Freudschen Ödipus-Interpretation lesen, wie sie
sich in der *Traumdeutung* findet. Hofmannsthal phantasiert poe-
tisch all das aus, was bei Freud im Bereich der psychoanalystischen

Theoriebildung geblieben war. Zugleich liefert er als Dichter eine Lösung des Rätsels, das Freud als Wissenschaftler zu lösen sich nicht in der Lage gesehen hatte: Das „Rätsel der Weiblichkeit" wird in die mythische Rätselfrage nach dem Menschen zurückverwandelt. Die Frage nach dem Menschen aber ist eine nach dem Manne. Wie in der Menschenrechtserklärung von 1789 der Mensch als Mann gemeint war, so wird hundert Jahre später der Mensch erneut wieder nur als Mann gedacht, dem diesmal allerdings das Weibliche vampiristisch einverleibt ist.

Wie bei Freud ist das Weibliche auch bei Hofmannsthal allein vom Manne her entworfen und auf ihn bezogen. Es hat keinen Subjektstatus im Text, als Weibliches ist es vollständig mit dem Mütterlichen gleichgesetzt.

> JOKASTE
> Doch die Mütter – zu der Mutter –
> die Mütter ziehen alles hinter sich,
> das Blut ist stark, die Welt hängt an den Müttern[32]

Auch die Sphinx ist eine Mutterfigur. Ihre Höhle, in die Ödipus eindringt, ist ein Schlund, aus dem das Leben seinen Anfang nimmt und in dem es begraben wird, wie der Seher Teiresias dem Volk von Theben weissagt:

> TEIRESIAS *wirft die Arme in die Luft, von*
> *der Größe seines Gesichtes überwältigt*
> Ah, was sich da gebiert! Der Qualen-abgrund,
> die Höhle weltengroß getürmt aus Jammer!
> Du letzte Nacht, du Höhle! Ah! Und jenseits
> ist neuer Tag und eine andre Welt,
> darunter ist noch eine Welt verborgen,
> sie mündet in die Leidenshöhle, unten
> im Schlund des Grausens bricht ihr Glanz hervor,
> aus Qualen ohne Maß erhebt ein Halbgott sich![33]

Der an Bachofen erinnernde übersteigerte Mutterkult im Drama gilt nicht konkreten Mutterfiguren, sondern der Mutter als Gebärerin, zugespitzt formuliert: der Gebärmutter im wörtlichen und übertragenen Sinne.[34] In seiner *Elektra* (1903) hatte Hofmannsthal das Hysterieproblem – angeregt durch Breuers und Freuds *Studien über Hysterie* (1895) zum zentralen Thema gemacht, aber auch sein Drama *Ödipus und die Sphinx* ist deutlich vom Hysteriediskurs der Zeit geprägt. Zugleich partizipiert es an der Blutmystik, die so viele Texte des Fin de Siècle in höchst problematischer Weise durchzieht.

Wie im Falle der *Elektra* der Titel irreführend ist – der eigentliche Held ist Orest –, legt auch der Titel des zweiten, griechischen Dramas' von Hofmannsthal eine falsche Fährte. Es ist – entgegen dem Titel – kein Drama über Ödipus *und* die Sphinx, sondern nur eines über Ödipus. Deshalb ist es auch – jenseits aller dramaturgischen Notwendigkeiten – nur konsequent, daß die Sphinx im Drama gar nicht auftritt. Die Sphinx ist der Selbstdefinition des Männlichen zum Opfer gefallen, die sich als rauschhafte Selbstgeburt des Helden vollzieht. Als Vatermörder und Ehegemahl der Mutter tritt Ödipus aus der Triade Vater-Mutter-Kind gewaltsam heraus, um sich als Subjekt – als Übermensch im Sinne Nietzsches – auf einer neuen Ebene wiederherzustellen. „Ich und kein Ende" – so wird Heiner Müller Generationen später die Ödipus-Sphinx-Konstellation in seinem *Ödipus-Kommentar* (1966) paraphrasieren und damit jenen Subjekt- und Geschlechterdiskurs als einen mythischen weiterführen, der am Ende unseres Jahrhunderts nicht weniger polarisiert zu sein scheint als am Anfang.

## Anmerkungen

\*  Der Titel spielt an auf Fuchs, Ernst: Im Zeichen der Sphinx. München 1968.
1  Zit. nach Praz, Mario: Liebe, Tod und Teufel. Die schwarze Romantik. München 1962, S. 179.
2  Freud, Sigmund: Neue Folgen der Vorlesung zur Einführung in die Psychoanalyse. In: Gesammelte Werke, Bd. XV, S. 120.
3  Vgl. Stephan, Inge: Die Gründerinnen der Psychoanalyse. Eine Entmythologisierung Sigmund Freuds in zwölf Frauenporträts. Stuttgart 1992.
4  Siehe Rohde-Dachser, Christa: Expedition in den dunklen Kontinent. Weiblichkeit im Diskurs der Psychoanalyse. Berlin u.a. 1991. Siehe auch Lykke, Nina: Rotkäppchen und Ödipus. Zu einer feministischen Psychoanalyse. Wien 1993.
5  Vgl. dazu die vorzügliche Studie von Vogt, Rolf: Psychoanalyse zwischen Mythos und Aufklärung oder Das Rätsel der Sphinx. Frankfurt a.M. 1989.

6   Dabei sind freilich verschiedene Versionen des Mythos zu unterscheiden. Nicht in allen spielt die Rätsellösung eine Rolle. Vgl. zu den verschiedenen Überlieferungssträngen das Stichwort „Sphinx" in: Ausführliches Lexikon der griechischen und römischen Mythologie. Bd. 4, Leipzig 1909–1915, Sp. 1298–1408 und das Stichwort „Ödipus" (u. d. „Sphinx"), ebd., Bd. 3, Leipzig 1897–1909, Sp. 715–746.

7   Adrien Turel hat Bachofen und Freud als „zwei gleichartige Sphinxe", den einen am Ausgang und den anderen am Anfang des Jahrhunderts bezeichnet. Vgl. Materialien zu Bachofens „Das Mutterrecht". Hg. v. Hans-Jürgen Heinrichs. Frankfurt a.M. 1975, S. 213.
     Hilda Doolittle, die sich in den dreißiger Jahren bei Freud in der Analyse befand, erschien Freud wie eine mächtige Sphinx. Vgl. Stephan, Inge: Die Gründerinnen der Psychoanalyse. (Anm. 3).

8   Siehe dazu insbesondere Schmid-Noerr, Gunzelin: Mythologie des Imaginären oder imaginäre Mythologie? Zur Geschichte und Kritik der psychoanalytischen Mythendeutung. In: Psyche 7 (1982), S. 577–608 und Le Rider, Jacques: Freud zwischen Aufklärung und Gegenaufklärung. In: Schmidt, Jochen (Hg.): Aufklärung und Gegenaufklärung in der europäischen Literatur. Darmstadt 1989.

9   Freud, Sigmund: Die Traumdeutung. In: Gesammelte Werke, Bd. II/III, S. 269. Anregend noch immer Starobinski, Jean: Hamlet und Ödipus. (1967) In: ders.: Psychoanalyse und Literaturwissenschaft. Frankfurt a.M. 1990, S. 110–142.

10  Ebd., S. 268.

11  Ebd., S. 271.

12  Ebd.

13  Freud, Sigmund: Die Frage der Laienanalyse. In: Gesammelte Werke, Bd. XIV, S. 242.

14  Vgl. dazu Schlesier, Renate: Kulte, Mythen und Gelehrte. Anthropologie der Antike seit 1800. Frankfurt a.M. 1994.

15  Reik, Theodor: Oedipus und die Sphinx. In: Imago VI, 2 (1920), S. 95–131. Das Zitat dort auf S. 127.
     Die von Freud herausgegebene „Imago" erhielt als Titelbild eine Vignette, auf der Ödipus und die Sphinx abgebildet waren. Reik spielt auf diese Vignette in seiner Einleitung ausdrücklich an.

16  Reik, ebd.

17  Ebd., S. 128.

18  Ebd.

19  Ebd. Reik schwankt zwischen den Schreibweisen „Mythus" und „Mythos".

20  Ebd.

21  Ebd.

22  Siehe dazu Le Rider, Jacques: Der Fall Otto Weininger. Wurzeln des Antisemitismus. Wien 1985; Sombart, Nicolaus: Die deutschen Männer und ihre Feinde. München 1991; Widdig, Bernd: Männerbünde und Massen. Zur Krise männlicher Identität in der Literatur der Moderne. Opladen 1992 und Gilman, Sander L.: Freud, Identität, Geschlecht. Frankfurt a.M. 1994.

23  Der Kampf der Geschlechter. Der neue Mythos in der Kunst 1850–1930. München 1995 (Ausstellungskatalog). Siehe auch Demisch, Heinz: Die Sphinx.

Geschichte ihrer Darstellung von den Anfängen bis zur Gegenwart. Stuttgart 1977; Rentmeister, Cillie: Blick zurück in Zorn – die Geschichte des Ö. In: Die Überwindung der Sprachlosigkeit. Texte aus der neuen Frauenbewegung. Hg. v. Gabriele Dietze. Frankfurt a.M. 1979, S. 221–272; dies.: Das Rätsel der Sphinx. Matriarchatsthesen und die Archäologie des nicht-ödipalen Dreiecks. In: Weiblich – Männlich. Kulturgeschichtliche Spuren einer verdrängten Weiblichkeit. Hg. v. Brigitte Wartmann. Berlin 1980, S. 151–192; Kimpel, Harald und Werkmeister, Johanna: Die Schöne als das Biest. Zur Ikonographie der Sphinx. In: Don Juan und femme fatale. Hg. v. Helmut Kreutzer. München 1994, S. 117–125.

24   Hofmannsthal, Hugo von: Ödipus und die Sphinx. In: ders.: Gesammelte Werke, Dramen II. Frankfurt a.M. 1979, S. 381–499.

Während zu Hofmannsthals *Elektra* eine Reihe von Arbeiten vorliegt, ist die Forschungsliteratur zu *Ödipus und die Sphinx* spärlich. Vgl. Nehring, Wolfgang: Ödipus und Elektra. Theater und Psychologie bei Hofmannsthal. In: Strelka, Joseph P. (Hg.): „Wir sind aus solchem Zeug wie das zu träumen ...". Kritische Beiträge zu Hofmannsthals Werk. Bern u.a. 1992, S. 239–255.

Mit seinem Drama schloß Hofmannsthal an das Drama *Oedipe et le Sphinx* (Paris 1903) des französischen Symbolisten Josephin Péladon an. Siehe auch Prellwitz, Gertrud: Oedipus oder das Rätsel des Lebens. Tragödie in fünf Akten. Freiburg 1898.

25   Zit. nach Worbs, Michael: Nervenkunst. Literatur und Psychoanalyse im Wien der Jahrhundertwende. Frankfurt a.M. 1983, S. 268.

26   Hofmannsthal: Ödipus und Sphinx, S. 462 (Anm. 24).

27   Ebd., S. 476 f.

28   Ebd., S. 473.

29   Ebd.

30   Ebd., S. 484 f.

31   Vgl. dazu v.a. Freud, Sigmund: Totem und Tabu. In: Gesammelte Werke, Bd. IX, insbesondere S. 160 u.a.

32   Hofmannsthal: Ödipus und Sphinx, S. 449 (Anm. 24).

33   Ebd., S. 457.

34   Vgl. zum Zusammenhang zwischen dem Organ der Gebärmutter und dem Hysteriediskurs um 1900 Schaps, Regina: Hysterie Weiblichkeit. Frankfurt a.M. u. a. 1982.

# Der Mythos von Anima und Animus

## C.G. Jung und die Folgen

Im November 1911 schrieb Sigmund Freud an den damals noch sehr geschätzten C.G. Jung, auf den er als Nachfolger und ‚Kronprinzen' große Hoffnungen setzte:

> Daß Sie sich mit der Mythologie eingelassen haben, hat mich hell erfreut. Ein Stück Einsamkeit weniger. Ich bin sehr begierig auf Ihre Entdeckungen. [...] Sie werden, hoff' ich bald meine Erwartung teilen, daß der Kernkomplex der Mythologie derselbe ist wie der der Neurosen.[1]

Jung sollte Freuds Erwartungen nicht erfüllen, und es kam zu jenem schmerzlichen Bruch, der schließlich zur Spaltung der Psychoanalyse in die Freudsche und die Jungsche Richtung führte: Psychoanalyse versus Tiefenpsychologie. Wie immer bei solchen Schulbildungen und Abspaltungen sind die Gründe vielfältig und nicht nur wissenschaftlicher Art. Die Beschäftigung mit der Mythologie führte Jung jedenfalls in eine ganz andere Richtung als Freud. Eine intensive Auseinandersetzung mit einzelnen Mythen oder mythischen Konstellationen suchen wir bei ihm – bis auf ganz wenige Ausnahmen[2] – vergebens. Statt dessen finden wir bei ihm, quer durch das ganze Werk verstreut, sehr allgemein gehaltene Ausführungen zu östlichen und westlichen Religionen, zu Alchemie, Mystik und Geheimlehren verschiedenster Art. Anders als Freud, der einzelne Mythen, wie z.B. den Ödipus – Mythos penibel auslegte, geht es Jung nicht um die Interpretation einzelner Mythen, sondern um die Begründung einer eigenen Mythen-Lehre, mit der er sich sowohl von der Freudschen Psychoanalyse wie von anderen konkurrierenden Mythosvorstellungen abzugrenzen suchte.[3] An die Stelle des Mythos tritt bei Jung der Archetypus als universelles Erklärungsmodell für psychische und historische Abläufe. Diese

Ersetzung hat weitreichende Konsequenzen nicht nur für die Vorstellung der Psyche im allgemeinen, sondern auch für den Geschlechterdiskurs im besonderen.

# I

In dem Aufsatz *Über die Archetypen des kollektiven Unbewußten* von 1934 hat Jung versucht, seine eigene Position, die er seit dem Bruch mit Freud im Jahre 1912/13 kontinuierlich entwickelt hatte, systematisch zusammenzufassen.[4] Dieser Aufsatz ist deshalb besonders wichtig, weil Jung in ihm all die Begriffe – Unbewußtes, Archetypus, Mythos, Animus und Anima – vorstellt, die in der Rezeption bis in die Gegenwart eine große Rolle spielen.

Bereits im zweiten Abschnitt seines Aufsatzes setzt sich Jung durch die Unterscheidung eines persönlichen und überpersönlichen Unbewußten von Freud ab:

> Zunächst beschränkte sich der Begriff des Unbewußten darauf, den Zustand verdrängter oder vergessener Inhalte zu bezeichnen. Bei Freud ist das Unbewußte, obschon es – wenigstens metaphorisch – bereits als handelndes Subjekt auftritt, im wesentlichen nichts als der Sammelort eben dieser vergessenen und verdrängten Inhalte und hat nur vermöge dieser eine praktische Bedeutung. Dementsprechend ist es nach dieser Ansicht ausschließlich persönlicher Natur, obschon andererseits schon Freud die archaisch-mythologische Denkweise des Unbewußten gesehen hat. (S. 7)

Mit dem darauf folgenden Abschnitt vertieft Jung die Kluft zwischen sich und Freud, indem er die Freudsche Auffassung des Unbewußten trotz archaisch-mythischer Bezüge indirekt als „oberflächlich" bezeichnet:

> Eine gewissermaßen oberflächliche Schicht des Unbewußten ist zweifellos persönlich. Wir nennen sie das *persönliche Unbewußte*. Dieses ruht aber auf einer tieferen Schicht, welche nicht mehr persönlicher Erfahrung und Erwerbung entstammt, sondern angeboren ist. Diese tiefere Schicht ist das sogenannte *kollektive Unbewußte*. Ich habe den Ausdruck „kollektiv" gewählt, weil dieses Unbewußte nicht individueller, sondern allgemeiner Natur ist, das heißt es hat im Gegensatz zur per-

Abb. 10 *Marcks: Seelenvogel (1928)*

sönlichen Psyche Inhalte und Verhaltensweisen, welche überall und in
allen Individuen cum grano salis die gleichen sind. Es ist, mit anderen
Worten, in allen Menschen sich selbst identisch und bildet damit eine in
jedermann vorhandene, allgemeine seelische Grundlage überpersön-
licher Natur. (S. 7)

Der Begriff „kollektiv" ist nicht politisch gemeint. Mit diesbezüg-
lichen gesellschaftlichen Systemen hatte Jung nichts im Sinn, wie
seine Angriffe gegen den „Materialismus" und den „Empirismus" in
dem Aufsatz verraten. Seine persönliche, zeitweilige Anfälligkeit
für den Faschismus[5] zeigt jedoch eine verquere Verbindungslinie zu

den Gedankengängen des Aufsatzes. Offensichtlich liegt Jungs Vorstellung des „kollektiven Unbewußten" keine demokratische Konzeption zugrunde. Verbindungslinien zu totalitären Gedankengängen lassen sich aber durchaus ziehen.

Im Verlauf der weiteren Unterscheidung zwischen dem persönlichen und dem überpersönlichen Unbewußten führt Jung den
Begriff Archetypus ein, den er aus dem Griechischen entlehnt und
mit Platons Ideenlehre verbindet.

> „Archetypus" ist eine erklärende Umschreibung des Platonischen eidos.
> Für unsere Zwecke ist diese Bezeichnung treffend und hilfreich, denn sie
> besagt, daß es sich bei den kollektiv-unbewußten Inhalten um altertüm-
> liche oder – besser noch – um urtümliche Typen, das heißt seit alters vor-
> handene allgemeine Bilder handelt. (S. 8)

Der Archetypus verweist also auf die Psyche des Menschen, nicht
wie der Mythos auf das Verhältnis des Menschen zu seiner Umwelt.
Als überpersönliches Unbewußtes manifestiert er sich in Mythen,
Märchen, Träumen und Visionen ebenso wie in den großen Weltreligionen, der Astrologie und den unterschiedlichsten Geheimlehren. Sie alle enthalten gleichermaßen „geheimes Offenbarungswis-
sen", das aber im Verlauf der Geschichte immer mehr verblaßt ist,
so daß die Menschen nach neuen Symbolen suchen.

Die „Psychologie" als „allerjüngste Erfahrungswissenschaft"
(S. 11) hat sich nach Jung nur deshalb entwickelt, weil die großen
Weltreligionen im Verlauf der Jahrtausende mehr oder minder zu
Dogmen erstarrt sind und ihre Symbolisierungskraft für den Einzelnen verloren haben. Für den Niedergang der religiösen Systeme
macht Jung die Aufklärung als überepochale Bewegung verantwortlich. Der Tod der Götter ist aber nicht auf den christlichen Kul-
turkreis beschränkt. Die Götter Griechenlands und Roms sind nach
Jung an „der gleichen Krankheit" (S. 17) zugrunde gegangen wie die
christlichen Symbole:

> […] damals wie heute entdeckten die Menschen, daß sie sich nichts dar-
> unter gedacht hatten. Die Götter der Fremden hingegen hatten noch
> unverbrauchtes Mana. Ihre Namen waren seltsam und unverständlich
> und ihre Taten ahnungsreich dunkel, ganz anders als die ausgeleierte
> chronique scandaleuse des Olymp. Die asiatischen Symbole verstand
> man wenigstens nicht, und deshalb waren sie nicht banal wie die altge-

wohnten Götter. Daß man das Neue aber ebenso unbesehen übernahm, wie man das Alte weggelegt hatte, wurde damals nicht zum Problem. (S. 17)

Das, was damals nicht zum Problem geworden ist, ist aber nach Jung im 20. Jahrhundert durchaus ein Problem geworden. Es ist seiner Meinung nach sinnlos, die eigene Blöße länger „mit orientalischen Prunkgewändern" (S. 17) zu verhüllen. „Fertige Symbole, gewachsen auf exotischem Boden, durchtränkt von fremdem Blut, gesprochen von fremden Zungen, genährt von fremder Kultur, gewandelt in fremder Geschichte" (ebd.) kann man nicht einfach wie „ein neues Kleid" (ebd.) anziehen, das wäre bloßer „Mummenschanz" (ebd.). Es kommt nach Jung darauf an, das „Gewand selber zu nähen" (ebd.).

Die Metaphorik von „Blöße" und „Gewand" weist zurück auf die Debatte um den Mythos in der Aufklärung und der Romantik, wo Autoren darüber gestritten hatten, ob man die alten Mythen einfach übernehmen könne oder ob man nicht vielmehr eine der eigenen Zeit angepaßte „neue Mythologie" schaffen müsse.[6] Die nationalistischen Untertöne, die in der damaligen Diskussion unterschwellig bereits vorhanden waren, haben im 20. Jahrhundert, nach der Gründung der Nationalstaaten und nach dem Sieg der faschistischen Bewegungen in Deutschland und Italien, eine andere Färbung als noch im 18. Jahrhundert; Blutmetaphorik und die Beschwörung des Fremden lösen andere Assoziationen aus als bei Autoren des 18. Jahrhunderts. Die Argumentation Jungs führt in dem Aufsatz von 1934 – das muß fairerweise festgehalten werden – aber nicht in eine rassistische Argumentation, sondern in eine Legitimation der Tiefenpsychologie als Kraft, die allein zu den „Urerfahrungen" des Menschen zurückführen könne. Die Tiefenpsychologie tritt an die Stelle der Religion, deren Erbe von den Menschen vertan worden sei.

Wohl sind wir die rechtmäßigen Erben der christlichen Symbolik, aber dieses Erbe haben wir irgendwie vertan. Wir haben das Haus zerfallen lassen, das unsere Väter gebaut, und versuchen nun, in orientalische Paläste einzubrechen, die unsere Väter nie kannten. Wer die historischen Symbole verloren hat und sich mit „Ersatz" nicht begnügen kann, ist heute allerdings in einer schwierigen Lage: vor ihm gähnt das Nichts, vor dem man sich mit Angst abwendet. Schlimmer noch: das Vakuum füllt sich mit absurden politischen und sozialen Ideen, die sich allesamt durch geistige Öde auszeichnen. (S. 18)

Wenn die Menschheit nicht im „Nichts" versinken will, muß sie also den Weg des Intellekts, der zwar „Ungeheures" geleistet, den Menschen aber leer zurückgelassen habe, zurückgehen. Dieser Weg aber führt zum „Wasser", in dem der Mensch sein eigenes Bild gespiegelt findet. Hinter dem eigenen Bild im Wasser aber stößt der Mensch auf das, was Jung Anima nennt.

> Wer ins Wasser schaut, sieht zwar sein eigenes Bild, aber dahinter tauchen bald lebendige Wesen auf; Fische sind es wohl, harmlose Bewohner der Tiefe – harmlos, wenn der See nicht für viele gespenstisch wäre. Es sind Wasserwesen besonderer Art. (S. 27)

Es sind Nixen, Sirenen und Melusinen, berückende Wesen also, die die Menschen betören und sie in den Tod ziehen. Polemisch wendet sich Jung dabei gegen die sogenannten „moralischen Kritiker", die in solchen Figuren nur „Projektionen von sehnsüchtigen Gefühlszuständen und von Phantasien verwerflicher Art sehen" (S. 27). Den Begriff der „Projektion" lehnt Jung als aufklärerisch und intellektualistisch ab. Für ihn ist die Nixe keine „Projektion", sondern der „Archetypus" der Anima.

Über die Anima aber kann Jung nur in Bildern sprechen, denn „alles, was die Anima berührt, wird numinos" (S. 30). Die Anima verkörpert nun aber nicht schlechthin das Unbewußte, sondern sie ist nur ein Aspekt desselben. Außerdem ist sie – was schon der Name vermuten läßt – weiblich.

> Obschon es scheint, als ob der Anima die Gesamtheit des unbewußten Seelenlebens zukäme, so ist sie doch nur ein Archetypus unter vielen. Darum ist sie nicht schlechthin charakteristisch für das Unbewußte. Sie ist nur ein Aspekt desselben. Das zeigt sich schon in der Tatsache ihrer Weiblichkeit. Das, was nicht Ich, nämlich männlich, ist, ist höchst wahrscheinlich weiblich, und weil das Nicht-Ich als dem Ich nicht zugehörig und darum als außerhalb empfunden wird, so ist das Animabild in der Regel auf Frauen projiziert. Jedem Geschlecht wohnt das Gegengeschlecht bis zu einem gewissen Betrage inne, weil biologisch einzig die größere Anzahl von männlichen Genen den Ausschlag in der Wahl der Männlichkeit gibt. Die kleinere Anzahl an weiblichen Genen scheint einen weiblichen Charakter zu bilden, welcher aber infolge seiner Unterlegenheit gewöhnlich unbewußt bleibt. (S. 30)

Die Konzeption der Anima hat – obwohl gewisse Formulierungen darauf hinzudeuten scheinen – nichts zu tun mit der Vorstellung der Bisexualität, wie sie Freud und andere Autoren zeitweise vertreten haben.[7] Sie ist ein gänzlich metaphysisches Konzept, das von der Biologie und der Physiologie nicht erklärt werden kann.

Die Auseinandersetzung mit der Anima stellt nach Jung die gefährlichste Auseinandersetzung dar, die der Mann in seinem Leben zu bestehen hat.

> [...] die Beziehung zur Anima ist [...]eine Mutprobe und ein Feuerordal für die geistigen und moralischen Kräfte des Mannes. [...] Für den Sohn steckt in der Übermacht der Mutter die Anima, welche manchmal zeitlebens eine sentimentale Bindung hinterläßt und das Schicksal des Mannes aufs schwerste beeinträchtigt oder umgekehrt seinen Mut zu kühnsten Taten beflügelt. Dem antiken Menschen erscheint die Anima als Göttin oder als Hexe; der mittelalterliche Mensch dagegen hat die Göttin durch die Himmelskönigin und durch die Mutter Kirche ersetzt. (S. 31/32)

Die Psychoanalyse als eine der Aufklärung verpflichtete Wissenschaft ist gänzlich ungeeignet, das Geheimnis der Anima – nicht zu verwechseln mit dem „Rätsel der Weiblichkeit" bei Freud – in ihren verschiedenen Manifestationen zu begreifen. Sie wird immer nur von „Projektionen" sprechen und damit gerade das verfehlen, was das Besondere der psychischen Vorgänge ausmacht. Diese können weder „durch intellektuelle, biologische oder physiologische Begriffe" (S. 33) ausgedrückt werden.

Die Begegnung mit der Anima muß von jedem Mann als eine Entwicklungsphase durchlebt werden, damit hinter dem „chaotischen Lebensdrang", den sie zunächst symbolisiert, ein „geheimes Wissen" bzw. eine „verborgene Weisheit" aufscheinen kann. Dieses Wissen bzw. diese Weisheit aber sind männlich konnotiert. Von der Anima als „Archetypus des Lebens" geht Jung daher logisch weiter zum Archetypus des Sinns, der als „alter Weiser" (S. 40) männlich gedacht ist.

Die drei Archetypen: Spiegelbild, Anima und alter Weiser bilden nach Jungs Meinung eine feste Abfolge, die die Menschen im Laufe ihres Lebens durchlaufen. Um diesen symbolischen Prozeß zu beschreiben, greift Jung auf alchemistische Bildersprache, tantrische Chakrensysteme und Bildserien des Tarot zurück, bedient sich also

44 Der Mythos von Anima und Animus

Denkweisen, die eher in spiritualistischen Kreisen denn in klassischen Wissenschaftsdisziplinen anzutreffen sind. Es sind nicht zuletzt die Verbindungslinien zu solchen Denkweisen, die die Archetypenlehre für esoterische Kreise bis heute attraktiv machen. Die mit okkulten Bedeutungen aufgeladene Begrifflichkeit täuscht leicht darüber hinweg, daß der Jungschen Archetypenlehre relativ einfache gedankliche Operationen und strategische Absichten zugrunde liegen, die sich folgendermaßen zusammenfassen lassen:

- Archetypen sind Ausdrücke des Unbewußten, das als rein seelischer, vom Triebhaften gereinigter Bereich gedacht wird.
- Sie sind Ausdruck normaler individueller Phantasietätigkeit.
- Sie sind zugleich Manifestationen kollektiver, bis in die archaische Vorzeit reichender Vorstellungen.
- Sie werden infolgedessen nicht vermittelt, sondern sie sind ererbt.
- Sie äußern sich gleichermaßen in Visionen und Träumen als auch in Mythen, Märchen, Religionen und Dichtungen.
- Wenn die Verbindung zu den Archetypen verloren geht, entstehen schwere Störungen, die sich gesellschaftlich als Verlust moralischer, religiöser und philosophischer Werte äußern.
- Persönliche Störungen entstehen, wenn sich der Archetypus verselbständigt und sich der Bewußtseinskontrolle des einzelnen entzieht. In diesem Falle entstehen pathologische Phänomene, die Ähnlichkeit mit Formen der Besessenheit haben.
- Psychosen und Neurosen haben ihre Ursache nicht in sexuellen Störungen, sondern in einer Störung der Beziehung des Menschen zu seinem Unbewußten.
- Pathologien entstehen immer dann, wenn der Prozeß des kollektiven Unbewußten in seinem Ablauf (von der Begegnung mit dem Spiegelbild, über die Konfrontation mit der Anima bis hin zum Erkennen des Sinns) gestört ist.
- Deshalb ist nicht die analytisch verfahrende Psychoanalyse Freuds die geeignete Therapieform, sondern die synthetisch verfahrende Psychologie C. G. Jungs. Sie besteht in einer „möglichst vollständigen Bewußtmachung der konstellierten unbewußten Inhalte" und in „einer Synthese derselben mit dem Bewußtsein durch den Erkenntnisakt" (S. 42).
- Diese Synthese erfolgt in einem dialogischen Verfahren, das sich in der Form der alchemistischen Meditation vollzieht, nämlich als

„colloquium cum suo angelo bono, als inneres Zwiegespräch mit seinem guten Engel" (S. 43).

– Dieser therapeutische Prozeß hat in der Regel einen dramatischen Verlauf. „Er drückt sich aus in, oder ist begleitet von Traumsymbolen, welche verwandt sind mit jenen ‚représentations collectives', welche in Form mythologischer Motive seelische Wandlungsvorgänge von jeher dargestellt haben" (S. 43).

Der Archetypus ist also nicht identisch mit dem Mythos, sondern der Mythos ist nur eine Manifestation des Archetypus. Er hat daher keine exklusive Stellung in der Argumentation bei C. G. Jung. Neben ihn treten eine Fülle von anderen Manifestationen wie Märchen, Träume, Visionen, Geheimlehren, religiöse Systeme etc. Er ist eine totalisierende und zugleich enthistorisierende Kategorie. Auf den Mythos beruft sich Jung bezeichnenderweise immer dann, wenn es darum geht, die Überzeitlichkeit der Archetypen zu belegen.

Der Archetypus ist zwar überzeitlich und überpersönlich, er ist jedoch nicht übergeschlechtlich oder geschlechtsneutral. In die Vorstellung des archetypischen Entwicklungsprozesses vom Spiegelbild über die Anima hin zum alten Weisen ist ein Geschlechterdiskurs eingelassen, der in dem Text von 1934 noch relativ schwach ausgebildet ist, dessen polarisierende und zugleich hierarchisierende Momente in dem Text *Die psychologischen Aspekte des Mutterarchetypus* von 1938 jedoch ganz deutlich hervortreten.

## II

In diesem Text versucht Jung das nachzuholen, was im früheren Text weitgehend ausgespart geblieben war.[8] Ging es in dem Aufsatz *Über die Archetypen des kollektiven Unbewußten* von 1934 vorrangig um das männliche Unbewußte, so verlagert sich das Interesse jetzt auf das weibliche Unbewußte. Nachdem Jung zunächst noch einmal den Begriff des Archetypus im Sinne der Platonischen „Idee" bzw. des „Urbildes" erläutert, kommt er auf den „Mutterarchetypus" als einen zentralen, in allen Kulturen und Religionen anzutreffenden Vorstellungskomplex zu sprechen. Dieser Mutterarchetypus ist nicht persönlich, und er ist nicht identisch mit dem Archetypus der Anima, obwohl durchaus Vermischungen zwischen beiden auftreten. Über die bloße Gegensätzlichkeit (als liebende und schreckliche Mutter) hinaus drücken sich im Mutterarchetypus drei wesentliche Aspekte des Weiblichen aus: „die hegende und nährende Güte", die „orgiastische Emotionalität" und die „unterweltliche Dunkelheit" (S. 81).

Von der allgemeinen Beschreibung des „Mutterarchetypus" geht Jung dann über auf den „Mutterkomplex", den man als direktes Pendant zum „Ödipuskomplex" bei Freud deuten kann. Wie der Ödipuskomplex ist auch der Mutterkomplex für eine Vielzahl von Störungen verantwortlich:

> Der Archetypus der Mutter bildet die Grundlage des sogenannten Mutterkomplexes. Es ist eine offene Frage, ob ein solcher ohne nachweisbar kausale Mitbeteiligung der Mutter überhaupt zustande kommt. Nach meiner Erfahrung scheint es mir, als ob die Mutter stets, das heißt insbesondere bei infantilen Neurosen oder bei solchen, die unzweifelhaft ätiologisch in die frühe Kindheit zurückreichen, aktiv bei der Verursachung der Störung dabei sei. In jedem Falle aber ist die Instinktsphäre des Kindes gestört, und damit sind Archetypen konstelliert, welche als ein fremdes und oft angsterregendes Element zwischen Kind und Mutter treten. Wenn zum Beispiel die Kinder einer überbesorgten Mutter regelmäßig von dieser als einem bösen Tier oder als einer Hexe träumen, so setzt ein solches Erlebnis eine Spaltung in der kindlichen Seele und damit die Möglichkeit der Neurose. (S. 83)

Die Wirkungen des Mutterkomplexes sind nun verschieden, je nachdem ob es sich um einen Sohn oder eine Tochter handelt.

> Typische Wirkungen auf den Sohn sind die Homosexualität und der Don Juanismus, gelegentlich auch die Impotenz. In der Homosexualität haftet die heterosexuelle Komponente in unbewußter Form an der Mutter, im Don Juanismus wird unbewußterweise die Mutter „in jedem Weibe" gesucht. Die Wirkungen des Mutterkomplexes auf den Sohn sind dargestellt durch die Ideologie des Kybele-Attis-Typus: Selbstkastration, Wahnsinn und früher Tod. Beim Sohn ist der Mutterkomplex insofern nicht rein, als eine Ungleichheit des Geschlechtes vorliegt. Diese Verschiedenheit ist der Grund, warum in jedem männlichen Mutterkomplex neben dem Mutterarchetypus der des sexuellen Partners, nämlich der Anima, eine bedeutsame Rolle spielt. Die Mutter ist das erste weibliche Wesen, das dem zukünftigen Manne begegnet und laut oder leise, grob oder zart, bewußt oder unbewußt, nicht umhin kann, stets auf die Männ-

lichkeit des Sohnes anzuspielen; wie auch der Sohn in zunehmendem Maße der Weiblichkeit der Mutter inne wird oder, unbewußterweise wenigstens, instinktiv darauf antwortet. So werden beim Sohn die einfachen Beziehungen der Identität oder des sich unterscheidenden Widerstandes beständig durchkreuzt von den Faktoren der erotischen Anziehung und Abstoßung. Dadurch wird das Bild erheblich kompliziert. (S. 83/84)

Dagegen äußert sich der Mutterkomplex bei der Tochter weniger kompliziert, da hier keine Ungleichheit der Geschlechter vorliegt. Damit dreht Jung die Problemlage, mit der sich Freud bei der Annahme des Ödipuskomplexes konfrontiert sah, einfach um. Das Problem, wie sich beim Mädchen der Wechsel von der Mutter zum Vater eigentlich vollziehe, stellt sich für Jung schlichtweg nicht, da das sexuelle Begehren – zumal in gleichgeschlechtlichen Beziehungen – für ihn nicht von ausschlaggebender Bedeutung ist bzw. in bezug auf das Verhältnis zwischen Mutter und Sohn als „unnatürlich" (S. 84) erscheint.

Obgleich der Mutterkomplex bei der Tochter eigentlich „ein reiner und unkomplizierter Fall" (S. 84) ist, da es sich „einerseits um eine von der Mutter ausgehende Verstärkung der weiblichen Instinkte, andererseits um eine Abschwächung bis Auslöschung derselben" (ebd.) handele, sind die Auswirkungen für die Tochter alles andere als positiv. Sie führen entweder zu einer „Übersteigerung des Eros" (S. 86), zu einer „Identität mit der Mutter" (S. 87), was in der Konsequenz zur „Lähmung" (ebd.) der Tochter führen kann oder aber zu einer „Abwehr gegen die Mutter" (S. 88)

Alle diese negativen Auswirkungen haben jedoch auch ihre positiven Seiten, weniger für die Tochter bzw. Frau und Mutter als vielmehr für den Mann, der mit einer solchen Frau als Mutter, Geliebter oder Ehefrau konfrontiert wird. Im ersten Fall (der Übersteigerung des Weiblichen zum Nur-Mütterlichen) wird der Mann als Sohn die grenzenlose „Mutterliebe" genießen, im zweiten Fall (der Übersteigerung des Eros) wird er durch die als luziferische Versucherin auftretende Frau in seiner Bequemlichkeit aufgestört und im besten Fall zu sich selbst gebracht:

Die Erregung von Konflikt ist eine luziferische Tugend im eigentlichen Sinne des Wortes. Konflikt erzeugt das Feuer der Affekte und Emotionen, und wie jedes Feuer, so hat auch dieses zwei Aspekte, nämlich den der Verbrennung und den der Lichterzeugung. Die Emotion ist einerseits das alchemische Feuer, dessen Wärme alles zur Erscheinung bringt und dessen Hitze „omnes superfluitates comburit", alle Überflüssigkeiten verbrennt, – andererseits ist die Emotion jener Moment, wo der Stahl auf den Stein trifft und ein Funke herausgeschlagen wird: Emotion ist nämlich die Hauptquelle aller Bewußtwerdung. Es gibt keine Wandlung von Finsternis in Licht und von Trägheit in Bewegung ohne Emotion. […] Bleibt diese Art Frau der Bedeutung ihrer Funktion unbewußt, das heißt weiß sie nicht, daß sie ein Teil ist „von jener Kraft, die stets das Böse will und stets das Gute schafft", so wird sie durch das Schwert, das sie bringt, auch umkommen. Bewußtheit aber wandelt sie zur Löserin und Erlöserin. (S. 93/94)

Auch im dritten Fall (der Nur-Tochter) hält Jung für den Mann ein Trostpflaster bereit. Es besteht immerhin die „Möglichkeit, daß gerade durch eine intensive Animaprojektion das leere Gefäß gefüllt wird" (S. 94). Die „Nur-Tochter" muß also keine „hoffnungslose Null" (ebd.) sein, sondern sie kann für den Mann ein wichtiges Geheimnis bergen:

Schließlich aber ist die *Leere* ein großes weibliches Geheimnis. Sie ist das dem Manne Urfremde, das Hohle, das abgrundtiefe andere, das Yin. Die mitleiderregende Erbärmlichkeit dieser Nullität (ich rede hier als Mann) ist leider – möchte ich fast sagen – das machtvolle Mysterium der Unfaßbarkeit des Weiblichen. Ein solches Weib ist Schicksal schlechthin. Ein Mann kann darüber, dagegen und dafür alles sagen oder nichts oder beides und fällt am Ende unvernünftig beseligt doch in dieses Loch oder hat die einzige Chance, seiner Männlichkeit habhaft zu werden, verpaßt und verpatzt. (S. 95)

Im vierten Fall (der unweiblichen Frau) kann die an sich „unangenehme, anspruchsvolle und wenig befriedigende Gefährtin" (S. 95) dem Manne „zum Freund, zur Schwester und zur urteilsfähigen Beraterin" werden:

Vor dieser Frau erschrickt er nicht, weil sie dem männlichen Geiste Brücken baut, auf denen er das Gefühl sicher ans andere Ufer geleiten kann. Ihr artikulierter Verstand flößt dem Manne Vertrauen ein, ein nicht zu unterschätzendes Element, das in der mann-weiblichen Beziehung viel öfter, als man meint, fehlt. Der Eros des Mannes führt nicht nur hinauf, sondern zugleich auch hinunter in jene unheimliche Dunkelwelt einer Hekate und einer Kali, vor denen es jedem geistigen Manne graut. Der Verstand dieser Frau wird ihm ein Stern sein im hoffnungslosen Dunkel anscheinend endloser Irrpfade. (S. 97)

Die Botschaft, die C. G. Jung vermittelt, ist tröstlich, zumindest für den Mann. Vielleicht liegt darin auch der Grund für die C. G. Jung-Konjunktur, die weltweit zu beobachten ist. Jungs Name fällt immer dann, wo es um Ganzheitlichkeit geht – in persönlichen, politischen und ökologischen Zusammenhängen. Bei ihm glaubt man das zu finden, was man in den herkömmlichen Denk- und Handlungsweisen der Industriegesellschaft vergeblich sucht: Sinn. Jungs These ist, daß es auf dem Grund der Seele einen Kern gäbe – das kollektive Unbewußte, das zwar bis zur Unkenntlichkeit mit Rationalität überlagert sei –, zu dem man aber zurückkehren könne und müsse. Das sei zwar eine harte Arbeit, die Belohnung aber groß: Der Seelenkern ist nämlich die Sphäre der Ganzheit, des unverdorbenen Sinns, der sich dem vermittele, der zu ihm vorstößt. Daß er männlich ist, darüber kann auch die Unterscheidung zwischen Animus und Anima nicht hinwegtäuschen.

Jung ist damit etwas gelungen, was Freud nicht geschafft hat: Er hat Sicherheit hergestellt. Das „Rätsel der Weiblichkeit", das Freud nicht lösen konnte und das sich bei ihm immer auf neue Ebenen verschob, ist gelöst: Es heißt Archetypus.

## III

Fünf Jahre vor C. G. Jungs Tod im Jahre 1961 erschien Erich Neumanns umfangreiche Abhandlung *Die Grosse Mutter*, die seitdem mehrere Neuauflagen erlebte und in einer preiswerten Sonderausgabe (1985) auch eine breitere Öffentlichkeit erreicht hat.[9] Ähnlich wie Bachofens *Mutterrecht* (1862) gehört auch Neumanns *Grosse Mutter* (1956) zu den Werken, die eine große Wirkung ausgeübt haben, auch wenn – oder gerade weil – nur wenige sich die Mühe gemacht haben, diese Werke gründlich zu lesen. Die Wirkungen von Neumanns Buch *Die Grosse Mutter* reichen weit über die Gemeinde der Jungianer hinaus in eine Szene, die ‚ganzheitlich' und ‚therapeutisch' orientiert ist und ihre eigenen Literaturformen entwickelt hat, die auf dem Literaturmarkt finanziell höchst erfolgreich sind. Aus Bachofen, Jung und Neumann speisen sich viele Bestseller des New Age, die in ihrer Berufung auf Spiritualität und Leiblichkeit als fundamentalistische Gegenentwürfe gegen die dekonstruktivistischen Diskurse der Postmoderne in Literatur und Philosophie verstanden werden können.

Neumanns Buch *Die Grosse Mutter* zieht ein Resümee aus jahrzehntelanger persönlicher Forschung, die *der Umkreisung der Mitte* galt[10], und es zieht zugleich die Summe aus Bachofen und Jung. Ausdrücklich hat er sein Buch Jung gewidmet und dem Werk ein Motto von Bachofen vorangestellt. Neumanns Anspruch ist gewaltig: Er will nicht weniger als „eine grundsätzliche Darstellung des Archetypus des Weiblichen" liefern. Dieses ehrgeizige Unternehmen dient über die Einzeltherapie hinaus einer „Kulturtherapie" im Weltmaßstab.

> Es handelt sich [...] bei unserer Darstellung nicht um irgendeinen Archetyp, sondern um einen ganz speziellen, nämlich den des Großen Weiblichen oder, enger gefaßt, den der „Großen Mutter".
> Dieses Buch [...] ist der erste Teil einer „Tiefenpsychologie des Weiblichen", um deren Darstellung der Verfasser sich fortlaufend bemüht. Die Erforschung der weiblichen Psyche in ihrer Eigenart ist eine der notwendigen und wichtigsten Aufgaben, die sich dem Tiefenpsychologen stellt, dem in seiner Arbeit die schöpferische Gesundung und Entwicklung des Einzelmenschen am Herzen liegt.
> Die gleiche Bedeutung hat diese weibliche Problematik aber für den Kulturpsychologen, der erkannt hat, daß die Gefährdung der heutigen Menschheit zu einem Teil gerade auf der einseitig-patriarchalen Bewußtseinsentwicklung des männlichen Geistes beruht, welcher nicht mehr durch die „matriarchale" Welt der Psyche im Ausgleich gehalten wird. In diesem Sinne ist die Darstellung der archetypisch-psychischen Welt des Großen Weiblichen, die in unserer Arbeit versucht wird, auch ein Beitrag zu Grundlegung einer künftigen Kulturtherapie.
> Die abendländische Menschheit muß notwendigerweise zu einer Synthese gelangen, in welcher die – in ihrer Isolierung ebenfalls einseitige – weibliche Welt fruchtbar mit einbezogen wird. Erst dann kann auch die Entwicklung der psychischen Ganzheit des Einzelmenschen möglich werden, die dringend nötig ist, wenn der abendländische Mensch psychisch den Gefahren gewachsen sein soll, die sein Dasein von innen und von außen bedrohen. (S. 16)

In drei komplizierten Skizzen (siehe die Abbildungen) hat Neumann versucht, die verschiedensten Aspekte des Weiblichen zu systematisieren.

Im Zentrum des Schemas I ist die „Grosse Mutter" plaziert. Sie ist gedacht als eine Art „Ur-Archetypus" – eigentlich ein ‚Unwort' –, für Neumann aber notwendig als ein Strukturbegriff im Sinne ewiger Präsenz. Die Anima ist in diesem Schema graphisch besonders hervorgehoben. Sie steht in Verbindung zur „Grossen Mutter", verweist jedoch über diese hinaus auf das Männliche bzw. auf die männliche Wahrnehmung:

> Die Anima, die „Seelenfigur", die das Männliche am Weiblichen erfährt, ist als seine eigene innere Weiblichkeit und Seelenhaftigkeit eine Instanz der Psyche des Mannes selber. Dabei ist aber die Anima – worauf Jung von Anfang an hingewiesen hat – ebensosehr durch die personale und archetypische Erfahrung, die das Männliche am Weiblichen macht, mitgeformt. Deswegen ist die Anima-Figur des Mannes, die im Mythos und in der Kunst aller Zeiten ihren Ausdruck gefunden hat, eine Quelle echter Erfahrung vom Wesen des Weiblichen und nicht nur der Manifestationsort von Projektionen des Männlichen auf die Frau. (S. 46)

Die Anima-Figur hat, wie bei Jung, eine positive und eine negative Seite, sie bewahrt die ambivalente Struktur des Archetypus und bildet wie die „Große Mutter" eine Einheit, in der positive, negative und ambivalente und ausgeglichene Konstellationen nebeneinanderstehen. Trotz aller dieser Gemeinsamkeiten gibt es aber einen entscheidenden Unterschied zwischen Anima-Figur und „Großer Mutter":

> Aber die Animafigur wirkt trotz der großen Gefahr, die mit ihr verbunden ist, nicht in dem Sinne furchtbar wie die Große Mutter, der nichts an der Selbständigkeit des Individuums und des Ich liegt. Sogar wenn die Anima anscheinend negativ ist und eine Vergiftung des männlichen Bewußtseins, eine Gefährdung durch Rausch usw. „beabsichtigt", auch dann ist noch das Umschlagen ins Positive möglich, denn bei ihr bleibt die Möglichkeit des Besiegtwerdens immer offen. In dem Augenblick, wo die Zauberin Kirke, welche die Menschen in Tiere verwandelt, der überlegenen Figur des Odysseus begegnet, tötet sie sich nicht wie die Sphinx, deren Rätsel Ödipus gelöst hat, sondern fordert ihn auf, das Bett mit ihr zu teilen. (S. 48)

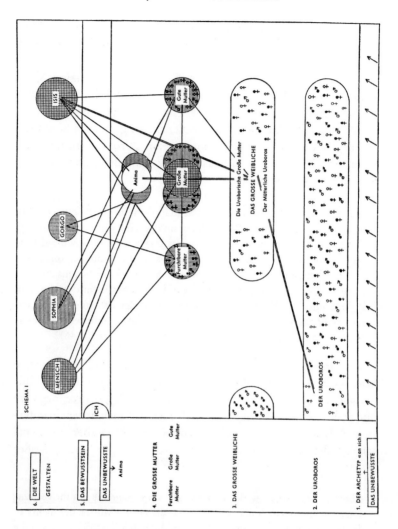

Abb. 11 *Neumann: Schema I*

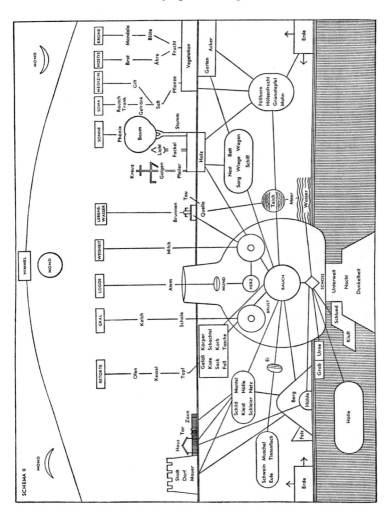

Abb. 12 *Neumann: Schema II*

Auch in dem Schema II ist das Weibliche in das Zentrum gerückt.
Als Gefäß symbolisiert es das Weibliche schlechthin:

> Das Kernsymbol des Weiblichen ist *das Gefäß*. Von Anbeginn an und bis
> zu den spätesten Stadien der Entwicklung finden wir dieses archetypi-
> sche Symbol als Inbegriff des Weiblichen. Die symbolische Grundglei-
> chung Weib = Körper = Gefäß entspricht der vielleicht elementarsten
> Grunderfahrung der Menschheit vom Weiblichen, in der das Weibliche
> sich selber erlebt, in der es aber auch vom Männlichen erlebt wird. (S. 51)

Zwar ist die Erfahrung des Körpers als Gefäß nach Neumann „allgemein menschlich und nicht auf das Weibliche beschränkt" (S. 51),
die Skizze und die dazugehörenden Ausführungen machen jedoch
deutlich, daß Neumann ausschließlich den weiblichen Part in seiner
Beziehung auf das Männliche ausphantasiert.

Das Schema III schließlich stellt einen Versuch dar, alle Aspekte
des Weiblichen in einem einzigen Gesamtbild zu vereinen. Neumann hat dafür die Struktur des Kreises gewählt. Dieses Schema,
das durch zwei Achsen und fünf konzentrische Kreise und durch
positive und negative Pole strukturiert wird, kompliziert sich
dadurch noch weiter, daß der Kreis eigentlich als Kugel gedacht ist,
wodurch eine Fülle von weiteren Linien und Dynamiken entsteht.

In allen drei Skizzen ist das „Weibliche" in eine Ordnung
gebracht, die an alchemistische Elementenlehren erinnert.[11] Die
Skizzen erwecken den Eindruck, daß alle Teile untereinander in
Verbindung stehen und eine harmonische Einheit bilden. Dieser
Eindruck ist falsch: Die vielen Einzelaspekte und Untergliederun-
gen täuschen eine Vielfalt und Differenziertheit vor, die nur auf dem
Papier existiert. Auch die Harmonie ist nur ein graphischer Effekt.
Den komplizierten Graphiken liegt ein rigides Konzept zugrunde,
das dualistisch organisiert ist und auf einem schlichten positiv-nega-
tiv-Schema basiert. Die Fülle der Aspekte täuscht noch in einer weiteren Hinsicht: Das „Weibliche" ist trotz der verwirrenden Anzahl
von Aspekten nicht als reich und vielgestaltig konzipiert, sondern es
ist letztlich auf einen einzigen Aspekt reduziert: auf den des „Mütterlichen", der freilich in so viele Einzelteile zerlegt ist, daß der Eindruck der Fülle entsteht. Die Zerlegung des „Mütterlichen" in eine
Vielzahl von Teilaspekten hat darüber hinaus noch einen Nebenef-
fekt: Durch die Aufspaltung werden die Einzelaspekte disponibel.

Sie können so arrangiert werden, daß Regelkreise entstehen, die – wie die Laufbahnen der Gestirne – unabänderlichen Naturgesetzen zu gehorchen scheinen. Kulturelle Konstruktionen erscheinen auf diese Weise als von der Natur vorgeprägte Formen und als unabänderliche Abläufe. Das aber hat nicht nur Konsequenzen für die Definition des „Weiblichen" als „Mütterliches", sondern auch für das Verhältnis der Geschlechter. Als „Mütterliches" ist das „Weibliche" nicht als autonome Größe konzipiert, sondern relational auf ein „Männliches" bezogen, das keineswegs paritätisch als „Väterliches" begriffen wird, sondern weit über eine solche Definition hinausweist.

Daß ein solches Modell – zumal in Zeiten, in denen Sinndefizite auszugleichen und Krisensituationen zu bewältigen sind – eine große Anziehungskraft ausübt, erstaunt nicht. Die kultische Verehrung der *Grossen Mutter*, in der der alte Marienkult gleichsam eine pseudo-religiöse Wiederauferstehung erlebt, stellt jedoch keineswegs nur ein Angebot an männliche Autoren dar. Auch für Frauen hat sie eine große Faszinationskraft, wie vor allem die Arbeiten von Heide Göttner-Abendroth zeigen.[12] Die Verherrlichung des „Mütterlichen" ist – der Begriff Ver*herr*lichung ist hier durchaus wörtlich zu verstehen – gerade für Frauen ein problematisches Angebot, da es das Weibliche auf das Mütterliche reduziert und dieses für die Rettung der Menschheit funktionalisiert[13], wobei der Menschheitsperspektive immer der Geschlechterdiskurs eingeschrieben bleibt, wie diesbezügliche Formulierungen bei Neumann deutlich zeigen:

> Das matriarchale Bewußtsein ist die ursprüngliche Form des Bewußtseins, in dem die Selbständigkeit des Ich-Systems noch nicht so weit fortgeschritten, seine Offenheit den Prozessen des Unbewußten gegenüber noch erhalten ist. Die Spontaneität des Unbewußten ebenso wie die Rezeptivität des Bewußtseins ist hier größer als bei der Beziehung des für die abendländische Entwicklung typischen relativ losgelösten patriarchalen Bewußtsein zum Unbewußten. Das matriarachale Bewußtsein dominiert meistens bei der Frau, ist üblicherweise beim Manne rückentwickelt, aber beim schöpferischen Menschen, der auf die Spontaneität des Unbewußten eingestellt ist, ebenfalls stark wirksam. (S. 85/86)

Die positive Besetzung des Begriffs „matriarchales Bewußtsein" geht bei Neumann, ebenso wie in den Arbeiten anderer Autoren[14], einher

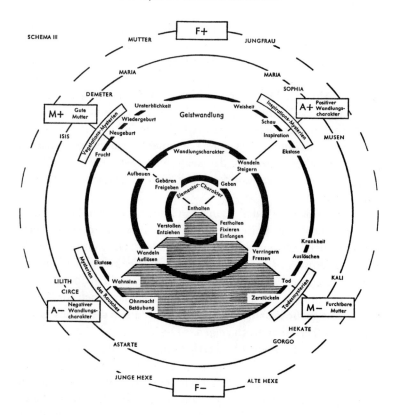

Abb. 13 *Neumann: Schema III*

mit einer essentialistischen Festschreibung des Weiblichen, mit einer
dualistischen Geschlechtertypologie und einer hierarchischen Geschlechterordnung, die die Spielräume für beide Geschlechter extrem
beschränkt. Kulturelle Konstruktionen werden auf diese Weise onto-
logisiert und damit der persönlichen Verantwortlichkeit des Einzelnen und der historischen Veränderbarkeit entzogen.

# Anmerkungen

1  Freud, Sigmund und Jung, Carl Gustav: Briefwechsel. Frankfurt a.M. 1974, S. 286.
  Zur Mythosbeschäftigung bei Freud und Jung siehe Schneider, Manfred: Über den Grund des Vergnügens an neurotischen Gegenständen. Freud, C.G. Jung und die Mythologie des Unbewußten. In Bohrer, Karl Heinz (Hg.): Mythos und Moderne. Frankfurt a.M. 1983, S. 197–216; Gamm, Gerhard: Wahrheit aus dem Unbewußten? Mythendichtung bei C.G. Jung und Sigmund Freud. In: Kemper, Peter (Hg.): Macht des Mythos – Ohnmacht der Vernunft? Frankfurt a.M. 1989, S. 148–175; Baumgardt, U: König Drosselbart und C.G. Jungs Frauenbild. Kritische Gedanken zu Animus und Anima. Freiburg 1987.
2  Zu diesen Ausnahmen gehört der Aufsatz: Zum psychologischen Aspekt der Kore-Figur. 1941.
  Siehe auch ders.: Ulysses. Ein Monolog. In: ders.: Wirklichkeit der Seele. Zürich 1934, S. 132–169.
3  Zusammen mit dem Mythenforscher Kerényi verfaßte Jung eine Studie über den Mythos.
  Kerényi, Karl und Jung, C.G.: Einführung in das Wesen der Mythologie. 4. Aufl. Zürich 1951.
  Siehe auch den repräsentativen Sammelband: Der Mensch und seine Symbole. Olten und Freiburg 1986.
4  Jung, Carl Gustav: Über die Archetypen des kollektiven Unbewußten. 1934. In: ders.: Archetypen. 4. Aufl. München 1993, S. 7–43. Die Zitate werden im folgenden im Text direkt nachgewiesen.
5  Zu Jungs Antisemitismus und seinen latenten faschistischen Sympathien vgl. Maidenbaum, Aryeh und Martin, Stephan A. (Hg.): Lingering Shadows. Jungians, Freudians and Anti-Semitism. Boston und London 1991. Siehe auch Stephan, Inge: Judentum – Weiblichkeit – Psychoanalyse. Das Beispiel Sabina Spielrein. In: dies. u.a. (Hg.): Jüdische Kultur und Weiblichkeit in der Moderne. Köln u.a. 1994, S. 51–72.
6  Vgl. Jamme, Christoph: Gott hat an ein Gewand. Grenzen und Prespektiven philosophischer Mythos-Theorien der Gegenwart. Frankfurt a.M. 1991. Siehe auch Frank, Manfred: Der kommende Gott. Vorlesungen über die Neue Mythologie. Frankfurt a.M. 1982.
7  Zur Bisexualität vgl. Garber, Marjorie: Vice versa. Bisexuality and the Eroticism of everyday life. New York u.a. 1996.
8  Jung, C. G.: Die psychologischen Aspekte des Mutterarchetypus (1938). In: ders.: Archetypen, S. 75–106 (vgl. Anm. 4). Die Zitate werden im folgenden im Text direkt nachgewiesen.
9  Neumann, Erich: Die Grosse Mutter. Eine Phänomenologie der weiblichen Gestaltungen des Unbewußten. Olten und Freiburg 1985.
  Erich Neumann wurde 1905 in Berlin geboren und ist 1960 in Tel Aviv gestorben. Seine Begabungen waren weit gestreut. Neben seinem Medizinstudium, das er 1933 noch rechtzeitig mit dem Staatsexamen abschließen konnte, interessierte

er sich für Literatur, Bildende Kunst und Musik, schrieb Romane und Gedichte, publizierte u.a. zu Kafka, Trakl, Leonardo da Vinci, Marc Chagall und Mozart. Sein Entschluß nach Palästina zu gehen, stand zwar schon vor 1933 fest, wurde durch die faschistische Machtergreifung aber sicherlich beschleunigt. Bevor er sich in Tel Aviv mit seiner Familie endgültig ansiedelte, hielt er sich einige Monate bei C.G. Jung in der Schweiz auf, nach Europa kehrte er erst nach dem Kriege wieder zurück. In Israel arbeitete Neumann u. a. an einer *Ursprungsgeschichte des jüdischen Bewußtseins* und entwickelte sich, fern von den europäischen Wissenschaftszentren und zusätzlich isoliert durch den Krieg, unter schwierigsten Lebens- und Arbeitsbedingungen zu einem der bekanntesten und bedeutendsten Vertreter der Analytischen Psychologie. Ab 1948 hielt er sich regelmäßig in Ascona auf und wurde zu einer der zentralen Persönlichkeiten auf den jährlichen Eranos-Tagungen.

Die Zitate werden im folgenden direkt im Text nachgewiesen.

10 Siehe Neumann, Erich: Umkreisung der Mitte. Olten und Freiburg 1953.

11 Siehe Böhme, Gernot und Böhme, Hartmut: Feuer, Wasser, Erde, Luft. Eine Kulturgeschichte der Elemente. München 1996.
Die Autoren betonen, daß die „Spannung zwischen kultureller Konstruktion und naturgeschichtlichem Rahmen unhintergehbar geworden" sei (S. 12): „Es kommt darauf an, zwischen der Scylla des Konstruktivismus und der Charybdis des Naturalismus Raum zu schaffen für kulturgeschichtliches Denken. [...] Die Natur ist so wenig zu überwinden wie die Elemente, ohne das Antlitz des Menschen auszulöschen, wie es historisch abgebildet wurde. [...] Es ist aber nicht das Meer und nicht der Wind, die die Züge des Menschlichen austilgen, sondern der Mensch selbst." (S. 13/6) Die von den Autoren beobachtete „Wiederkehr der Elemente" im Kontext von New Age und Esoterik entspricht der Renaissance des Jungianismus in diesen Bewegungen. Für diese gelten die kritischen Anmerkungen der Autoren ebenso wie die Feststellung, daß es „jenseits der engen methodischen Grenzen neuzeitlicher Wissenschaft auch Erkenntnisse gibt". (S. 309)

12 Göttner-Abendroth, Heide: Die Göttin und ihr Heros. Die matriarchalen Religionen in Mythos, Märchen und Dichtung. München 1980. Siehe auch dies.: Die tanzende Göttin. Prinzipien einer matriarchalen Ästhetik. 2. überarb. u. erw. Aufl. 1984. Siehe zu der ganzen Richtung die kritische Studie von Berrisch, Angela: Hieroglyphen der Transzendenz. Mythos und Neues Bewußtsein im New Age. Münster und New York 1995.

13 Weiler, Gerda: Der enteignete Mythos. Eine feministische Revision der Archetypenlehre C.G. Jungs und Erich Neumanns. Frankfurt a.M. 1991. Zuvor ist Weiler mit zwei Büchern zum Matriarchat hervorgetreten (Das verborgene Matriarchat im Alten Testament, 1984; Das Matriarchat im alten Israel, 1989).
Im Vorwort schreibt Weiler: „Die Kritik an der Archetypenlehre C.G. Jungs beschäftigt mich seit vielen Jahren. Überall, wo Frauen auf der Suche nach sich selbst sind, kommen sie in Konflikt mit den Weiblichkeitsentwürfen des patriarchalen Bewußtseins, die durch die Analytische Psychologie festgeschrieben werden. Sie fühlen sich mißverstanden durch die von Männern definierten Charak-

tere des Weiblichen." (S. 7) Nach Weiler stellen die Weiblichkeitsentwürfe der Analytischen Psychologie keine Emanzipationsangebote an Frauen dar, sie spiegeln nur männliche Denkweise und patriarchales Bewußtsein. Das gilt nicht nur für die sogenannten Archetypen C. G. Jungs, sondern auch für die Konzeption der *Grossen Mutter* bei Neumann, mit der Weiler besonders kritisch ins Gericht geht: „Wenn Frauen von den psychologischen Arbeiten Neumanns eine für die seelische Entwicklung der Frau zukunftsweisende Idee erwartet haben, werden sie enttäuscht sein. [...] Erich Neumanns Werk ist eine Psychologie des Mannes. Sein Interesse gilt den Weiblichkeitsbildern der Patriarchatskultur. Sein Leben und sein Werk dienen der Auseinandersetzung mit den unbewußten gegengeschlechtlichen Instanzen des Mannes. Seine *Phänomenologie des Weiblichen* ist eine Aktualisierung der ‚Erdseite' eines Ich-Bewußtseins, das sich in unhinterfragter Selbstüberschätzung mit Logos, Vernünftigkeit und Bewußtseinsklarheit, mit der Sonne, dem Licht und dem Himmel identifiziert. Insofern bleibt Neumanns Psychologie‚Vorgetäuschte Versöhnung'." (S. 26–29) Obwohl ich Weilers Kritik an Jung und Neumann teile, teile ich nicht ihre Voraussetzungen und auch nicht die Konsequenzen. Die Begriffe „Kreis", „Mitte", „Selbst", „Urbild" etc., die Weiler benutzt, sind sämtlich der Analytischen Psychologie entlehnt, sie werden nur feministisch uminterpretiert. In ihrer ‚matriarchalen Spiritualität' erweist sich Weiler als Weggefährtin Göttner-Abendroths.

14  Vgl hierzu besonders die Arbeiten von Ranke-Graves, Robert von: Die weiße Göttin. Sprache des Mythos. Berlin 1981; Drewermann, Eugen: Tiefenpsychologie und Exegese. Bd. 1: Die Wahrheit der Formen: Traum, Mythos, Märchen, Sage und Legende. Olten und Freiburg 1984; Lüthi, Kurt: Feminismus und Romantik. Sprache, Gesellschaft, Symbole, Religion. Wien u.a. 1985; Clarus, Ingeborg: Odysseus und Oidipus. Wege und Umwege der Seele. Fellbach-Oettingen 1986; Gascard, Johannes, R.: Medea-Morphosen. Eine mytho-psychohistorische Untersuchung zur Rolle des Mann-Weiblichen im Kulturprozeß. Berlin 1993; Remmler, Helmut: Das Geheimnis der Sphinx. Archetyp für Mann und Frau. 2. überarb. Aufl. Göttingen und Zürich 1995.

# Faszinosum Gorgo

## Medusen-Phantasien bei Freud und Wilhelm II.

Ein letztes Mal Medusa.
Trocken vor Erregung umarmte sie mich.
Ihre Schlangeln zischelten dabei.
Da wußte ich, was mir bleiben wird,
wenn ich mich von der Klippe stürzen
werde ins Meer.
(Klaus Heinrich, 1979)[1]

## I

Die Gorgo-Medusa gehört wie die Sphinx und die Sirenen zu den unheimlichen Mischwesen, die die Phantasien von Künstlern und Autoren durch die Jahrtausende beschäftigt haben. Medusa ist die Kultfigur einer bis in die Gegenwart reichenden „Faszinationsgeschichte", die von der „Geschlechterspannung" lebt und auf die „unerledigten Konflikte" und die „gesellschaftlich nicht gelösten Probleme" verweist, wie Klaus Heinrich in seiner überaus anregenden Untersuchung zum *Floß der Medusa* herausgearbeitet hat.[2] Ihre Attraktion ist ungeachtet aller Trivialisierung und Kommerzialisierung im 20. Jahrhundert noch heute ungebrochen. Sie gehört zu den Figuren, die noch immer provozieren und mit denen wir – im Blumenbergschen Sinne – noch immer nicht „zu Ende" sind.[3] Das zeigen zum Beispiel die zahlreichen Verweise auf Medusa in den feministischen Debatten der achtziger Jahre[4] ebenso wie das ehrgeizige, monumentale, an James Joyce' *Ulysses* (1922) angelehnte Romanprojekt *Medusa* (1986) von Stefan Schütz, in dem Medusa in der Gestalt der Gorga Sappho ihre emphatische Wiederauferstehung feiert und zur Führerin durch die Hadeswelten deutscher Geschichte wird.[5]

Wenn man in mythologischen Lexika nachschlägt[6], stößt man auf widersprüchliche Geschichten und verwirrende Details: Bei den Gorgonen handelt es sich um drei Schwestern, die wie die drei Graien (= die Grauen, die alten Frauen) von demselben Elternpaar, den Seeungeheuern Phorkys und Kato abstammen. Nach einigen Überlieferungen gesellt sich Echidnea (= die Schlangenjungfrau) als weitere Schwester zu den beiden monströsen Schwesterntrios dazu. Ähnlich wie die Graien, die häßliche Seeungeheuer sind und zu dritt nur einen Zahn und ein Auge besitzen, werden auch die Gorgonen überwiegend als abstoßende Gestalten geschildert und dargestellt. Sie hausen weit weg von der zivilisierten Welt am Rande des mythischen Weltstroms und haben Flügel, Schlangenhaare, mächtige Zähne, Bärte und eine lang heraushängende Zunge. In einigen Überlieferungen besitzen sie den Hinterleib von Pferden, wodurch sie Ähnlichkeiten mit den Kentauren aufweisen. Ihre Stimmen sind gewaltig – in einigen Versionen wohlklingend[7], in anderen schreckenerregend – und ihr Blick läßt jeden, der sie ansieht, zu Stein erstarren.[8]

Anders als ihre beiden Schwestern Stheno (= Starke) und Euryale (= Weitspringende) ist Medusa (= die Herrscherin) sterblich und erhält im Mythos ihre eigene widersprüchliche Geschichte. Die erste Silbe ihres Namens verweist auf zwei andere mythische Frauenfiguren, auf Medea und auf Andromeda. Schon von ihrem Namen ist Medusa damit als eine mächtige Gestalt der Vorzeit ausgewiesen, die im klassischen Altertum zur Repräsentantin des Fremden und Anderen wird[9] und deren Schicksal ebenso wie das Medeas und Andromedas eng mit den Eroberungs- und Kolonisierungsunternehmen der griechischen Heroen verknüpft ist. Medusa und Andromeda werden zu Objekten der Eroberung desselben Mannes: Perseus besiegt – nachdem er den Graien Auge und Zahn geraubt und sie gezwungen hat, ihm den Weg zu den Gorgonen zu zeigen – zunächst Medusa mit Hilfe von Hermes und Athena, indem er ihr Spiegelbild in seinem Schild auffängt und ihr auf diese Weise, ohne sie anblicken zu müssen, das Haupt abschlägt. Danach befreit er die Königstochter Andromeda, die, an einen Felsen geschmiedet, einem Meeresungeheuer zum Fraße ausgesetzt ist, um den erzürnten Poseidon zu besänftigen, der die Menschen mit einer Sturmflut bedroht. Perseus tötet die Meeresschlange und vermählt sich mit

Abb. 14 *Medusa Rodanini*

Andromeda. Heinrich hat diese ‚Befreiungsgeschichte' als eine
„andere Lösung des Medusa-Problems"[10] interpretiert.

> Sie (= Medusa) wird nicht mehr enthauptet, sondern sie wird, eleganter,
> in zwei Anteile zerlegt und so verdoppelt: in die Jungfrau, die zum Ehe-
> weib, zur Gattin bestimmt ist und darin aufgeht, und in den wilden
> Anteil, der als Drache verteufelt und erlegt werden muß. In dieser Weise
> wird mit der Andromeda-Lösung etwas für alle weiteren, sagen wir,
> *Zivilisationsemblematik* Entscheidendes vorgetragen: diese elegante,

kultivierende Teilung; und ich brauche kein Wort dazu zu verlieren: der Drache als die *Drachin* – es sind ja alles weibliche drakones, „Schlangen", die in dieser Weise erlegt werden müssen – sagt noch in unserer Umgangssprache alles.[11]

Nach diesen beiden ‚Heldentaten', die, wenn wir Heinrich folgen, untrennbar zusammengehören, schenkt Perseus das abgeschlagene Gorgonenhaupt, mit dessen versteinernder Wirkung er sich allen Verfolgern und Nebenbuhlern erfolgreich entziehen konnte, seiner Schutzgöttin Athene, die es fortan als Emblem in ihrem Brustpanzer trägt. Er gründet die Städte Mideia und Mykenai und wird Stammvater eines Geschlechts, in dem die Gorgonen symbolisch in dem Sohn Sthenulos und der Tochter Gorgophone, vor allem aber in dem Enkel Herakles überleben, in dessen wild rollenden Augen der tötende Gorgonenblick als Erbe Medusas seine dämonische Rückkehr erlebt.

Die von Heinrich behauptete enge Verbindung zwischen Medusa und Andromeda wird durch eine weitere Version des Mythos gestützt, nach der Medusa keineswegs ein gräßliches Ungeheuer, sondern vielmehr ein Wesen war, dessen Schönheit die Männer betörte. Die Vorstellung, daß Medusa von außerordentlicher Schönheit war, ist also nicht erst Produkt einer späteren Entdämonisierung und Ästhetisierung der Figur, sondern reicht bis in die ältesten Mythenschichten zurück. Als geflügeltes Pferd mit herrlich schimmernder Mähne verband Medusa sich auf einer blühenden Wiese mit Poseidon und gebar in dem Moment, als Perseus ihr das Haupt abschlug, die beiden Pferdesöhne Chryasor und Pegasus. Noch in der Todesstunde der Mutter rettete sich Pegasus zu Zeus, um ihm Blitz und Donner zu bringen, die bis dahin offenbar im Besitz der Mutter gewesen waren – ein weiterer Hinweis auf die Mächtigkeit der Gorgo-Medusa. Als geflügeltes Pferd wird Pegasus in der Neuzeit zur Verkörperung dichterischer Inspiration (*Pegasus im Joche*, Schiller 1795).[12]

Über die Geburt der Söhne existieren verschiedene mythische Versionen. Nach der einen entsprangen die Söhne dem Halsstumpf der Mutter, nach einer anderen entstanden sie aus ihren Blutstropfen, derer sich – nach einer noch anderen Version – Asklepios, der Gott der Heilkunst, bemächtigte, um ihre Kraft zu nützen: Aus einer Vene strömte Blut, das Tote lebendig machen konnte, aus der anderen solches, das tödlich wirkte. Das Blut der Medusa wurde also wie ihr abgeschlagenes Haupt für die unterschiedlichsten Zwecke funktionalisiert: Als Blut diente es zur Heilung oder zur Tötung, als Haupt wirkte es tödlich auf diejenigen, die es anblickten, schützte aber zugleich denjenigen, der sich hinter ihm verbarg. Das Gorgonenhaupt als Gorgoneion (=Maske) findet sich daher ebenso auf dem Schild der Athena und des Agamemnon wie auf Gräbern, Vasen, Schalen, Trinkgefäßen und Münzen, die alle auf die atropopäische (=abschreckende) Wirkung des Gorgonenhauptes setzten.

Noch im Hades löst Gorgo, die als Schatten Aufnahme im Reiche Persephones gefunden hat, Entsetzen aus und wirkt als Wächterin an der Schwelle des Totenreiches abschreckend auf alle diejenigen, die unbefugt in die Unterwelt einzudringen versuchen.[13] Dabei ist schwer zu entscheiden, was eigentlich das Entsetzen auslöst: die noch immer wirksame Kraft ihres versteinernden Blickes oder die Tatsache, daß ihr abgeschlagener Kopf an die Enthauptung erinnert, durch die Perseus sie überwunden hat.

Als enthauptete Frau wird Medusa in Plastiken (Cellini) und Gemälden (Leonardo, Carravagio, Rubens) vor allem im 16. und 17. Jahrhundert zum bevorzugten Sinnbild unterworfener Weiblichkeit, wobei sich vor allem bei Cellini – im Vergleich zu den antiken Darstellungen – bereits die Melancholie des Triumphators einschleicht.[14]

Das abgeschlagene Medusenhaupt figuriert in der Folgezeit als Gegenbild zur kopfabschlagenden Judith und zu jenem „Haupt voll Blut und Wunden" (Paul Gerhardt), das nach christlichem Glauben der Menschheit die Erlösung bringt.[15] Perseus, der Medusa enthauptet, und Judith, die Holofernes den Kopf abschlägt, bilden ikonographisch gesehen ebenso ein Gegensatzpaar wie die blutigen Häupter der Medusa und des Holofernes, deren aufgequollene Augen und aufgerissene Münder von ihren Todesqualen Zeugnis ablegen. Die Rollen von Täter und Opfer sind in den Perseus- und Judith-Darstellungen – später kommt Salome als weitere köpfende Frau hinzu – spiegelbildlich verkehrt und verweisen auf jene „Geschlechterspannung", die nach Heinrich in den unterschiedlichsten politischen Situationen ihre eigentümliche Dynamik entfaltet

und dabei immer wieder auf die „Schubkraft der Mythen" zurückgreift.[16]

Um 1900 kommt es nicht nur zu einem sprunghaften Anstieg von
Judith- und Salome-Darstellungen in Kunst und Literatur[17], sondern auch zu einer inflationären Verbreitung von Medusen-Bil-
dern.[18] Medusa wird zur Ikone einer ganzen Epoche. Dabei läßt sich
eine Ästhetisierung und Ornamentalisierung der Figur und eine
gleichzeitige Sexualisierung und Redämonisierung in Richtung auf
das Wunsch- und Schreckbild der femme fatale beobachten.

D'Annunzios Gedicht *Gorgo* (1888) aktualisiert die Figur der
Medusa im Rekurs auf die mythische Überlieferung und die ikono-
graphische Tradition in interessanter Weise für den Diskurs des Fin
de Siècle. Mit dem archaisierenden Titel spielt d'Annunzio auf die
wilden und erschreckenden Momente der Figur an. Das Gedicht
selbst phantasiert dagegen die geheimnisvollen und erhabenen Züge
der Figur aus, die im Medusen-Namen mitschwingen. Bezeichnenderweise bezieht sich d'Annunzio nicht auf das Medusenhaupt-Bild
von Leonardo da Vinci, sondern auf dessen Mona Lisa, deren
geheimnisvolles Lächeln auch für die Neukonzeptionierung der
Sphinx-Figur um 1900 eine entscheidende Rolle gespielt hat.[19] Die
ersten beiden Strophen des Gedichtes lauten:

> Tiefe Blässe, die ich liebe,
> lag auf ihrem Angesicht –
> wie die Flut von tiefen Schätzen
> schimmerte ihr Aug von Licht.
>
> Von so grausam klarem Lächeln
> war die Lippe ihr umschwebt,
> wie es ähnlich auf den Bildern
> jenes Lionardo lebt.[20]

Die Gorgo-Medusa stellt aber nicht nur für Künstler eine wichtige
Bezugsfigur im Geschlechterdiskurs der Zeit dar, sondern sie
bedeutete auch eine Herausforderung für zwei Autoren, wie sie
unterschiedlicher kaum vorstellbar sind: Wilhelm II., Ex-Kaiser des
Deutschen Reiches, und Sigmund Freud, der Begründer des neuen
Reiches der Psychoanalyse[21], bemühten sich beide – in unmittelba-

Abb. 15 *Wilhelm II auf Korfu*

rer zeitlicher Nähe, aber ohne voneinander Notiz zu nehmen –
darum, das Geheimnis der ‚unheimlichen‘ Gorgo-Medusa zu
klären, der eine in seinen umfänglichen *Studien zur Gorgo* (1936),
der andere in seinem kurzen, skizzenhaften Entwurf *Das Medusen-*
*haupt*, der erst aus dem Nachlaß (1940) veröffentlicht worden ist.


## II


Der Aufsatz *Das Medusenhaupt* unterscheidet sich von anderen
Arbeiten Freuds nicht nur durch seine Kürze und Skizzenhaftig-
keit, sondern vor allem durch das Fehlen jener eleganten Rhetorik,
die den Texten Freuds sonst eigen ist. Das auf den 14. Mai 1922
datierte Manuskript, das erst nach Freuds Tod aus dem Nachlaß
veröffentlicht wurde[22], liest sich wie ein Aufriß zu einer längeren
Arbeit, die dann – aus welchen Gründen auch immer – nicht realisiert worden ist.[23] Ohne jede Umschweife steuert Freud das Thema
direkt an: „Kopf abschneiden = kastrieren.“[24] Die von Ethnologen
und Altertumswissenschaftlern seinerzeit diskutierte Frage, welche
Bedeutung die geradezu inflationäre Verbreitung von Gorgo-

Medusa-Darstellungen in der griechischen Kunst hat, wird von Freud auf drei Momente zugespitzt: auf den des gewaltsamen Akts des Hauptabschlagens, auf den des Grauens und auf den des Starrwerdens. Das Entsetzen, das das abgehauene Haupt der Medusa auslöst, wird von Freud kurzerhand mit dem Kastrationsschreck gleichgesetzt, der einen realen Anlaß hat.

> Aus zahlreichen Analysen kennen wir diesen Anlass, er ergibt sich, wenn der Knabe, der bisher nicht an die Drohung glauben wollte, ein weibliches Genitale erblickt. Wahrscheinlich ein erwachsenes, von Haaren umsäumtes, im Grunde das der Mutter.

Freud abstrahiert von der Geschichte Medusas in den mythischen Überlieferungen. Ihn interessiert offensichtlich in erster Linie die aktuelle Bedeutung des „mythischen Gebildes" für die Bestätigung seiner Annahme eines universellen und überzeitlichen Kastrationskomplexes. Die Verweise auf Medusa-Darstellungen dienen der Verteidigung der Existenz des Ödipus-Komplexes und der mit ihm zusammenhängenden Wünsche und Ängste. Die Schlangen, die sich in manchen Darstellungen wie Haare um das Haupt der Medusa winden, werden von Freud als vervielfältigte Penissymbole gedeutet, verweisen also wie das Grauen ebenfalls auf den Kastrationskomplex.

> Wenn die Haare des Medusenhauptes von der Kunst so oft als Schlangen gebildet werden, so stammen diese wieder aus dem Kastrationskomplex und merkwürdig, so schrecklich sie an sich wirken, dienen sie doch eigentlich der Milderung des Grauens, denn sie ersetzen den Penis, dessen Fehlen die Ursache des Grauens ist. – Eine technische Regel: Vervielfältigung der Penissymbole bedeutet Kastration, ist hier bestätigt.

Das Starrwerden des Betrachters, seine Verwandlung in Stein, deutet Freud ebenfalls im ödipalen Schema.

> Denn das Starrwerden bedeutet die Erekion, also in der ursprünglichen Situation den Trost des Beschauers. Er hat noch einen Penis, versichert sich desselben durch sein Starrwerden.

Aufgrund dieser Deutung ist es für Freud – anders als für manche andere Altertumswissenschaftler seiner Zeit – keine Provokation,

daß die „jungfräuliche Göttin Athene" das Gorgo-Haupt „an ihrem
Gewand" trägt, sondern geradezu eine Bestätigung seiner Interpretation.

> [...] sie wird dadurch zum unnahbaren, jedes sexuellen Gelüste abweh-
> renden Weib. Sie trägt doch das erschreckende Genitale der Mutter zur
> Schau.

Die weite Verbreitung des Gorgo-Hauptes als „Symbol des Grauens" stellt sich für ihn als Konsequenz der griechischen Geschlechterordnung dar.

> Den durchgängig stark homosexuellen Griechen konnte die Darstellung
> des durch seine Kastration abschreckenden Weibes nichts fehlen.

Eine solche Feststellung ist nicht kulturkritisch gemeint, läßt sich
aber natürlich in eine solche Richtung entwickeln.[25]
  Freud interessiert sich für die Funktion der Genitalien im ödipalen Drama männlicher Subjektbildung, nicht für die Infragestellung
der Geschlechterordnung oder für die Aufwertung des Weiblichen.
Dabei unterscheidet er zwischen den unterschiedlichen Reaktionen,
die die Darstellung des weiblichen und des männlichen Genitals
auslösen. Während die Zurschaustellung des weiblichen Genitals
eine „grauenerregende Wirkung" hat, interpretiert er das Zeigen des
Penis als einen tröstenden, rebellischen Akt.

> Das Zeigen des Penis – und all seiner Surrogate – will sagen: ich fürchte
> mich nicht vor dir, ich trotze dir, ich habe einen Penis.

In beiden Fällen geht es um die „Einschüchterung des bösen Geistes", der unschwer als weiblicher identifiziert werden kann.
  Daß Freud mit seiner flüchtigen Skizze nicht wohl gewesen ist,
zeigt sein letzter Satz:

> Um nun diese Deutung ernstlich zu vertreten, müsste man der Genese
> dieses isolierten Symbols des Grauens in der Mythologie der Griechen
> und seinen Parallelen in anderen Mythologien nachgehen.

Freud hat diesen Weg nicht beschritten. Es blieb einem anderen Autoren, Hobby-Archäologen und begeisterten Altertumsforscher[26] vorbehalten, das Freudsche Projekt zu realisieren.

Bevor ich mich jedoch Wilhelm II. und seinen *Studien zur Gorgo* zuwende, möchte ich auf eine zweite sehr kurze Arbeit Freuds eingehen, in der ebenfalls das weibliche Genitale im Mittelpunkt steht. Der Aufsatz *Mythologische Parallele zu einer plastischen Zwangsvorstellung* (1916)[27] berichtet zunächst von einer merkwürdigen Zwangsvorstellung eines jungen Mannes, den Freud als „intellektuell voll entwickelt und ethisch hochstrebend" bezeichnet.

> Zu einer gewissen Zeit traten bei ihm innig verknüpft ein Zwangswort und ein Zwangsbild auf, wenn er seinen Vater ins Zimmer kommen sah. Das Wort lautete: „Vaterarsch", das begleitende Bild stellte den Vater als einen nackten, mit Armen und Beinen versehenen Unterkörper dar, dem Kopf und Oberkörper fehlten. Die Genitalien waren nicht angezeigt, die Gesichtszüge auf dem Bauch aufgemalt.

Freud deutet das Wort „Vaterarsch" als „mutwillige Verdeutschung des Ehrentitels Patriarch" und sieht in dem Zwangsbild eine „offenkundige Karikatur", die ihn an Redensarten und schlüpfrige Bilder erinnern, auf denen eine Person jeweils durch ein einziges Organ ersetzt wird. Von den „scherzhaften Redensarten" und den erotischen „französischen Karikaturen" wechselt Freud dann zu einer kleinen Terrakotta-Figur, die von Salomon Reinach in seinem Werk *Cultes, Mythes et Religions* (1912) besprochen worden war. Diese Figur zeigt einen „Frauenleib ohne Kopf und Brust, auf dessen Bauch ein Gesicht gebildet ist, der aufgehobene Rock umrahmt dieses Gesicht wie eine Haarkrone". Reinach hatte diese Figur als Baubo gedeutet[28] und damit in einen mythologischen Kontext gestellt, den Freud folgendermaßen zusammenfaßt:

> Nach der griechischen Sage war Demeter auf der Suche nach ihrer geraubten Tochter nach Eleusis gekommen, fand Aufnahme bei Dysaules und seiner Frau Baubo, verweigerte aber in ihrer tiefen Trauer, Speise und Trank zu berühren. Da brachte sie die Wirtin Baubo zum Lachen, indem sie plötzlich ihr Kleid aufhob und ihren Leib enthüllte.

Freud verzichtet auf jede weitere Ausdeutung, er läßt mythische Geschichte und die Reinachsche Interpretation unkommentiert nebeneinander stehen. Die behauptete „volle Übereinstimmung" mit dem Zwangsbild seines Patienten erstaunt. Im Falle des jungen Mannes handelt es sich um eine auf den Vater gerichtete Phantasie, im Falle der Baubo-Erzählung um eine Zurschaustellung des weiblichen Genitals, die anders als im Falle des Gorgo-Medusa-Hauptes jedoch nicht Entsetzen, sondern Heiterkeit auslöst. Der Hinweis Freuds, daß es sich im Falle der Zurschaustellung der Vulva durch Baubo um „ein nicht mehr verstandenes magisches Zeremoniell" handele, steht im merkwürdigen Gegensatz zu der Sicherheit, mit der Freud die „mythologische Parallele" zwischen Vulva und „Vaterarsch" zieht.

Was wird hier eigentlich parallelisiert? Worum geht es überhaupt in den beiden Texten? Um das männliche oder das weibliche Genital, um den Schrecken oder die Heiterkeit, um Kastration oder Zurschaustellung, um Zwangsvorstellungen oder befreiende Phantasien? Die Texte lassen uns mit diesen Fragen allein. Sie sind viel zu kurz und es fehlt jede intensive interpretatorische Auseinandersetzung mit dem Mythos, wie wir sie bei Freud im Falle der männlichen Sexualität vor allem im Zusammenhang mit der Ausdeutung des Ödipus-Mythos in der *Traumdeutung* (1900) finden. Auf der anderen Seite sind sie im Vergleich zu anderen Arbeiten Freuds erstaunlich direkt und lassen die stilistische Delikatesse vermissen, mit denen Freud sonst über ‚heikle' Themen schreibt. Der skizzenhafte Charakter der Texte ist m.E. keine zureichende Erklärung dafür, daß Freud sich gerade im Falle des weiblichen Genitals so plump und einsilbig verhält. Wenn man bedenkt, daß weibliche Sexualität für ihn nach eigener Aussage ein „dunkler Kontinent war"[29] und Weiblichkeit in seinen Texten stets mit Unvollständigkeit, Mangel und dem Nichts assoziiert wird[30], erstaunt es nicht, daß er im Falle des Medusenhauptes, das für ihn das kastrierte weibliche Genital symbolisiert, über eine fragmentarische Skizze nicht hinaus gelangt ist. Auch der Aufsatz *Das Unheimliche* (1919)[31], in dem Freud, vermittelt über eine Interpretation der *Sandmann*-Erzählung von E.T.A. Hoffmann, dem Geheimnis des Unheimlichen auf die Spur zu kommen versucht, bringt für die Definition des Weiblichen wenig Neues. Er endet in der forcierten Gleichsetzung des

Weiblichen mit dem „Unheimlichen", das identisch mit dem „Heimlichen" gedacht wird.

Zum Schlusse [...] soll eine Erfahrung aus der psychoanalytischen Arbeit erwähnt werden, die, wenn sie nicht auf einem zufälligen Zusammenreffen beruht, die schönste Bekräftigung unserer Auffassung des Unheimlichen mit sich bringt. Es kommt oft vor, daß neurotische Männer erklären, das weibliche Genitale sei ihnen etwas Unheimliches. Dieses Unheimliche ist aber der Eingang zur alten Heimat des Menschenkindes, zur Örtlichkeit, in der jeder einmal und zuerst geweilt hat. „Liebe ist Heimweh", behauptet ein Scherzwort, und wenn der Träumer von einer Örtlichkeit oder Landschaft noch im Traume denkt: Das ist mir bekannt, da war ich schon einmal, so darf die Deutung dafür das Genitale oder den Leib den Mutter einsetzen. Das Unheimliche ist also auch in diesem Falle das ehemals Heimische, Altvertraute. Die Vorsilbe „*un*" an diesem Worte ist aber die Marke der Verdrängung.[32]

Daß Freud mit einer solchen letztlich – in Bezug auf das Weibliche – nichtssagenden Deutung selbst nicht zufrieden war, zeigt die Wiederaufnahme der Überlegungen zum weiblichen Genital im *Medusenhaupt* und seine immer erneut ansetzenden Versuche, das ihn beunruhigende „Rätsel der Weiblichkeit"[33] zu lösen.

Wollen Sie mehr über die Weiblichkeit wissen, so befragen Sie Ihre eigenen Lebenserfahrungen, oder Sie wenden sich an die Dichter, oder Sie warten, bis die Wissenschaft Ihnen tiefere und besser zusammenhängende Auskünfte geben kann.[34]

# III

Es blieb Wilhelm II., dem nach dem verlorenen Ersten Weltkrieg zur Abdankung gezwungenen letzten deutschen Kaiser, vorbehalten, diese ausführliche Studie zur Gorgo-Medusa vorzulegen. Zunächst einmal erstaunt, daß Wilhelm II. sich für Archäologie im allgemeinen und für die Gorgo-Medusa im besonderen interessiert. Was für einen an Sexualität interessierten Autor wie Freud „nahe"[35] liegen mag, scheint für ein gekröntes Haupt wie Wilhelm II. ganz fern zu liegen. Auch wenn Wissenschaft und königliche Herkunft sich prinzipiell nicht ausschließen müssen[36], so ist es doch erklärungsbedürftig, warum sich Wilhelm II. ausgerechnet für die Gorgo-Medusa interessiert und ihr ein ehrgeiziges wissenschaftliches Werk widmet.

Die 1936 veröffentlichten *Studien zur Gorgo* haben eine lange Vorgeschichte, die Wilhelm II. in seiner Vorrede selbst in Erinnerung ruft.[37] Im Jahre 1911 hatte er – damals noch deutscher Kaiser – während eines Aufenthalts in Korfu die Reste eines dorischen Tempels ausgegraben bzw. ausgraben lassen[38] und war dabei auf Bruchstücke eines Gräberreliefs gestoßen, die er mit „sachkundiger Hilfe" (S. 7) als Gorgo-Figur mit beigegebenem Löwenpaar identifizierte. In dem Buch *Erinnerungen an Korfu* (1924) hat er ausführlich über Einzelheiten der archäologischen Arbeiten berichtet. Mit der Ausgrabung war für ihn die Sache aber keineswegs abgeschlossen, die „Frage nach dem geheimnisvollen Sinn der Gorgo" hat ihn nach eigener Aussage „unabläßlich beschäftigt" (S. 79). Durch Kontakte zu einer Vielzahl von Fachgelehrten, insbesondere zu Leo Frobenius, der in jahrelanger Arbeit ein eigenes Gorgo-Archiv in Frankfurt angelegt hatte, auf das Wilhelm II. für seine Publikation zurückgreifen konnte, hat Wilhelm II. sein Wissen über die Gorgo systematisch erweitert und schließlich so viel Material aus verschiedenen Kulturkreisen zusammentragen können, daß daraus ein umfangreiches Buch mit über hundert Abbildungen im Text und zahlreichen Skizzen entstehen konnte.

Im Eingangskapitel erinnert sich Wilhelm II. voller Rührung an die Ausgrabungszeit in Korfu:

> Unvergeßlich sind mir jene sonnigen Zeiten, in denen es mir vergönnt war, unter meinen Augen das ehrwürdige Heiligtum der Insel Korfu, den Gorgo-Tempel, ausgraben zu lassen, – unvergeßlich jene Stunden und die Spannung, die eintrat, als die gewaltigen Leiber der Figuren, die einst oben im mächtigen Giebelfelde geprangt hatten, unter der rührigen Tätigkeit der Spaten aus dem Erdreiche wieder aufzutauchen begannen. So unerhört gewaltig war der Eindruck, den diese Stunden auf mich ausübten, daß der damals erweckte Wunsch, das Mysterium dieser stummen Herrlichkeit erschließen zu dürfen, und die Frage, wie diese unheimlichen, eindrucksvollen, fast fratzenhaften Gebilde inmitten der griechischen Vornehmheit und „Schönheit" zu verstehen seien, nicht wieder wich. (S. 11)

Abb. 16 *Gorgo von Korfu*

Es ist also der Widerspruch zwischen der Häßlichkeit der Gorgo und der Schönheit der klassischen griechischen Kunst, der Wilhelm II. so irritiert und ihm fünfundzwanzig Jahre lang keine Ruhe läßt.

Wir sind es gewöhnt, die griechischen Götter in der Vollendung des Weges von Myron und Polyklet über Phidias herüber bis Praxiteles und Lysipp zu sehen. Unter der gewöhnlichen Kultur verstehen wir Gestalt und Wesen harmonischer Dichtung. Nun hat die Gorgo mit diesen Herrlichkeiten des klassischen Hellas weder als Form noch als Wesen irgend etwas zu tun. Dieses grausige Geschöpf, dieser blutige Leib, dem nach Abschlag des Schlangenhauptes das Dichterroß und das Blitzschwert entspringen, gehört in die gleiche Schicht urgewaltiger Riesengötter wie Chronos selbst. (S. 14)

Der ausgegrabene Tempel mit dem Gorgo-Relief weist in die „griechische Vorzeit" (S. 14) zurück. Von der Beschäftigung mit der Gorgo erhofft sich Wilhelm II. Aufschluß über die „Urgeschichte des Griechentempels" (ebd.) im Sinne einer Suche nach dem Ursprung menschlicher Kultur.[39]

[...] sollte nicht etwa gerade die Gorgo die beste Möglichkeit geben, in die Urgeschichte des Griechentempels einzudringen? (S. 14)

Getreu dieses Erkenntnisinteresses haben die *Studien zur Gorgo* zwei Schwerpunkte. Zum einen geht es um die Herkunft und die unterschiedlichen Ausprägungen der Gorgo, zum anderen um die Herkunft und die besondere Form des griechischen Tempels, die kurze Zeit zuvor Gottfried Benn in seiner *Dorischen Welt* ekstatisch beschworen hatte.[40] Methodisch verpflichtet ist Wilhelm II. der Kulturmorphologie, auf die er ausdrücklich Bezug nimmt.[41] Anerkennend zitiert werden vor allem Leo Frobenius und W.F. Otto. Im Sinne der von ihnen vertretenen kulturmorphologischen Methode wendet sich Wilhelm II. im ersten Teil seines Buches der Gorgo im allgemeinen zu, wobei die Gorgo von Korfu – liebevoll als „meine Gorgo" (S. 26) bezeichnet – steter Bezugspunkt der Ausführungen ist. Diese Gorgo weist folgende Besonderheiten auf. Erstens ist sie als eine menschliche Figur in der eigenartigen Haltung des Knielaufs (S. 30) dargestellt, zweitens hat sie Flügel und eine heraushängende Zunge. Drittens trägt sie Schlangen im Haar, am Hals und am Gürtel und viertens ist sie von zwei en-face-Löwen eingerahmt. Ohne die umständliche Argumentation im einzelnen hier nachzeichnen und auf das aus unterschiedlichen Kulturkreisen stammende Belegmaterial eingehen zu können, sollen zumindest die Ergebnisse festgehalten werden. Für Wilhelm II. setzt sich die Gorgo aus verschiedenen Elementen zusammen, die unterschiedlichen geographischen Räumen und unterschiedlichen Zeiten entstammen. Ungeachtet aller Nuancen, Differenzen und verwirrenden Details läßt sich die Fülle der verschiedenen Elemente auf eine dichotomische Grundstruktur zurückführen, die Wilhelm II. mit den Begriffen „solar" und „lunar" beschreibt. Durch den Knielauf, den Wilhelm II. in eine Beziehung zum Hakenkreuz, als Bewegungssymbol setzt, steht die Gorgo in Verbindung zur Sonne (S. 37). Die heraushängende Zunge deutet Wilhelm II. als Relikt eines Vogelschnabels, der zusammen mit den Flügeln an die ursprüngliche Vogelgestalt der Gorgo (S. 54) und an die „Vorstellung eines Sonnenvogels" (S. 59) erinnert und damit ebenfalls auf solare Kulturen verweist. Die Schlangen als „Repräsentantinnen der sonnenfeindlichen Mächte" (ebd.) verweisen dagegen auf die Unterwelt. Über den Begriff der „Nachtsonne" bzw. „Unterweltsonne" (S. 81) im Vergleich zur „Tagessonne" versucht Wilhelm II., die paradoxe Bezüglichkeit der Gorgo auf Ober- und Unterwelt zu fassen.

> Nach einer [...] uralten Mythenform nahm die Sonne [...] nachts ihren Weg von Westen nach Osten durch die Unterwelt. In den grausigen Höhlen des Erdinneren war sie nicht das freundlich strahlende Tagesgestirn, sondern eine unheilbringende Macht der Finsternis, die Furcht und Entsetzen verbreitete. Vielleicht darf man darin einen Zusammenhang vermuten mit der Sage von ihrem schrecklichen, versteinernden Blick und mit der Verwendung des Medusenhauptes als „Apotropeion", das heißt als Abschreckbild. Auch nach homerischer Auffassung war das abgeschlagene Haupt der Gorgo eine Schreckgestalt der Unterwelt: Odysseus berichtet angstvoll von ihr bei seiner Begegnung mit den Schemen des Hades (im 11. Gesang der Odyssee). (S. 81)

Für Wilhelm II. ist die „schlangenumwobene Gorgo" (S. 83) eine Verkörperung der Unterweltsonne und der Unterweltschlange zugleich:

> Nichts spricht dagegen, daß die Gorgo als Unterweltssonne gleichzeitig die Unterwelt-Schlange symbolisierte. (S. 83 f)

Die Gorgo-Betrachtung hat Wilhelm II. – wie er selbst mir einigem Schaudern konstatiert – weit weg von den solaren Kulturen hin in die „unheimlichen Tiefen der Unterwelt (in den Bewegungsraum

der Nachtsonne), in das finstere Haus der Schlangen-Muttergöttin,
in das faustische Reich der Mütter" (S. 84) geführt.
  In diesem grausigen Reich der Mütter hält Wilhelm II. sich nicht
lange auf. Im zweiten Teil seiner Arbeit beschwört er die Gegenbilder zum „finstren Haus" der Mütter: Die hoch aufragenden Türme
und Pyramiden, die sich dem Himmel in Formen von „Weltbergen"
(S. 101) entgegenrecken, und in ihrer phallischen Struktur „Symbol
der Zeugungs- und Schöpferkraft" (S. 96) sind. Auch die griechischen Tempel, die Wilhelm II. unter Bezug auf den Ethnologen.
Sarasin auf Pfahlbauten zurückführt, gehören für ihn zu den epo-
chalen Schöpfungen, mit denen „der Mensch den Weg zur Eroberung
der Lichtwelt antritt" (S. 127). Diese Entwicklung von der „Unterwelt" zur „Lichtwelt", vom Mütterlichen zum „Herrentum" (S. 131)
ist ritueller Teil eines „Tod-Leben-Mysteriums" (S. 80), das Wilhelm II. in pflanzlicher Metaphorik zu fassen versucht.

> Denn die Gorgo – als Herbstblüte – ragt als fast vorsintflutliche Erschei-
> nung aus der Barbarenzeit in die Herrlichkeit jenes Hellas hinein, wel-
> ches in jubelfrischer Jugendkraft aus dem Pfahlbau den Griechentem-
> pel – Frühlingsblume – schuf! (S. 154)

Diese morphologische Terminologie steht in unaufgelöstem Gegensatz zu der entwicklungsgeschichtlichen Argumentation, die der
Text über weite Strecken favorisiert und nach der die gorgonische
Zeit durch die Zeit des klassischen Tempelbaus überwunden worden ist. Offenbar hat sich der Verfasser nicht entscheiden können,
wem eigentlich seine Vorliebe gilt: der dunklen wilden Gorgo oder
den hellen geordneten Tempelbauten. Die Ungleichgewichtigkeit
der Teile – neun Gorgo-Kapitel versus fünf Tempel-Kapitel – weist
m.E. darauf hin, daß das Gorgonische Wilhelm II. mehr faszinierte
als alle Pfahlbauten und griechischen Tempel zusammen. In der
Arbeit von Wilhelm II. wiederholt sich eine Struktur, die wir bereits
bei Bachofen, dem Pionier in der Erforschung mutterrechtlicher
Kulturen, beobachten können: Ungeachtet aller Orientierung der
Autoren an der solaren, männlichen Kulturentwicklung als dyna-
mischem Fortschrittsprinzip in der Geschichte, erliegen die Texte
der Faszination des Dunklen, Archaischen und Geheimnisvollen,
das mit dem Weiblichen und Mütterlichen identifiziert wird.

# IV

Ein Vergleich zwischen den beiden Texten scheint unmöglich. Zu verschieden sind die beiden Autoren von Herkunft, Methode und Zielsetzung. Hier der Arzt und Gelehrte Freud, dessen bahnbrechende Arbeiten zur menschlichen Psyche das Denken im 20. Jahrhundert revolutionierten, dort der ehemalige deutsche Kaiser, der von Herkunft und Status fest in die traditionellen Strukturen des preußisch-deutschen Militärapparates eingepaßt war. Hier der souveräne, vielseitig gebildete Schriftsteller Freud, dort der dilettierende, mühsam formulierende Wissenschaftsautor Wilhelm II. Hier der unvoreingenommene und kühle Analytiker, dort der schwärmerische Phantast. Hier der an der Erklärung menschlicher Sexualität interessierte Forscher, dort der von archäologischen Details besessene Autodidakt. – So zutreffend solche Gegenüberstellungen in gewisser Hinsicht auch sind, so treffen sie doch in diesem speziellen Fall nicht zu. Freud zeigt sich gerade in seiner Skizze zum *Medusenhaupt* nicht als der geniale Schriftsteller und originelle Denker, und die *Gorgo-Studien* von Wilhelm II. sind im Diskurs der Zeit keineswegs so abwegig, wie sie aus heutiger Perspektive erscheinen mögen. Überdies steht Freud mit seiner Deutung des Medusenhauptes keineswegs allein, wie Ferenczis zeitgleiche Studie zeigt, und Wilhelm II. ist kein Einzelgänger, sondern über weite Strecken nur gelehriger Schüler von Frobenius und anderen Altertumswissenschaftlern. Freuds Deutung des Medusenhauptes als kastriertes weibliches Genital scheint im ganzen gesehen nicht weniger phantastisch als Wilhelm II. These von der Gorgo als Nachtsonne.

Die auf den ersten Blick so unvergleichbar scheinenden Texte weisen also durchaus Gemeinsamkeiten auf, die sich thesenartig folgendermaßen zusammenfassen lassen:

- Beide Autoren thematisieren in ihren Deutungen den Zusammenhang von Geschlecht und Macht.
- Beide entwerfen eine mächtige, mütterliche Gorgo-Medusa.
- Beide sprechen von Ängsten, zugleich aber auch von der Faszination, die die Gorgo-Medusa auslöst bzw. die von ihr ausgeht.
- Beide Autoren isolieren die Gorgo-Medusa weitgehend aus dem mythischen Kontext und reduzieren sie letztlich auf einen

Abb. 17 *Wolff: Medusa (1929)*

Aspekt: Freud auf den der Kastration, Wilhelm II. auf den der
Großen Mutter.
– Beide Autoren meinen, das Rätsel der Gorgo-Medusa gelöst zu
haben, auch wenn Freud sich sehr viel bescheidener gibt als Wilhelm II.

– Beide versuchen, dem Rätsel gegenüber eine objektivierte Position einzunehmen, Freud als Psychoanalytiker, Wilhelm II. als
Altertumswissenschaftler.

– Beide Autoren berühren sich in ihrem Interesse für Archäologie
und Altertum. Freud war ein besessener Sammler antiker Aus-
grabungsgegenstände und systematischer Leser archäologischer
Forschungsliteratur und Wilhelm II. hat sich ein immenses Wissen angeeignet, um das Geheimnis „seiner Gorgo" zu lüften.

Trotz dieser Gemeinsamkeiten liegen die Unterschiede auf der
Hand. Diese beruhen vor allem auf der Art der Auseinanderset-
zung. Während Freud sich außerstande sah, für die Auseinaderset-
zung mit dem Thema Weiblichkeit eine ihn selbst befriedigende
Form zu finden und über Skizzen und Fragmente nicht hinausge-
kommen ist, hat Wilhelm II. diese Form offensichtlich gefunden.
Die Sicherheit, die ihm die geschlossene Form der wissenschaftlichen Abhandlung und die Verfügung über eine Fülle von Archiv-
Materialien bieten, gerät dabei interessanterweise genau in dem
Augenblick ins Wanken, als Wilhelm II. von seinen „Gorgo-
Betrachtungen" in die „unheimlichen Tiefen der Unterwelt" (S. 84)
geführt und von einem Schaudern gepackt wird. Aus dem gespen-
stischen „Reich der Mütter" (ebd.) kann er sich nur mit einem Zitat
aus Goethes *Faust* und durch eine abrupte thematische Verschiebung seiner Untersuchung von der Gorgo auf die Pfahlbauten retten. Der Text von Wilhelm II. vollzieht damit genau die Bewegung,
die Freud in seiner Skizze als Reaktion des Mannes vor dem Medusenhaupt beschrieben hat.

Eine solche Beobachtung heißt nicht, daß Freuds These über das
Medusenhaupt als kastriertem weiblichen Genital richtig ist, wohl
aber, daß Weiblichkeit auch in dem Text von Wilhelm II. einem Tabu
unterliegt. Dieses Tabu weist zurück auf die Eulenburg-Harden-
Affäre (1907), in der Wilhelm II. mit seiner „Liebenberger-Tafel-
runde" unter Homosexualitätsverdacht geraten war.[42] Die Frage,
wann ein Mann ein Mann ist, war im Wilhelminischen Deutschland
mit seiner latenten homosozialen, männerbündischen Orientierung
und seiner offiziellen Homosexualitätsverfolgung von enormer
politischer Sprengkraft. Der Verdacht, Wilhelm II. könnte kein
„richtiger Mann" sein, rüttelte an den Grundfesten der staatlichen

Ordnung. Meine These, daß die *Studien zur Gorgo* auf das Trauma der Eulenburg-Harden-Affäre zurückverweisen, zielt nicht auf eine biographische Erklärung, sondern vielmehr auf die Markierung der gesellschaftlichen Zusammenhänge, die zwischen Männlichkeitskult, Homosexualitätsphobie und Angst vor dem „Weiblichen" bestehen, und die ganz bestimmte diskursive Muster erzeugen, die sich in so unterschiedlichen Texten wie in denen von Freud und Wilhelm II. gleichermaßen finden lassen.

Beide Autoren haben Teil an einer Phantasie über das Verhältnis der Geschlechter, die nicht ihre individuelle Obsession ist, sondern zu den gängigen Vorstellungen gehört, an deren Produktion eine große Anzahl von Künstlern und Wissenschaftlern am Anfang des 20. Jahrhunderts beteiligt war. Beide Autoren liefern keine wissenschaftlichen Beiträge, sondern ihre Arbeiten sind Teil jener „Faszinationsgeschichte" (Heinrich), in der die „Geschlechterspannung" das treibende Moment ist und in der eine archaische Antike als Projektionsraum aufgerufen wird. Wie die Sphinx und die Sirenen gehört auch die Gorgo-Medusa zu den großen mythischen „Pathosfiguren" – im Sinne von Aby Warburgs *Schlangenritual* (1923/1938)[43] –, an denen entlang Autoren die fraglich gewordene Identität des männlichen Subjekts zu entwerfen versuchen. Als Figuren des „Anderen" (Vernant) dienen sie dazu, das Subjekt in der Abgrenzung vom „Fremden" zu restituieren, verweisen jedoch zugleich auf die Kosten der Abgrenzung und auf die geheime Faszination, die von dem Anderen und Fremden ausgehen.

## Anmerkungen

1  Heinrich, Klaus: Das Floß der Medusa. In: Faszination des Mythos. Studien zu antiken und neuen Interpretationen. Hg. v. Renate Schlesier. Basel u. Frankfurt/M. 1991. Vgl. auch Leiris, Michael: Auf dem Floß der Medusa. In: Merkur 183 (Mai 1963), S. 454–468.

2  Der Begriff findet sich bei Heinrich (Anm. 1), S. 340. Die anderen Zitate ebd., S. 355 u. 358.

3  Blumenberg, Hans: Arbeit am Mythos. Frankfurt/M. 1979.

4  Vgl. z.B. den Medusa-Verlag und die Arbeiten von Weigel, Sigrid: Die Stimme der Medusa. Schreibweisen in der Gegenwartsliteratur von Frauen. Dülmen-Hiddingsel 1987; Taeger, Annemarie: Die Kunst, Medusa zu töten. Zum Bild der Frau in der Literatur der Jahrhundertwende. Bielefeld 1987. (Taeger geht auf

Medusa-Texte im engeren Sinne nicht ein, bezieht sich mit ihren Bildbeigaben *Das Blut der Medusa* (Khnopff, um 1895) und *Das Idol der Verderbtheit* (Delville, 1891) aber auf Medusa-Darstellungen in der bildenden Kunst.

5   Schütz, Stefan: Medusa. Reinbek b. Hamburg 1986. Vgl. Jucker, Rolf: „Dem Chaos anarchisch" begegnen. Zur Rekonstruktion der Utopiekonzeption in Stefan Schütz' Roman *Medusa* anhand der Figuren *Gorga Sappho* und *Naphtan*. Bern u.a. 1991.

6   Der Stand der wissenschaftlichen Diskussion zur Zeit von Freud und Wilhelm II: läßt sich ablesen an dem Artikel Gorgonen, in: Roscher, W.H. (Hg.): Ausführliches Lexikon der griechischen und römischen Mythologie. Leipzig 1886–1890, Bd. 1, II, Sp. 1695–1727.

7   Vgl. dazu Schlesier, Renate: Das Flötenspiel der Gorgo. In: Notizbuch 5/6 (1982). 11–57.

8   Zum ‚bösen Blick' der Medusa vgl. Jahn, Otto: Über den Aberglauben des bösen Blicks bei den Alten (1855). Siehe dazu Schlesier, Renate: Kulte, Mythen und Gelehrte. Anthropologie der Antike seit 1800. Frankfurt/M. 1994, S. 42ff; Hauschild, Thomas: Der böse Blick. 2. Aufl. Berlin 1982; siehe auch Böhme, Hartmut: Sinne und Blicke. In: ders.: Natur und Subjekt. Frankfurt/M. 1988, S. 215–255; Akashe-Böhme, Farideh: Die Erfahrung des Blickes. In: dies. (Hg.): Von der Auffälligkeit des Leibes. Frankfurt/M. 1995, S. 13–25.

9   Vgl. Vernant, Jean-Pierre: Tod in den Augen. Figuren des Anderen im griechischen Altertum. Artemis und Gorgo. Frankfurt/M. 1988. Siehe auch ders.: Das Gorgogesicht. In: Faszination des Mythos (Anm. 1), S. 399–420.

10  Heinrich (Anm. 1), S. 360.

11  Ebd., S. 360/1.

12  Vgl. den Katalog: Pegasus and the Arts. München 1993.

13  Vgl. das Gedicht *Arachne* von Elisabeth Langgässer und die Ausführungen dazu in *Ruf der Mütter* in diesem Band.

14  Vgl. dazu die bildliche Gegenüberstellung von Cellinis *Perseus* mit den antiken Darstellungen bei Heinrich (Anm. 1), S. 385.

15  Vgl. zum Haupt Christi Kuryluk, Ewa: Veronica & her Cloth. Cambridge Mass. 1991.

16  Heinrich (Anm. 1), S. 358.

17  Vgl. Sinn, Nadine: Cases of Mistaken Identity. Salome and Judith at the Turn of the Century. In: Germanic Studies Review XI, Nr. 1 (Febr. 1988), S. 9–29.

18  Vgl. den Katalog: Zauber der Medusa. Europäische Manierismen. Hg. v. Werner Hofmann. Wien 1987.

19  Vgl. zu dem ganzen Komplex Freud, Sigmund: Eine Kindheitserinnerung des Leonardo da Vinci. In: ders.: Gesammelte Werke. Hg. v. Anna Freud u.a. London 1940–1952, Bd. VIII, S. 128–211. Siehe auch Eisler, Kurt R.: Leonardo da Vinci. Psychoanalytische Notizen zu einem Rätsel. Basel u. Frankfurt/M. 1992.

20  D'Annunzio, Gabriele: Gorgo. In: Femme fatale – Vamp – Blaustrumpf. Hg. v. Gerd Stein. Frankfurt/M. 1985, S. 92. In d'Annunzios Schlafzimmer hing eine Reproduktion der *Gioconda* des Leonardo da Vinci. Anm. des Hg., S. 289.

21  Vgl. dazu Stephan, Inge: Die Gründerinnen der Psychoanalyse. Eine Entmytho-
    logisierung Sigmund Freuds in zwölf Frauenporträts. Stuttgart 1992.
22  Erstmals veröffentlicht wurde die Skizze in: Internationale Zeitschrift für Psy-
    choanalyse und Imago XXV (1940), S. 105f. Angeregt wurde Freud wahrschein-
    lich durch eine Abbildung der Gorgo von Veji. Vgl. Heinrich (Anm 1), S. 343.
23  Vgl. dazu die Anm. der Redaktion zur Veröffentlichung von Freuds Aufsatz:
    „Das Manuskript ist vom 14.V.1922 datiert und ist unveröffentlicht geblieben.
    Anscheinend handelt es sich hier um eine Skizze für eine ausführlicher geplante
    Arbeit. Den gleichen Gegenstand hat S. Ferenczi in einer kurzen Notiz (Zur
    Symbolik des Medusenhauptes in Int. Ztsch. f. Ps. IX 1923) behandelt."
24  Freud, Sigmund: Das Medusenhaupt. In: Gesammelte Werke, Bd. XVII, S. 47 f.
    Angesichts der Kürze des Aufsatzes wird auf einen gesonderten Seitennachweis
    der Zitate verzichtet. Der Hinweis der Hg. auf die Notiz von Ferenczi und die
    genaue Datierung der Freudschen Skizze verweist auf ein Problem der Konkur-
    renz, das das Verhältnis von Freud und Ferenczi in merkwürdiger Weise
    bestimmt. Tatsächlich weisen die beiden Texte viele Übereinstimmungen aus.
    Der unter „Mitteilungen" versteckte Aufsatz von Ferenczi lautet: „Aus der Ana-
    lyse von Träumen und Einfällen kam ich wiederholt in die Lage, das Medusen-
    haupt als schreckliches Symbol der weiblichen Genitalien zu deuten, dessen Ein-
    zelheiten ‚von unten nach oben' verlegt wurden. Die vielen Schlangen, die sich
    ums Haupt ringeln, dürften – durch das Gegenteil dargestellt – das Vermissen des
    Penis andeuten und das Grauen selbst den furchtbaren Eindruck wiederholen,
    den das penislose (kastrierte) Genitale auf das Kind machte. Die angstvoll und
    ängstigend vorquellenden Augen des Medusenhauptes haben auch die Neben-
    bedeutung der Erektion." In: Internationale Zeitschrift für Psychoanalyse IX
    (1923), S. 69
25  Vgl. die Kritik an Freuds Medusenhaupt-Aufsatz bei Heinrich (Anm. 1), S. 344 f.
26  Vgl. zu Freuds Interesse an Archäologie den Katalog: Sigmund Freud and Art.
    London, New York 1989.
27  Freud, Sigmund: Mythologische Parallele zu einer plastischen Zwangsvorstel-
    lung. In: Gesammelte Werke, Bd. X, S. 398–400. Auf einen gesonderten Nach-
    weis der Zitate wird angesichts der Kürze des Textes verzichtet.
28  Zu Baubo vgl. Devereux, George: Die mythische Vulva. Frankfurt/M. 1985.
29  Vgl. Rohde-Dachser, Christa: Expedition in den dunklen Kontinent. Weiblich-
    keit im Diskurs der Psychoanalyse. Berlin u.a. 1989.
30  Siehe Moi, Toril: Darstellung des Patriarchats. Sexualität und Epistomologie in
    Freuds „Dora". In: Unbestimmte Grenzen. Beiträge zur Psychoanalyse der
    Geschlechter. Hg. v. Jessica Benjamin. Frankfurt/M. 1995, S. 188–210.
31  Dieser Aufsatz wurde in den achtziger Jahren im Kontext der Post-Moderne-
    Diskussionen neu entdeckt und viel diskutiert. Vgl. Jay, Martin: Das unheimli-
    che Manöver oder: Über ein Unbehagen in der Moderne. In: Frankfurter Rund-
    schau, Silvester 1996, S. 18 (Forum Humanwissenschaften).
32  Freud, Sigmund: Das Unheimliche. In: ders.: Gesammelte Werke, Bd. XII,
    S. 258 f.
33  Vgl. dazu das Kapitel *Im Zeichen der Sphinx* in diesem Band.

34  Freud, Sigmund: Neue Folge der Vorlesungen zur Einführung in die Psychoanalyse. In: ders.: Gesammelte Werke, Bd. XV, S. 120.

35  Ders.: „Die Deutung einzelner mythologischer Gebilde ist von uns nicht oft versucht worden. Sie liegt für das abgeschnittene, Grauen erweckende Haupt der Medusa nahe." (Das Medusenhaupt, Anm 24., S. 47)

36  Siehe Marie Bonaparte, die „Prinzessin" in Freuds Umfeld, die psychoanalytisch tätig war. Vgl. dazu Stephan, Inge: Die Gründerinnen der Psychoanalyse (Anm. 21), S. 153–177.

37  Kaiser Wilhelm II: Studien zur Gorgo. Berlin 1936. Nach dieser Ausgabe werden die Zitate im folgenden direkt im Text nachgewiesen.

38  Ebd., vgl. dazu S. 7, 11 und 27.

39  Laplanche, Jean von Pontalis, J. B: Urphantasie. Phantasien über den Ursprung. Ursprünge der Phantasie. Frankfurt/M. 1992.

40  Vgl. dazu das Kapitel *Dorische Welt und Neues Reich* in diesem Band.

41  Vgl. auch seine Schrift *Das Wesen der Kultur* (1931).

42  Vgl. zu dem ganzen Komplex Sombart, Nicolaus: Die deutschen Männer und ihre Feinde. Carl Schmitt. Ein deutsches Schicksal zwischen Männerbund und Matriarchatsmythos. München, Wien 1991, besonders das Kapitel 2, S. 31 ff. Siehe auch ders.: Wilhelm II. Sündenbock und Herr der Mitte. Berlin 1996.

43  Vgl. Weigel, Sigrid: Aby Warburgs „Schlangenritual". In: Texte und Lektüren. Perspektiven in der Literaturgeschichte. Hg. v. Aleida Assmann. Frankfurt/M. 1996, S. 269–288.

# „Dorische Welt" und „Neues Reich"

## Die Verschränkung von Mythos und Faschismus
## bei Gottfried Benn

### I

Als Gottfried Samsa eines Morgens aus unruhigen Träumen erwachte, fand er sich in seinem Bett zu einem ungeheuren Ungeziefer verwandelt. Er lag auf seinem panzerartig harten Rücken und sah, wenn er den Kopf ein wenig hob, seinen gewölbten, braunen, von bogenförmigen Versteifungen geteilten Bauch, auf dessen Höhe sich die Bettdecke, zum gänzlichen Niedergleiten bereit, kaum noch erhalten konnte. Es waren Stimmen im Raum. Samsas Radio war die ganze Nacht gelaufen. Gottfrieds Blick richtete sich zum Fenster, und das trübe Wetter – man hörte Regentropfen auf das Fensterblech aufschlagen – machte ihn ganz melancholisch. ‚Was ist mit mir geschehen?' dachte er. Es war kein Traum. Er war Nazi geworden.[1]

Mit dieser Paraphrase von Kafkas Erzählung *Die Verwandlung* beginnt Klaus Theweleit den Band *Orpheus am Machtpol*, den Band 2x seiner monumentalen Studie *Buch der Könige*. Der Band 2x ist 1994 erschienen und im wesentlichen auf Benn konzentriert. Theweleit geht aber auch auf Hamsun, Pound, Marinetti, Céline und Gertrude Stein und ihre Kontakte zu den faschistischen Machthabern ein. Die Frage, die sich Thewelcit durch das ganze Buch immer wieder stellt, ist die: „Faschist ‚werden', (wie) geht das?"[2]. Theweleits Antwort ist in Hinsicht auf Benn einfach und komplex zugleich: Benn ist kein Faschist, sondern ein Opportunist, der die Nähe zu den faschistischen Machthabern – zum „Machtpol" in Theweleits Diktion – sucht, um selbst zumindest ein wenig mächtig zu sein. Kein Überzeugungstäter also, sondern ein Anbiederer. Kein glühender Nazi, eher ein gekränkter Narzist:

[...] nicht „ideologisch" entsteht dieser Nazi, nicht aus „Konsequenz" irgendeiner Denkbewegung, er entsteht aus Kränkung, Isolation und Einengung bzw. Wegnehmen des Spielraums der äußeren Welt (ihres Spiel- und Drogenraums) und aus der *Wiederbelebung* eigener abgelegter Figuren. Er entsteht körperlich: in der Wut, die aus der Kränkung kommt, im kalten Haß, den die Isolation gebiert und im paranoischen Zucken der Einzelteile, in die der Körper/das Objekt sich flüchtet unterm zunehmenden Druck der Gesellschaftspresse.[3]

Gleich ob aus kurzzeitiger Überzeugung oder lebenslangem Opportunismus – Benn gehört zu den Intellektuellen in Deutschland, die offen für die Faschisten Partei ergriffen und durch ihre Texte versucht haben, sie zu unterstützen. Seine 1933 und 1934 entstandenen Aufsätze und Reden *Der neue Staat und die Intellektuellen*, *Kunst und Staat*, *Züchtung I* und *Züchtung II*, *Der deutsche Mensch. Erbmasse und Führertum*, *Kunst und Drittes Reich* signalisieren bereits mit ihren Titeln eine programmatische Nähe zu den faschistischen Machthabern.

Die unrühmliche Rolle, die Benn bei der Herausdrängung Heinrich Manns und Käthe Kollwitz' aus der Preußischen Akademie der Künste gespielt hat, kann man bei Theweleit ebenso nachlesen, wie Benns skrupelloses Agieren bei der Liquidierung der Akademie als unabhängige Institution. Von Benn stammt der Entwurf zu der Unterwerfungsurkunde, mit der die Mitglieder der Akademie ihre Ergebenheit den neuen Machthabern dokumentieren sollten. Das von Benn formulierte Revers lautete:

Vertraulich!

Sind Sie bereit, unter Anerkennung der veränderten geschichtlichen Lage weiter Ihre Person der Preussischen Akademie der Künste zur Verfügung zu stellen? Eine Bejahung dieser Frage schließt die öffentliche politische Betätigung gegen die Regierung aus und verpflichtet Sie zu einer loyalen Mitarbeit an den satzungsgemäß der Akademie zufallenden nationalen kulturellen Aufgaben im Sinne der veränderten geschichtlichen Lage.

Ja                Nein
(Nicht Zutreffendes bitte durchstreichen)

Name:
Ort und Datum:[4]

Benns am 24. April 1933 im Rundfunk gehaltene Rede *Der neue Staat und die Intellektuellen*, die auf dem Revers der Loyalitätserklärung der Akademiemitglieder basierte, war eine vehemente Absage an die Emigranten und ein brutales Plädoyer für die Unterwerfung des „Geistes" unter die „Macht". Das Entsetzen unter liberalen und linken Autoren war allgemein.

Oskar Loerke notierte deprimiert in seinem Tagebuch:

> Montag Vortrag Benns im Rundfunk. Stramm für heroische Unterdrückung der Intellektuellen. Werner Bukofzer rief mich danach an, ebenso erregt Molos. Bis in die Nacht hätten sie geweint. Absolute Vereinsamung und Abgeschlossenheit.[5]

Klaus Mann, der die Radiorede Benns durch Zufall im französischen Exil gehört hatte, schrieb fassungslos an den von ihm als expressionistischen Lyriker so sehr geschätzten Autor:

> In welcher Gesellschaft befinden Sie sich dort? Was konnte Sie dahin bringen, Ihren Namen, der uns der Inbegriff des höchsten Niveaus und einer geradezu fanatischen Reinheit gewesen ist, denen zur Verfügung zu stellen, deren Niveaulosigkeit absolut beispiellos in der europäischen Geschichte ist und von deren moralischer Unreinheit sich die Welt mit Abscheu abwendet? Wie viele Freunde müssen Sie verlieren, indem Sie solcherart gemeinsame Sache mit den geistig Hassenswürdigen machen – und was für Freunde haben Sie am Ende auf dieser falschen Seite zu gewinnen? Wer versteht sie denn dort? Wer hat denn dort nur Ohren für Ihre Sprache, deren radikales Pathos den Herren Hanns Johst und Wilhelm Vesper höchst befremdlich wenn nicht als der reinste Kulturbolschewismus in den Ohren klingen dürfte?[6]

Mit dem Ende des Briefes nahm Klaus Mann die spätere Entwicklung mit fast hellseherischer Klarheit vorweg:

> Aber freilich müssen Sie ja wissen, was Sie für unsere Liebe eintauschen und welchen großen Ersatz man Ihnen drüben dafür bietet; wenn ich kein schlechter Prophet bin, wird es zuletzt Undank und Hohn sein.[7]

Benn war sich nicht zu schade dafür, auf die an ihn in einem privaten Schreiben gerichteten Vorwürfe von Klaus Mann mit einer erneuten Radiorede *Antwort an die literarischen Emigranten* (Mai 1933) öffentlich zu reagieren:

Sie schreiben mir einen Brief aus der Nähe von Marseille. In den kleinen Badeorten am Golf de Lyon, in den Hotels von Zürich, Prag und Paris, schreiben Sie, säßen jetzt als Flüchtlinge die jungen Deutschen, die mich und meine Bücher einst so sehr verehrten. Durch Zeitungsnotizen müßten Sie erfahren, daß ich mich dem neuen Staat zur Verfügung hielte, öffentlich für ihn eintrete, mich als Akademiemitglied seinen kulturellen Plänen nicht entzöge. Sie stellen mich zur Rede, freundschaftlich, aber doch sehr scharf. Sie schreiben: was konnte Sie dahin bringen, Ihren Namen, der uns der Inbegriff des höchsten Niveaus und einer geradezu fanatischen Reinheit gewesen ist, denen zur Verfügung zu stellen, denen das ganze übrige Europa gerade diesen Rang bestreitet? Was für Freunde tauschen Sie für die alten, die Sie verlieren werden, ein? Wer wird Sie dort verstehen? Sie werden doch immer der Intellektuelle, das heißt der Verdächtige, bleiben, und niemand nimmt Sie dort auf. Sie stellen mich zur Rede, Sie warnen mich, Sie fordern von mir eine unzweideutige Antwort […]. Ich muß Ihnen zunächst sagen, daß ich auf Grund vieler Erfahrungen in den letzten Wochen die Überzeugung gewonnen habe, daß man über die deutschen Vorgänge nur mit denen sprechen kann, die sie auch innerhalb Deutschlands selbst erlebten. Nur die, die durch die Spannungen der letzten Monate hindurchgegangen sind, die von Stunde zu Stunde, von Zeitung zu Zeitung, von Umzug zu Umzug, von Rundfunkübertragung zu Rundfunkübertragung alles dies fortlaufend aus unmittelbarer Nähe miterlebten, Tag und Nacht mit ihm rangen, selbst die, die das alles nicht jubelnd begrüßten, sondern es mehr erlitten, mit diesen allen kann man reden, aber mit den Flüchtlingen, die ins Ausland reisten, kann man es nicht. Diese haben nämlich die Gelegenheit versäumt, den ihnen so fremden Begriff des Volkes nicht gedanklich, sondern erlebnismäßig, nicht abstrakt, sondern in gedrungener Natur in sich wachsen zu fühlen, haben es versäumt, den auch in Ihrem Brief wieder so herabsetzend und hochmütig gebrauchten Begriff „das Nationale" in seiner realen Bewegung, in seinen echten überzeugenden Ausdrücken als Erscheinung wahrzunehmen, haben es versäumt, die Geschichte form- und bilderbeladen bei ihrer vielleicht tragischen, aber jedenfalls schicksalbestimmten Arbeit zu sehen. Und mit diesem allen meine ich nicht das Schauspielhafte des Vorgangs, das impressionistisch Fesselnde von Fackeln und Musik, sondern den inneren Prozeß, die schöpferische Wucht, die in der Richtung wirkte, daß sie auch einen anfangs widerstrebenden Betrachter zu einer weitertreibenden menschlichen Umgestaltung führte.[8]

Die „Antwort" endet mit einem Bekenntnis zum neuen ‚faschistischen Menschentypus', dessen Genealogie Benn kühn von Fichte

über Burckhardt und Nietzsche bis hin zu Adolf Hitler zieht und in
die er sich selbst stolz eingliedert:

> Es ist meine fanatische Reinheit, von der Sie in Ihrem Brief so ehrenvoll
> für mich schreiben, meine Reinheit des Gedankens und des Gefühls, das
> mich zu dieser Darstellung treibt. Ihre Grundlagen sind dieselben, die Sie
> bei allen Denkern der Geschichte finden. Der eine sagte: die Welt-
> geschichte ist nicht der Boden des Glücks (*Fichte*); der andere: Völker
> haben bestimmte große Lebenszüge an den Tag zu bringen, und zwar
> völlig ohne Rücksicht auf die Beglückung des einzelnen, auf eine mög-
> lichst große Summe von Lebensglück (*Burckhardt*); der dritte: die
> zunehmende Verkleinerung des Menschen ist gerade die treibende Kraft,
> an die Züchtung einer stärkeren Rasse zu denken. Dazu: eine herrschaft-
> liche Rasse kann nur aus furchtbaren und gewaltsamen Anfängen
> emporwachsen. Problem: wo sind die Barbaren des 20. Jahrhunderts
> (*Nietzsche*). Das alles hat die liberale und individualistische Ära ganz ver-
> gessen, sie war auch geistig gar nicht in der Lage, es als Forderung in sich
> aufzunehmen und es in seinen politischen Folgen zu übersehen. Plötz-
> lich aber öffnen sich Gefahren, plötzlich verdichtet sich die Gemein-
> schaft, und jeder muß einzeln hervortreten, auch der Literat, und sich
> entscheiden: Privatliebhaberei oder Richtung auf den Staat. Ich entschei-
> de mich für das letztere und muß es für diesen Staat hinnehmen, wenn Sie
> mir von Ihrer Küste aus zurufen: Leben Sie wohl.[9]

## II

Im Vergleich zu den programmatischen Anbiederungsreden an die
Faschisten sind die beiden auf den griechischen Mythos rekurrie-
renden Aufsätze *Die dorische Welt* und *Pallas* auf den ersten Blick
weniger direkt in ihrem faschistischen Bekenntnis, auf den zweiten
Blick entpuppen sie sich aber als die faschistischsten Texte von
Benn, wenn es eine solche Steigerungsform überhaupt gibt.

Einen Vorgeschmack auf *Die dorische Welt*, jene „männlich solare Kultur […], die sich gegen das Mütterliche richtet", bietet erstmals Benns Totenrede auf Stefan George († 4. Dez. 1933).[10] Benn
verwandelt den in elitärer Distanz zu den Machthabern stehenden
und schweigsam im politischen Abseits in Locarno verharrenden
George in einen Propheten des „Neuen Reiches":[11]

Nicht [...] weil George in seinem letzten Werk „Das Neue Reich" von
1919 den unsäglichen Haß des Zeitalters gegen den Liberalismus sach-
lich so sah, wie ihn viele sahen [...] – nicht weil er die frühe Rassenvisi-
on hatte [...]. Nicht, weil er 1919 einen jungen Führer sah, [...], das alles
ist es nicht! [...] Es ist vielmehr die unerbittliche Härte des Formalen,
die über seinem Werk liegt, durch die er sein Werk schuf, ihm Einheit
und Norm erkämpfte, und der er sein Leben zum Opfer brachte; es ist
der „ästhetische Wille", dieser deutsche Wille, der im Kunstwerk eine
Welt aufrichtet und eine überwindet, *formend* überwindet, das ist es,
was George in die große abendländische Perspektive der Zukunft stellt.
(S. 1037 f)

Das Georgesche l'art-pour-l'art-Prinzip wird kurzerhand zu einem
soldatischen Kampfbegriff umfunktioniert und an das „Zeitalter der
Stahlgewitter und der imperialen Horizonte" (S. 1036) angepaßt:

L'art pour l'art – das ist also gar kein esoterisches und mystisches Prinzip, l'art, Kunst, es ist das Höchste, und jeder kann sich herankämpfen.
Und dies Sichherankämpfen an schwere Dinge: in Mühen, auf Wegen
und Umwegen, mit Rückschlägen, in immer härterem und gestählterem
Elan, dies Georgesche Prinzip, dies Volks- und Erziehungsprinzip, das
ist die großartigste und heroischste Realisation des abendländischen Geistes. (S. 1040)

Die Homosexualität Georges wird über die gedankliche Anbindung
an den griechischen Jüngling, den Epheben, wie ihn Benn taktisch
umschreibt, entschärft und für die gegen die Homosexualität in den
eigenen Reihen ankämpfenden Nationalsozialisten annehmbar
gemacht.

Nur die Deutschen kannten nach den Griechen den Epheben, den Griechen, deren Geschichte, wie Hegel sagt, mit einem Jüngling beginnt:
Achill, und mit einem Jüngling endet: Alexander, und die Deutschen, in
deren Siegfried und Konradin so viele Elemente ihrer tiefsten Geschichte ruhen. [...] In seinem Vers „Apollon lehnt geheim an Baldur" lehnt er
[= George, I. S.] zwei Götter aneinander, aber auch zwei Länder, und
Griechenland, das ist ja immer der griechische Mann. (S. 1032 f)

Der Rekurs auf Griechenland und den „abendländischen Geist"
schafft eine Verbindung zwischen homoerotischem Männlichkeitskult, Soldatentum und Faschismus:

Abendländischer Geist, der neue, der wird sprechen aus jener Welt der ungeheuersten Klarheit, die sich vorbereitet, die sich nähert, ihre Linien sind Verachtung jedes Geschöpfes der Furcht, des Hoffens und des Sehnens, feste bezwingende Gesetze, objektive Machtverhältnisse, Klarheit, Unterschied, Tat. Eine Welt, die sich gegen das Mütterliche richtet, das Faustische, das Christliche, gegen alles Allzufrühe und Allzuspäte, es ist dorische Welt. Form und Schicksal. Moira –: der jedem zugewiesene Teil, der Raum des Lebens, den die Arbeit füllt am Staat und am Marmor. Zucht und Kunst – die beiden Symbole des neuen Europas, wenn es noch ein neues geben soll, das steht George, und es gibt kein Zurück. (S. 1040 f)

In dem Gedicht *Mann* vom Oktober 1933 – also noch vor Georges Tod im Dezember – zeichnet sich diese Profilierung einer in phallischen Metaphern beschworenen männlichen Position auf Kosten einer abgewerteten, überwundenen Weiblichkeit als Reflex auf die Faschisierung des öffentlichen Lebens in Deutschland deutlich ab:

> Mann – du alles auf Erden,
> fielen die Masken der Welt,
> fielen die Helden, die Herden –:
> weites trojanisches Feld –
>
> immer Gewölke der Feuer,
> immer die Flammen der Nacht
> um dich, Tiefer und Treuer,
> der das Letzte bewacht,
>
> keine Götter mehr zum Bitten
> keine Mütter mehr als Schoß –
> schweige und habe gelitten,
> sammle dich und sei groß![12]

Der Essay *Dorische Welt* wurde im Frühjahr 1934 niedergeschrieben und im Juni des selben Jahres publiziert.[13] Er setzt ein mit einer Gegenüberstellung der kretischen, weiblich konnotierten Kultur und der dorischen, männlich konnotierten Kultur:

An das kretischen Jahrtausend, das Jahrtausend ohne Schlacht und ohne Mann, wohl mit jungen Pagen, die hohe Spitzkrüge, und Prinzchen, die phantastischen Kopfputz tragen, doch ohne Blut und Jagd und ohne Roß

Abb. 18 *List: Hellas*

und Waffen, an dies Voreisenzeitalter im Tal von Knossos, diese unge-
schützten Galerien, illusionistisch aufgelösten Wände, zarten artisti-
schen Stil, farbige Fayencen, lange steife Röcke der Kreterinnen, engan-
liegende Taillen, Busenhalter, feminine Treppen der Paläste mit niederen
breiten Stufen, bequem für Weiberschritte –: grenzt über Mykene die
dorische Welt. An den hettitischen Rassensplitter mit Mutterrecht, weiblichen Herrscherinnen, Frauenprozessionen der arische Mann und die
bärtigen Götter, an Blumenstücke und Stuckreliefs die große Komposi-

tion und das Monumentale, grenzt diese Welt, die in unsere Bewegungen
hineinragt und auf deren Resten unsere gespannten, erschütterten, tra-
gisch-fragenden Blicke ruhn [...]. (S. 824)

Die dorische Kultur, die die früheren mutterrechtlich organisierten
Gesellschafts- und Kulturformen verdrängt und besiegt, ist eine
männlich geprägte Kultur, die auf List, Verrat, Sieg und Rassismus
basiert, „zweideutigen" Momenten also, wie Benn konzediert, jedoch moralisch nicht bewerten will. Die schmucklose dorische
Säule fungiert für Benn als Symbol für eine Männlichkeit, der es nur
um Sieg geht, koste er, was er wolle. Geradezu hymnisch feiert Benn
die dorische Männerwelt:

Hinter dieser Silhouette Griechenlands, panhellenisch gemischt, steht
die graue Säule ohne Fuß, der Tempel aus Quadern, steht das Männerla-
ger am rechten Ufer des Eurotas, seine dunklen Chöre –: die dorische
Welt. [...] Ihr Traum ist Züchtung und ewige Jugend, Göttergleichheit,
großer Wille, stärkster aristokratischer Rassenglaube, Sorge über sich
hinaus für das ganze Geschlecht. [...]
Dorische Welt, das sind die gemeinsamen Mahle, um immer gerüstet zu
sein, fünfzehn Mann, und jeder bringt ein Stück mit: Gerstenmehl, Käse,
Feigen, Jagdbeute und keinen Wein. Die Erziehung geht nur auf dieses
Ziel: Schlachten und Unterwerfung. [...]
Dorisch ist jede Art von Antifeminismus. Dorisch ist der Mann, der die
Vorräte im Haus verschließt und den Frauen verbietet, den Wettspielen
zuzuschauen: [...] Dorisch ist die Knabenliebe, damit der Held beim
Mann bleibt. [...]
Dorisch war auch der Knabenraub: [...]
Die Dorer arbeiten am Stein, er bleibt unbemalt. Ihre Figuren sind nackt.
Dorisch, das ist die Haut, aber die bewegte, die über Muskeln, männli-
ches Fleisch, der Körper. Der Körper, gebräunt von der Sonne, dem Öl,
dem Staub, der Striegel und den kalten Bädern, luftgewöhnt, reif, schön
getönt. Jeder Muskel, die Kniescheibe, die Gelenkansätze behandelt,
angeglichen, ineinandergearbeitet, das Ganze kriegerisch, doch sehr
erwählt. Die Gymnasien waren die Schulen, in denen es entstand, die
dann über Griechenland gingen. [...]
Über ganz Hellas die dorische Saat: *schöne* Körper: [...] *Große* Körper:
[...] Körper *zur Zucht*: das Gesetz bestimmte das heiratsfähige Alter und
wählte den günstigsten Zeitpunkt und die günstigsten Umstände für eine
Schwängerung aus. Man ging wie in Gestüten vor, man vernichtete die
schlechtgelungene Frucht. Der Körper zum Krieg, der Körper zum Fest,

der Körper zum Laster und der Körper endlich dann zur Kunst, das war die dorische Saat und die hellenische Geschichte. (S. 836–840)

Doch auch dieser so männlich geprägten Ordnung und Kultur ist keine Dauer beschieden. Sie zerfällt, zersetzt sich durch eine neu aufkommende Humanität, die Benn bezeichnenderweise mit Euripides beginnen läßt. Humanität aber bedeutet nach Benn bereits Verfall, Niedergang:

> Bei Euripides beginnt der Mensch, der Hellenismus, die Humanität. Bei Euripides beginnt die Krise, es ist sinkende Zeit. Der Mythos ist verbraucht, Thema wird das Leben und die Geschichte. Die dorische Welt war männlich, nun wird sie erotisch, es beginnen Liebesfragen, Weiberstücke, Weibertitel: Medea, Helena, Alkestis, Iphigenie, Elektra, diese Serie endet in Nora und Hedda Gabler. Es beginnt die Psychologie. (S. 840 f)

Dem Aufkommen von „Weiberstücken" korrespondiert das „Sinken der Turnerzucht". Der „hohe klassische Stil", der an die Stelle der schlichten dorischen Säule tritt, ist eine Scheinblüte, hinter der sich der Niedergang der Griechentums vollzieht: Die Griechen werden träge, verspielt, kosmopolitisch, sie verweichlichen.

> Das Sinken der Turnzucht – mit ihr sank die dorische Welt, Olympia, die graue Säule ohne Fuß und die der Herrenschicht günstigen Orakel. Euripides ist skeptisch, einsam und atheistisch, es steigen bei ihm bereits die Allgemeinbegriffe isoliert auf: „das Gute", „das Rechte", „die Tugend", „die Bildung"; er ist pazifistisch und antiheroisch: vor allem Frieden und keine sizilische Expedition, er ist zerrissen und genialisch, durchaus pessimistisch und zweifellos dämonisch, identisch mit der Größe und dem Geist des tiefen hellenischen Nihilismus, der am Ende der Perikleszeit begann, der schweren Krise vor dem Ende des Griechentums: aus dem pentelischen Marmor auf der Burg, unter den Schlägen des Phidias, im Weiß und im Schmelz der Kallablüte entsteigt als Pallas der noch nie erreichte, der vollkommene, der hohe klassische Stil, aber in den kosmopolitisch gewordenen Bürgerhäusern hält man sich Affen, kolossische Fasane und persische Pfauen locken die Lakedämonier zu den Vogelhändlern und Wachtelkämpfe statt der Mysterien die Freien und Metöken in die Theater. (S. 841)

Scharf grenzt sich Benn von der als liberalistisch abgelehnten Interpretation der Althistoriker ab, die in den Dorern nur einen barbarischen griechischen Volksstamm und in den Spartanern „eine trauri-

ge Kriegerhorde, Soldatenkaste, ohne kulturelle Sendung", kurz
einen „Hemmschuh Griechenlands" (S. 843) auf dem Weg zur
Humanität und zur Demokratie gesehen haben und betont statt
dessen die Vorbildfunktion der spartanischen Ordnung, in der sich
nach seiner Meinung nach die dorische Kultur am eindrucksvollsten
verkörpert habe. Dorische Welt und Sparta verschmelzen in Benns
Argumentation zu einer untrennbaren Einheit:

> Und die Soldatenstadt trug es mit ihren Heeren über ganz Griechenland:
> die dorische Harmonie, die hohe Chordichtung, die Tanzweisen, der
> Baustil, die straffe soldatische Ordnung, die vollständige Nacktheit des
> Ringers und die zum System erhobene Gymnastik. Im neunten Jahrhun-
> dert begann die Bewegung sich auszubreiten, die unterbrochenen Spiele
> wurden wiederhergestellt, vom Jahre 776 an diente Olympia als Ära und
> fester Punkt, um die Kette der Jahre daran zu knüpfen. Sport, Musik,
> Dichtung, Stadien, Wettkämpfe und die Statuen der Sieger im einzelnen
> nicht zu trennen, das war die spartanische Sendung, [...]. Bald gibt es
> keine Stadt mehr ohne ein Gymnasium, es ist eines der Zeichen, an denen
> man eine griechische Stadt erkennt. (S. 845 f)

Was aber soll die Beschwörung des spartanisch-dorischen „Män-
nerlagers" um 1934? – Eine Frage, die sich auch Benn stellt, und die
er folgendermaßen beantwortet:

> Man kann nicht sagen, das ist weitab, Antike. Keineswegs! Die Antike ist
> sehr nah, ist völlig in uns, der Kulturkreis ist noch nicht abgeschlossen.
> [...] wir sind mittendrin in unseren eigenen politischen Prinzipien.
> (S. 850 f)

Aktuell ist die Heroisierung des Männlichen und der vehemente
Antifeminismus, die aus jeder Zeile des Essays sprechen und die
Benn in eine phantasmatische „dorische Welt" zurückprojiziert und
zugleich als vorbildhaft für die deutsche Gegenwart den Faschisten
anzudienen versucht. Die Reklamierung eines Eigenbereichs für die
Kunst im Faschismus, die Benn mit dem Essay vorgeschwebt haben
mag – der Essay trägt den Untertitel *Eine Untersuchung über die
Beziehung von Kunst und Macht* – hat eine doppelte Konsequenz:
Zum einen wird die Kunst ihres Ausdrucks entleert, zum anderen
wird sie zu einem abstrakten männlichen Prinzip stilisiert, das über
die Materialität des Seins triumphiert:

Man kann es also vielleicht so ausdrücken: der Staat, die Macht reinigt das Individuum, filtert seine Reizbarkeit, macht es kubisch, schafft ihm Fläche, macht es kunstfähig. Ja, das ist vielleicht der Ausdruck: der Staat macht das Individuum kunstfähig, aber übergehen in die Kunst, das kann die Macht nie. Sie können beide gemeinsame Erlebnisse mythischen, volkhaften, politischen Inhalts haben, aber die Kunst bleibt für sich die einsame hohe Welt. Sie bleibt eigengesetzlich und drückt nichts als sich selber aus. Denn wenn wir uns jetzt einmal dem Wesen der griechischen Kunst zuwenden, so drückt der dorische Tempel ja nichts aus, er ist nicht verständlich, und die Säule ist nicht natürlich, sie nehmen nicht einen konkreten politischen oder kultischen Willen in sich auf, sie sind überhaupt mit nichts parallel, sondern das Ganze ist ein *Stil*, das heißt, es ist von innen gesehen ein bestimmtes Raumgefühl, eine bestimmte Raumpanik, und von außen gesehen sind es bestimmte Anlagen und Prinzipien, um das darzustellen, es auszudrücken, also es zu beschwören. Dieses Darstellungsprinzip stammt nicht mehr unmittelbar aus der Natur wie das Politische oder die Macht, sondern aus dem anthropologischen Prinzip, das später in Erscheinung trat, erst, als die naturhafte Basis der Schöpfung schon vorlag. Man kann auch sagen, es erlangte in einem neuen schöpferischen Akt als Prinzip Bewußtsein, wurde zur menschlichen Entelechie, nachdem es schon vorher als Potenz und Aktivität die Bildung und Gliederung der Natur betrieben hatte. Die Antike, das ist dann die neue Wendung, der Beginn dieses Prinzips, Gegenbewegung zu werden, „unnatürlich" zu werden, Gegenbewegung gegen reine Geologie und Vegetation, grundsätzlich *Stil* zu werden, Kunst, Kampf, Einarbeitung ideellen Seins in das Material, tiefes Studium und dann Auflösung des Materials, Vereinsamung der Form als Aufstufung und Erhöhung der Erde. (S. 852 f)

Die Begriffe Form und Material, Natur und Macht, Stil und Vegetation und das Bild von der „Vereinsamung der Form als Aufstufung und Erhöhung der Erde" (vgl. das parallele Bild im Gedicht *Mann*: „Sammle dich und sei groß") sind Teile eines Geschlechterdiskurses, der alte Dichotomien strategisch neu aufbereitet, um ‚Männlichkeit' als „Prinzip" und „Stil" zu legitimieren:

[...] der Mensch, das ist die Rasse mit Stil. Stil ist der Wahrheit überlegen, er trägt in sich den Beweis der Existenz. (S. 854)

Der in die Konfrontation zwischen kretischer und dorischer Welt hineinprojizierte epochale Kampf zwischen ‚Männlichkeit' und

Abb. 19 *List: Hellas*

‚Weiblichkeit' kehrt ästhetisch im Gewand der Form-Inhalt-Proble-
matik wieder und nimmt Züge einer endzeitlichen Auseinandersetzung an:

> Wir sehen der dorischen Welt nach, den Völkern mit Stil, wir hören ihnen
> nach, und wenn sie auch dahin sind, ihre Zeit erfüllt, die Geschlechter
> hernieder und die Sonne der Säulen, hernieder, um neue Erden zu
> bescheinen, während auf den alten nur die Wiesen der Asphodelen
> blühen, rufen sie noch einmal aus der Tiefe, aus Scherben, Mauergeflecht,

muschelbedeckten Bronzen, von Schlammfischern aus dem Meeresgrund versenkten Entführungsschiffen entwunden, ein Gesetz den Späteren zu, das Gesetz des Umrisses, ein Gesetz, das hinreißender nirgends als von der Stele des sterbenden Läufers, Ende des sechsten Jahrhunderts, attisch, Athen, Theseion, aus seinen biologisch unausführbaren, nur parisch stilisierbaren Bewegungen zu uns spricht. Ein Gesetz gegen das Leben, ein Gesetz nur für Helden, nur für den, der am Marmor arbeitet und der die Köpfe mit Helmen gießt: „die Kunst ist mehr als die Natur, und der Läufer ist weniger als das Leben", das heißt, alles Leben will mehr als Leben, will Umriß, Stil, Abstraktion, vertieftes Leben, Geist. (S. 855 f)

Kunst wird gegen Wahrheit, Natur und Leben ausgespielt, sie wird zum Umriß und Stil, zur Abstraktion und reinen Form. Das „vertiefte Leben", von dem Benn spricht, trägt Züge der Erstarrung und Leere. Die hochgepriesene „dorische Welt" ist eine Welt des Todes, die sich ebenso wie das ‚neue Reich' der Faschisten gegen das Leben als Prozeß von Werden und Vergehen richtet. Der neue Held ist nur um den Preis des Todes zu haben.

All das ist natürlich überhaupt nicht originell. Es überrascht nicht, daß der Bennsche Text zu weiten Teilen aus Zitaten, Paraphrase und Montage besteht. Benns Gewährsleute sind Nietzsche, Taine, Burckhardt, Rohde und viele andere.[14] Bachofen fehlt in dieser Reihe nicht zufällig. Indirekt ist er jedoch präsent über die Anspielung auf das Buch von Bergmann (*Erkenntnisgeist und Muttergeist. Eine Soziosophie der Geschlechter*, 1931). Ohne daß er namentlich genannt werden muß, ist klar, daß Bachofen zu den abgelehnten Vertretern einer „femininen Fortdeutung von Machtbeständen" (S. 843) gehört. Eine offene Auseinandersetzung mit Bachofen hätte angesichts dessen ambivalenter Verstrickung in die von ihm entworfene mutterrechtliche Kultur schwerlich in die strikt soldatische Argumentation des Bennschen Textes gepaßt.

## III

Der Aufsatz *Pallas* (1943) führt die antifeministische Stoßrichtung des Aufsatzes *Dorische Welt* (1934) weiter.[15]
    Anders als in dem Essay von 1934, in dem Benn Mythos sehr allgemein als „männlich solare Kultur" beschwört, greift er in dem

Aufsatz von 1943, der während des Faschismus ungedruckt blieb –
längst hatte Benn das Wohlwollen der Nationalsozialisten verloren – auf eine mythische Figur zurück: Auf Athena, die dem Kopf
des Zeus entsprungene Schutzgöttin Athens, die den Beinamen
„Pallas" (= das Mädchen) trägt, über dessen Bedeutung es verschiedene Versionen gibt.

Benn zeigt sich fasziniert sowohl von der Phantasie einer männlichen ‚Kopfgeburt' wie von dem männlich-soldatischen Charakter
der Göttin insgesamt:

> Athene, der Schläfe des Zeus entsprungen, blauäugig, mit glänzenden
> Waffen, der mutterlose Gott. Pallas – ein Ergötzen an Schlachten und Zer-
> störung, das Haupt der Medusa auf dem Schild vor der Brust, den düste-
> ren freudlosen Nachtvogel über dem Haupt; [...]. Pallas, jenseits von
> Sappho und Maria, einmal fast überwältigt im Dunkel einer Grotte, immer
> im Helm, nie befruchtet, kinderlose Göttin, kalt und allein. (S. 924)

Gegen Bergmann, von Benn ironisch als „unser moderner Mutter-
rechtler" (S. 925) zitiert, der in Anschluß an Bachofen gemeint hatte,
daß Muttermord „weit unsühnbarer als Gattenmord" (S. 925) sei
und deshalb in Athena eine problematische Verkörperung der
neuen „Vaterrechtsethik" (ebd.) gesehen hatte, schätzt Benn Athena
gerade wegen ihrer Parteinahme für die männliche Position:

> Pallas schützt Muttermörder! Bei der Abstimmung erzwingt ihre Stim-
> me gegen die Erinnyen den Freispruch des Orest. [...] Athene sagt:
> *Nicht ist die Mutter ihres Kindes Zeugerin,*
> *sie trägt und hegt das aufgeweckte Leben nur.*
> Mit diesen Versen beginnt das Kataklysma. Entthronung der Frau als
> primäres und supremes Geschlecht. (S. 924)

Für Benn gehört Athena in die Reihe der „tragischen männlichen
Zölibatäre, fremd dem stofflichen Urboden der Natur, abgewandt
von dem geheimen Muttersinn der Dinge" (S. 927), die das „Gesetz
der Kälte" (S. 928) verkörpern. Sie ist die Göttin, der sich Benn verwandt fühlt, und die er in seinem Aufsatz gleichsam auferstehen
läßt:

> Pallas verhält, es ist Abend, sie löst den Panzer, die Brünne mit dem
> Haupt der Gorgo abwärtsnehmend, dies Haupt, in dem der babyloni-
> sche Drache Tiamat und die Schlange Apophis aus Ägypten weiterleben,

aber geschlagen und besiegt. Es ist Abend, dort liegt ihre Stadt, steiniges Land, der Marmorberg und die zwei Flüsse. Überall der Ölbaum, ihr Werk, große Haine. Sie steht auf der Richtstätte von damals, dem Ares-hügel, der alten Amazonenburg, die Theseus, der Steinaufheber, zerstör-te. Vor ihr die Stufen des Altars, auf dem der Richtspruch sich entschied. Sie sieht die Furien, sie sieht Orest. [...] Klytämnestra – Agamemnon; Gattenmord – Muttermord; Vateridee – Mutteridee –; Erschlagene und Auferstandene: alles nur Gemurmel, alles Ideen – auch Ideen sind sinn-los wie Fakten, genau so chaotisch, da auch sie nur einen geringen Teil des Äon ordnen und beleuchten; – es gelten nur die abgeschlossenen Gebilde, die Statuen, die Friese, der Schild des Achill, diese sind ohne Ideen, sagen nur sich selbst und sind vollendet. (S. 930 f)

Athena wird von Benn in Anspruch genommen für das Kunstkon-zept, das wir bereits aus der *Dorischen Welt* kennen: Die Form tritt an die Stelle der Idee, die Kunst überwindet die Natur:

Aus der Sinnlosigkeit des materiellen und geschichtlichen Prozesses erhob sich eine neue Realität, geschaffen von den Beauftragten der Form-vernunft, die zweite Realität, erarbeitet von den langsamen Sammlern und Herbeiführern gedanklicher Entscheidungen. Es gibt kein Zurück. Keine Anrufung Ischtars, kein Retournons à la grand'mère, keine Be-schwörung der Mutterreiche, keine Inthronisierung Gretchens über Nietzsche kann daran etwas ändern, daß es einen Naturzustand für uns überhaupt nicht mehr gibt. Wo Mensch im Naturzustand vorhanden, hat er paläontologischen und musealen Charakter. Der weiße letzte ist nicht mehr Natur, [...] – er trat heraus aus der Natur. Sein Ziel, [...]ein exi-stentieller Auftrag lautet nicht mehr natürliche Natur, sondern bearbei-tete Natur, gedankliche Natur, stilisierte Natur – Kunst. (S. 929)

Pallas – „[...] nie beirrt, immer behelmt, nie befruchtet, schmale kin-derlose Göttin, vom Vater geboren ohne das Geschlecht" (S. 928) – ist eine Traumfigur, die Benn in einer auch für ihn finsteren Zeit beschwört. So männlich sie auch imaginiert ist, so ist sie doch kein Mann und in gewisser Weise ein Gegenbild zur dorischen Welt, die allein von Männern bevölkert ist. Offenbar begann bei Benn ein langsames Abrücken von der solaren männlichen Ordnung, die er 1934 noch so emphatisch gepriesen hatte. Der militante Antifemi-nismus begann sich kurzfristig in einen moderaten Feminismus zu verwandeln, wie der aus dem Nachlaß veröffentlichte kurze Aufsatz *Feminismus* zeigt.[16] Dieser Aufsatz – entstanden vermutlich 1944 –

unterscheidet sich von den beiden vorgestellten Arbeiten vor allem im Ton. „Mutterreiche"[17] erscheinen plötzlich in einem anderen Licht und werden positiv gegen die männliche Ordnung und Männlichkeit gesetzt:

> Es gab höchst feminine Kulturen, zum Beispiel die minoische, auch die kleopaträische, die persische, fast alle asiatischen, die Satrapengeschlechter hatten um sich eine weibliche Kultur und hinsichtlich der Militanten wird Sparta das Gewicht gehalten von den Amazonen. Nahezu alle Reiche waren feminin, die die Vorstellung und den Inhalt des Kulturbegriffs bildeten und zwar zu einer Zeit, als unsere Altvorderen überhaupt noch keine Vorstellung hatten. Die Germanen sind eine Rasse, klar ausgesprochen, die das meiste nur übernahm, und, wo sie selbständig eingriff, wurde es verheerend.[18]

Unter dem Eindruck des Zusammenbruchs des Faschismus hatte die solare männliche Ordnung als Utopie offensichtlich ausgedient. Plötzlich wird das Mutterrecht interessant, und der Begriff des ‚Femininen' verliert seine pejorative Bedeutung. Mit seinem Mythos- und Geschlechterdiskurs reagiert Benn also ganz offensichtlich auf die jeweilige politische Lage bzw. versucht, den eigenen Diskurs den veränderten politischen Bedingungen anzupassen.

## IV

Wie stark Benn jeweils nur aktuelle Trends (Nietzscheanismus, Jungianismus, Mythenforschung, Psychoanalyse etc.) aufnahm und über weite Strecken wortwörtlich in affektgeladene eigene Texte umsetzte, zeigt bereits der frühe Essay *Das moderne Ich*, mit dem sich der damals 32jährige Benn an die aus dem Krieg heimkehrenden „Kollegen" und „Kommilitonen" wandte.[19] Der Essay knüpft zunächst an die Kriegserfahrungen einer ganzen Generation an und entwirft ein hoffnungsloses Szenario der Zukunft:

> [...] meine Damen und Herren und alle Jugend, die antritt, in Laboratorien und Instituten, die Binde von Sais zu lüften, ich will Mißtrauen säen in Ihre Herzen gegen Ihrer Lehrer Wort und Werk, Verachtung gegen das Geschwätz vollbärtiger Fünfziger, deren Wort der Staat lohnt und schützt, und Ekel vor einem Handwerk, das nie an eine Schöpfung glaubte.

Einige von Ihnen tragen ein Glasauge, einige tragen den Arm verbunden, fast alle waren im Krieg. Nach Schlammjahren, nach Ypernjahren, nach Kinoabenden hinter der Front einmal in sechs Monaten, nach Nächten, wo Ihnen die Ratten den Fettfleck aus der Jacke fraßen und aus den Mundwinkeln den Krümel Brot, stehen Sie da und beben, was der Geist für Sie ersparte. Es ist mit Ihnen so, daß Sie am Abgrund stehn [...]. (S. 569)

In einem höchst aggressiven Tonfall versucht Benn, Illusionen eines angeblichen Neuanfangs zu zerstören. Vehement wendet er sich gegen Demokratie, Sozialismus, Fortschritt, bürgerliche Ratio und den sogenannten „Mittelmenschen". Dabei verschärft sich der Ton von Abschnitt zu Abschnitt. Es zeigt sich alsbald, daß die anfängliche Anrede an die „Damen und Herren" eine Floskel ist und sich Benn nur an ein fiktives männliches Gegenüber wendet, das sich schließlich auf einen einzigen Adressaten verengt: Das „Ich" (S. 581), das zynisch als „soziales Ich" (S. 578) verabschiedet wird, um dann seine rauschhafte Wiederauferstehung in einem dionysischen Griechenland zu erleben:

Hellstes Griechenland, [...] arme sparsame junge Rasse und plötzlich: aus Thrazien: Dionysos. Aus den phrygischen Bergen, von Kybeles Seite, unter dem Brand von Fackeln um Mitternacht, beim Schmettern eherner Becken, einklingend ihm tieftönende Flöte von der Lippe taumelnder Auleten, umschwärmt von Mänaden in Fuchspelz und gehörnt, tritt er in die Ebene, die sich ergibt. Kein Zaudern, keine Frage: Über die Höhen geht der Nächtliche, die Fichte im Haar, der Stiergestaltete, der Belaubte: Ihm nach nun, und nun das Haupt geschwungen, und nun den Hanf gedünstet, und nun den ungemischten Trank –: nun ist schon Wein und Honig in den Strömen – nun: Rosen, syrisch – nun: gärend Korn – nun ist die Stunde der großen Nacht, des Rausches und der entwichenen Formen. (S. 582 f)

Der erregte, dithyrambische Ton, der nicht nur eine solche Passage, sondern den ganzen Essay durchzieht, ist dabei – wie man bei Renate Schlesier nachlesen kann – ebenso entliehen wie die einzelnen ekstatischen Formulierungen:

Man sollte es kaum für möglich halten, aber hier ist fast jedes Wort gelehrtes Philologen-Zitat, nachzulesen auf den Seiten 8–10 und 16–18 des 2. Bandes von Rohdes Buch *Psyche* (2. Auflage 1898). Benn macht daraus eine messianische Botschaft für die Gegenwart der verhaßten Weimarer Republik, eine Botschaft, mit der sich bald auch so mancher Jünger eines Dionysos redivivus Adolf Hitler identifizieren konnte.[20]

Der Text, der mit einem sarkastischen, bösen Blick auf die deutschen „furchtbaren Nachkriegsjahre, in den denkerischen und sprachlichen Krisen eines untergehenden Weltzeitalters"[21] eingesetzt hatte, mündet ein in die exaltierte Feier des männlichen Ichs als Dionysos. Wie in dem Essay *Die dorische Welt* greift Benn auch in dem frühen Essay auf den Mythos zurück, um Gegenwelten zu entwerfen. In dem Essay von 1920 ist es zunächst Dionysos, der durch Nietzsche zu einer Kultfigur im intellektuellen Diskurs geworden war. Dionysos, der Gott des Rausches und der orgiastischen Entgrenzung, der Anführer, zu dessen Gefolge auch eine verzückte Menge von Bacchantinnen und Mänaden gehörte, wird am Ende des Essays jedoch durch eine Figur ersetzt, die wie kaum eine andere das auf sich selbst bezogene Ich repräsentiert: Durch den sich selbst spiegelnden Narziß, von dem Ovid in seinen *Metamorphosen* erzählt. Der Essay schließt mit einem Hymnus auf Narziß.

> Narziß, Narziß, es schweigen die Wälder, die Meere schweigen um Schatten und Baum: – Du, Erde, Wolken, Meer, um deine Schultern, schreiend nach Zeugung, hungernd in den Fäusten, dir Stücke aus dem Leib der Welt zu reißen, sie formend und sich tief in sie vergessend, aus aller Not und Scham der Einsamkeit – dann: über die Lider des Baumes Hauch, dann: Gurren, dann: zwischen Asphodelen schaust du dich selbst in stygischer Flut. (S. 584)

Dieses Bild des sich in „stygischer Flut" spiegelnden Narziß – das als Motto dem Essay bereits vorangestellt war – ist kein harmonisches Bild, sondern eines, dem Gewalt unauslöschlich eingeschrieben ist. Diese Gewalt aber richtet sich nicht nur gegen Frauen – wie die verstummende Echo –, sondern gegen das Weibliche schlechthin: Frauen haben in dem dunklen, dionysisch-narzißtischen Griechenland von 1920 ebenso wenig etwas zu suchen wie in der soldatisch-düsteren „dorischen Welt" von 1934. „Griechenland, das ist ja immer der griechische Mann".[22] Als „Ebene, die sich ergibt", oder als „Leib der Welt", den sich das Ich gewaltsam unterwirft, ist Weiblichkeit bloßes Objekt einer sich phallisch phantasierenden Männlichkeit, die nach „Zeugung" lechzt, ihre Lust jedoch nur im Tod findet.

Abb. 20 *Baumeister: Arno Breker's „Der Rächer" mit Kopf von Willi Baumeister (um 1941)*

In dieser sich auf den Mythos berufenden Gewaltförmigkeit der Geschlechterverhältnisse berühren sich die drei in unterschiedlichen nationalen Umbruchszeiten entstandenen Texte von Benn. Der elitäre und solitäre Rückzug auf den „Einsamen und seine Bilder", die „Schwellungen, die phallischen" und eine obskure „sphingoide Lust"[23] sind die angestrengten und unoriginellen, ideologisch und sprachlich weitgehend geborgten Versuche eines Autors, die Kränkungen zu verarbeiten, die ihm die nationalen Katastrophen und Umschläge zugefügt haben.

## Anmerkungen

1 Theweleit, Klaus: Buch der Könige. Bd. 2x: Orpheus am Machtpol. Basel und Frankfurt a.M. 1994, S. 1.
Zu Antike, Mythos, Geschlechterdiskurs und Faschismus bei Benn siehe auch die Arbeiten von Kaiser, Helmut: Mythos, Rausch und Reaktion. Der Weg Gottfried Benns und Ernst Jüngers. Berlin 1962; Wodtke, Friedrich Wilhelm: Die Antike im Werk Gottfried Benns. Wiesbaden 1963; Schulz-Heather, Barbara: Gottfried Benn. Bild und Funktion der Frau in seinem Werk. Bonn 1979; Benn, Gottfried. Eine Ausstellung des Deutschen Literaturarchivs im Schiller-Nationalmuseum Marbach am Neckar. Marbach a.N. 1989; Glaser, Hans-Albert (Hg.): Gottfried Benn 1886–1956. Referate des Essener Colloquiums. Frankfurt a.M. u.a. 1989; Rübe, Werner: Provoziertes Leben. Gottfried Benn. München 1993; Schröder, Jürgen: „Es knistert im Gebälk". Gottfried Benn – ein Emigrant nach innen. In: Exilforschung Bd. 12: Aspekte der künstlerischen inneren Emigration 1939–1945. München 1994, S. 31–52.
Zur Funktion des Mythos im intellektuellen Diskurs der zwanziger Jahre allg.: Ziolkowski, Theodore: Der Hunger nach dem Mythos. Zur seelischen Gastronomie der Deutschen in den zwanziger Jahren. In: Grimm, Reinhold und Hermand, Jost (Hg.): Die sogenannten Zwanziger Jahre. Berlin und Zürich 1970, S. 169–201 und Hein, Peter Ulrich: Die Brücke ins Geisterreich. Künstlerische Avantgarde zwischen Kulturkritik und Faschismus. Reinbek b. Hamburg 1992.
2 Theweleit: Orpheus am Machtpol, S. 11.
3 Ebd., S. 513.
4 Ebd., S. 495. Siehe auch Jens, Inge: Dichter zwischen rechts und links. Die Geschichte der Sektion für Dichtkunst der Preußischen Akademie der Künste, dargestellt nach Dokumenten. München 1971 und Mittenzwei, Werner: Der Untergang einer Akademie oder Die Mentalität des Ewigen Deutschen. Der Einfluß der nationalkonservativen Dichter an der Preußischen Akademie der Künste 1918–1949. Berlin und Weimar 1992.
5 Ebd., S. 507.
6 Ebd., S. 516.

7    Ebd.

8    Benn, Gottfried: Antwort an die literarischen Emigranten. In: ders.: Gesammelte Werke in acht Bänden. Hg. v. Dieter Wellershoff, Bd. 7: Vermischte Schriften.
Wiesbaden 1968, S. 1695 f.

9    Ebd., S. 1703 f.

10   Ders.: Rede auf Stefan George. In: ders.: Gesammelte Werke, Bd. 4: Reden und
Vorträge. S. 1040 f. Die Zitate werden im folgenden direkt im Text nachgewiesen.

11   Vgl. Petrow, Michael: Der Dichter als Führer? Zur Wirkung Stefan Georges im
„Dritten Reich". Marburg 1995.

12   Benn, Gottfried: Gesammelte Werke, Bd. 1: Gedichte, S. 180.

13   Ders.: Dorische Welt. Eine Untersuchung über die Beziehung von Kunst und
Macht. In: ders.: Gesammelte Werke, Bd. 3: Essays und Aufsätze, S. 824–856. Die
Zitate werden im folgenden direkt im Text nachgewiesen.

14   Vgl. die Anmerkungen zu „Dorische Welt" in: ders.: Sämtliche Werke (Stuttgar-
ter Ausgabe), Bd. IV,2, Stuttgart 1989, S. 562–579.

15   Ders.: Pallas. In: ders.: Gesammelte Werke, Bd. 3, S. 924–932. Vgl. die Anmerkungen dazu in: Sämtliche Werke, Bd. IV,2, S. 722–731. Die Zitate werden im folgenden direkt im Text nachgewiesen.

16   Ders.: Feminismus. In: ders.: Gesammelte Werke, Bd. 6: Stücke aus dem Nachlaß. S. 1456–1458.

17   Ebd., S. 1457.

18   Ebd., S. 1456.

19   Ders.: Das moderne Ich. In: ders.: Gesammelte Werke, Bd. 3, S. 569–584.
Die Zitate werden im folgenden direkt im Text nachgewiesen.

20   Schlesier, Renate: Kulte, Mythen und Gelehrte. Anthropologie der Antike seit
1800. Frankfurt a.M. 1994, S. 214. Siehe auch dies.: „Dionysische Kunst". Gottfried Benn auf Nietzsches Spuren. In: Modern Language Notes 108 (1993), S.
517–528.

21   Vorbemerkung von Benn zur Neuveröffentlichung des Textes in: Der neue Staat
und die Intellektuellen, 1933. Siehe: Gesammelte Werke, Bd. 8: Autobiographi-
sche Schriften, S. 2156. Zu der „lauthaft und dichterisch ersuchten" Sprache siehe
Hof, Holger: Montagekunst und Sprachmagie. Zur Montagetechnik in der
essayistischen Prosa Gottfried Benns. Wiesbaden 1991.

22   Benn, Gottfried: Rede auf Stefan George. In: ders.: Gesammelte Werke, Bd. 4, S.
1033.

23   Ders.: Zur Problematik des Dichterischen. In: ders.: Gesammelte Werke, Bd. 3,
S. 644.

# Odysseus und die Sirenen

## Zur *Dialektik der Aufklärung* von Horkheimer und Adorno

Horkheimers und Adornos *Dialektik der Aufklärung* ist die wohl folgenreichste Veröffentlichung der Frankfurter Schule.[1] Das Buch wurde während des Zweiten Weltkriegs, zwischen 1939 und 1944, im amerikanischen Exil geschrieben, erschien zuerst 1944 als hektographiertes Typoskript in Amerika und dann als Buch 1947 in Amsterdam bei Querido, dem bedeutendsten deutschen Exilverlag.[2] Dem Buch blieb zunächst für lange Zeit eine breitere Wirkung versagt, nicht zuletzt wegen der äußerst dichten, anspielungsreichen und voraussetzungsvollen Gestalt des Textes. Inzwischen aber gehört es zu den am intensivsten rezipierten und am häufigsten diskutierten Schriften der Kritischen Theorie.[3]

„Was wir uns vorgesetzt haben", heißt es in der Vorrede, „war tatsächlich nicht weniger als die Erkenntnis, warum die Menschheit, anstatt in einen wahrhaft menschlichen Zustand einzutreten, in eine neue Art von Barbarei versinkt." (S. 5) Die historischen Analysen zielen auf das Begreifen der Gegenwart ab. In fünf äußerlich unverbundenen Kapiteln (*Begriff der Aufklärung*; *Exkurs I*; *Exkurs II*; *Kulturindustrie*; *Elemente des Antisemitismus*) sowie einer Reihe kürzerer Aufzeichnungen versuchen die Autoren aufzuzeigen, daß der nationalsozialistische Terror kein zufälliger Betriebsunfall der neueren Geschichte war, sondern zutiefst in den Grundzügen der abendländischen Zivilisation verwurzelt ist.

Die Kritische Theorie, wie sie Horkheimer und Adorno entwickeln, ist an der Psychoanalyse einerseits und am Marxismus andererseits orientiert.[4] Aus Protokollen von Diskussionen aus dem Jahre 1939, die als Vorgespräche zu der gemeinsamen Schrift gelesen werden können, geht hervor, daß die gemeinsame Arbeit ursprünglich als Kritik der Psychoanalyse angelegt werden sollte. Die Psychoanalyse wird in den Diskussionen einerseits als Spielart des positivistischen Denkens gesehen, das dahin tendiere, das verstümmelte Individuum letztlich mit den gesellschaftlichen Instanzen, denen es sein Leiden verdanke, in falscher Weise zu versöhnen. Andererseits aber entspringen die psychoanalytischen Begriffe der aufklärerischen Tradition, Wahrheit gegen Illusion und Tabus zur Geltung zu bringen, an die die Autoren anknüpfen wollen.

Neben der Psychoanalyse ist der Marxismus die zweite große Theorie, an der sich die Autoren abarbeiten und auf die sie immer wieder zurückgreifen. Auch hier ist die Beziehung ambivalent. Zwar halten die Autoren an den Grundzügen der Marxschen Kritik der Ökonomie fest, übernehmen jedoch nicht die orthodox-marxistische Sicht vom Faschismus als letztem politischen Stadium des Kapitalismus. In den verschiedenen Spielarten des Totalitarismus im 20. Jahrhundert sehen sie vielmehr einen Reflex auf die historisch übergreifenden Strukturen des bürgerlichen Denkens und Handelns. Sie rekurrieren damit auf die Aufklärung in einer höchst widerspruchsvollen Weise: Auf der einen Seite wird die Aufklärung als Form totalisierenden Denkens kritisiert, auf der anderen Seite wird an ihr als Form kritischen Denkens festgehalten.[5]

I

Wie komplex das Verhältnis der Autoren zur Aufklärung ist, zeigt das einleitende Kapitel zum *Begriff der Aufklärung*. Es beginnt mit einer sehr allgemeinen und weitreichenden Behauptung:

> Seit je hat Aufklärung im umfassendsten Sinn fortschreitenden Denkens das Ziel verfolgt, von den Menschen die Furcht zu nehmen und sie als Herren einzusetzen. Aber die vollends aufgeklärte Erde strahlt im Zeichen triumphalen Unheils. Das Programm der Aufklärung war die Entzauberung der Welt. Sie wollte die Mythen auflösen und Einbildung durch Wissen stürzen. (S. 13)

Damit sind bereits am Anfang die Stichworte genannt: Aufklärung, fortschreitendes Denken, Wissen, Entzauberung der Welt, Furcht, Einbildung, Mythen und Unheil. Es wird eine Relation hergestellt zwischen der fortschreitenden Entzauberung der Welt durch Aufklärung und der Auflösung und dem Verschwinden der Mythen. Aufklärung und Mythos bilden einen Gegensatz, dem ein Verhältnis von Zu- und Abnahme eingeschrieben ist: Je mehr Aufklärung desto weniger Mythos und vice versa.

Offensichtlich arbeiten Horkheimer und Adorno mit sehr weiten Begriffen von Aufklärung und Mythos. Aufklärung wird nicht als eingegrenzte Epochenbezeichnung benutzt, sondern als Kennzeichnung für fortschreitendes Denken überhaupt und Mythos wird identisch gedacht mit „Animismus" (S. 15), einer „magischen Stufe" in der Menschheitsentwicklung, in der Traum und Bild „nicht als bloßes Zeichen der Sache" gelten, sondern mit dieser „durch Ähnlichkeit oder durch den Namen verbunden" sind (S. 21). Der Übergang vom Mythos zur Aufklärung, ein Prozeß, den Horkheimer und Adorno mit „Entzauberung" oder auch „Entmythologisierung" (S. 17) bezeichnen, vollzieht sich als Unterwerfung der Natur unter den „Tatsachensinn", den Logos.

> Als Grund des Mythos hat sie seit je den Anthropomorphismus, die Projektion von Subjektivem auf die Natur aufgefaßt. Das Übernatürliche, Geister und Dämonen, seien Spiegelbilder der Menschen, die von Natürlichem sich schrecken lassen. Die vielen mythischen Gestalten lassen sich der Aufklärung zufolge alle auf den gleichen Nenner bringen, sie reduzieren sich auf das Subjekt. Die Antwort des Ödipus auf das Rätsel der Sphinx: „Es ist der Mensch" wird als stereotype Auskunft der Aufklärung unterschiedslos wiederholt, gleichgültig ob dieser ein Stück objektiven Sinnes, die Umrisse einer Ordnung, die Angst vor bösen Mächten oder die Hoffnung auf Erlösung vor Augen steht. Als Sein und Geschehen wird von der Aufklärung vorweg nur anerkannt, was durch Einheit sich erfassen läßt; ihr Ideal ist das System, aus dem alles und jedes folgt. (S. 17)

Der Mythos geht also in Aufklärung über. Das aber hat seinen Preis.

> Die Menschen bezahlen die Vermehrung ihrer Macht mit der Entfremdung von dem, worüber sie die Macht ausüben. Die Aufklärung verhält sich zu den Dingen wie der Diktator zu den Menschen. (S. 19f)

„Aufklärung ist totalitär" (S. 16). Sie hat den Anspruch, alles auszuleuchten, aufzudecken und zu beherrschen. Sie kennt kein Dunkel, kein Geheimnis. „Die disqualifizierte Natur wird zum chaotischen

Stoff bloßer Einteilung." (S. 20) Ablesbar ist diese Entwicklung, die Horkheimer und Adorno als einen ‚unheilvollen Weg' ansehen, an der „Substitution des Opfers". Auf der magischen Stufe gibt es eine Verbindung zwischen Zeichen und Sache, eine vollkommene „Mimesis" (S. 21).

> In der Magie gibt es spezifische Vertretbarkeit. Was dem Speer des Feindes, seinem Haar, seinem Namen geschieht, werde zugleich der Person angetan, anstelle des Gottes wird das Opfer massakriert. Die Substitution beim Opfer bezeichnet einen Schritt zur diskursiven Logik hin. Wenn auch die Hirschkuh, die für die Tochter, das Lamm, das für den Erstgeborenen darzubringen war, noch eigene Qualitäten haben mußten, stellten sie doch bereits die Gattung vor. Sie trugen die Beliebigkeit des Exemplars in sich. Aber die Heiligkeit des hic et nunc, die Einmaligkeit des Erwählten, in die das Stellvertretende eingeht, unterscheidet sich radikal, macht es im Austausch unaustauschbar. Dem bereitet die Wissenschaft ein Ende. In ihr gibt es keine spezifische Vertretbarkeit: wenn schon Opfertiere so doch keinen Gott. Vertretbarkeit schlägt um in universale Fungibilität. Ein Atom wird nicht in Stellvertretung sondern als Spezimen der Materie zertrümmert, und das Kaninchen geht nicht in Stellvertretung sondern verkannt als bloßes Exemplar durch die Passion des Laboratoriums. (S. 20 f)

Die „fortschreitende Distanz zum Objekt" (S. 21) ist das Kennzeichen der Aufklärung und einer sich selbst entfremdenden Menschheit, der die Welt zum Objekt der Beherrschung verkommt.

> Zur Ablösung der ortsgebundenen Praktiken des Medizinmanns durch die allumspannende industrielle Technik bedurfte es erst der Verselbständigung der Gedanken gegenüber den Objekten, wie sie im realitätsgerechten Ich vollzogen wird. (S. 22)

Das „realitätsgerechte Ich" aber ist eines, das die Verbindung zur Natur verloren hat, zur äußeren, die von ihm beherrscht und ausgebeutet wird, und zur inneren, die von ihm unterdrückt wird.

Ist diese Argumentation ein Votum gegen die Aufklärung und ein Plädoyer für die Rückkehr zum Mythos? Natürlich nicht, ebenso wie die Rousseausche Formel des „retournez à la nature" keine Aufforderung zur Rückkehr in den Naturzustand ist. Es gibt schon deshalb keine Rückkehr zum Mythos, weil der Mythos selbst schon ein Stück Aufklärung ist, denn die „Mythen, die der Aufklärung zum Opfer fallen, waren selbst schon deren eigenes Produkt" (S. 18).

Der Mythos wollte berichten, nennen, den Ursprung sagen: damit aber darstellen, festhalten, erklären. Mit der Aufzeichnung und Sammlung der Mythen hat sich das verstärkt. Sie wurden früh aus dem Bericht zur Lehre. Jedes Ritual schließt eine Vorstellung des Geschehens wie des bestimmten Prozesses ein, der durch den Zauber beeinflußt werden soll. Dieses theoretische Element des Rituals hat sich in den frühesten Epen der Völker verselbständigt. Die Mythen, wie sie die Tragiker vorfanden, stehen schon im Zeichen jener Disziplin und Macht, die Bacon als das Ziel verherrlicht. An die Stelle der lokalen Geister und Dämonen war der Himmel und seine Hierarchie getreten, an die Stelle der Beschwörungspraktiken des Zauberers und Stammes das wohl abgestufte Opfer und die durch Befehl vermittelte Arbeit von Unfreien. Die olympischen Gottheiten sind nicht mehr unmittelbar mit Elementen identisch, sie bedeuten sie. Bei Homer steht Zeus dem Taghimmel vor, Apollo lenkt die Sonne, Helios und Eos spielen bereits ins Allegorische hinüber. (S. 18 f)

Der „solare patriarchale Mythos" (S. 22), wie er sich nach Horkheimer und Adorno in der griechischen Mythologie des Olymp niederschlägt, ist bereits ein Stück Aufklärung.

Die Mythologie selbst hat den endlosen Prozeß der Aufklärung ins Spiel gesetzt, in dem mit unausweichlicher Notwendigkeit immer wieder jede bestimmte theoretische Ansicht der vernichtenden Kritik verfällt, nur ein Glaube zu sein, bis selbst noch die Begriffe des Geistes, der Wahrheit, ja der Aufklärung zum animistischen Zauber geworfen sind. Das Prinzip der schicksalhaften Notwendigkeit, an der die Helden des Mythos zugrunde gehen, und die sich als logische Konsequenz aus dem Orakelspruch herausspinnt, herrscht nicht bloß, zur Stringenz formaler Logik geläutert, in jedem rationalistischen System der abendländischen Philosophie, sondern waltet selbst über der Folge der Systeme, die mit der Götterhierarchie beginnt und in permanenter Götzendämmerung den Zorn gegen mangelnde Rechtschaffenheit als den identischen Inhalt tradiert. (S. 22)

Diese Verbindung zwischen Aufklärung und Mythos funktioniert jedoch nicht nur einseitig, denn die Aufklärung ihrerseits tendiert zum Mythos.

Wie die Mythen schon Aufklärung vollziehen, so verstrickt Aufklärung mit jedem ihrer Schritte tiefer sich in Mythologie. Allen Stoff empfängt sie von den Mythen, um sie zu zerstören, und als Richtende gerät sie in den mythischen Bann. Sie will dem Prozeß von Schicksal und Vergeltung sich entziehen, indem sie an ihm selbst Vergeltung übt. (S. 22)

Diese „Verschlingung von Mythos und Aufklärung" wird von Horkheimer und Adorno als dialektisches Verhältnis verstanden, dem nicht zu entkommen ist. Wenn man sich das Vorwort der *Dialektik der Aufklärung* ansieht, wird deutlich, daß sich Horkheimer und Adorno der Paradoxien ihrer Argumentation sehr wohl bewußt waren, daß sie trotz aller Kritik an der Aufklärung aber an der Vernunft, am „vernünftigen Bewußtsein" (S. 8) festgehalten haben. Erklärtes Ziel ihrer Aufklärungskritik war es, „einen positiven Begriff" vorzubereiten, „der sie aus ihrer Verstrickung in blinder Herrschaft löst". (S. 10)

Der Rekurs auf die kritische Potenz des Denkens, auf nicht hinterfragte Werte wie Vernunft, Wahrheit, Freiheit und Gerechtigkeit mag theoretisch unbefriedigend sein, politisch ist er jedoch nicht nur zur Zeit der Niederschrift der *Dialektik der Aufklärung* plausibel.[6] Vielleicht gibt es aus der Aporie auch gar keinen theoretischen Ausweg, sondern nur ‚Schlupflöcher'. Ein solches Schlupfloch wird in dem Aufklärungskapitel kurz angedeutet. Zwischen Aufklärung und Mythos nämlich gibt es etwas Drittes, Vermittelndes: das Kunstwerk. Im „authentischen Kunstwerk", in dem das „magische Erbe" (S. 30) aufbewahrt ist, ist die Trennung von Bild und Zeichen aufgehoben, fallen Mythos und Aufklärung idealerweise also zusammen. Adorno wird diese Gedankengänge später in seiner Kunsttheorie allein weiter ausformulieren.

## II

Um ein solches Kunstwerk handelt es sich bei der *Odyssee*, die Horkheimer und Adorno in ihrem berühmten Exkurs I *Odysseus oder Mythos und Aufklärung* einer intensiven Textlektüre unterziehen.

Wer ist Odysseus? Der listenreiche, kampferprobte König von Ithaka ist eine der zentralen Heldengestalten, die sich im Kampf um Troja hervortun. Seine Abenteuer werden in 12 200 Hexametern in der *Odyssee* erzählt, die nach der *Ilias* das zweitälteste Werk der abendländischen Literatur ist und Homer (8. Jh. v. Chr.) zugeschrieben wird. In vierundzwanzig Büchern berichtet die *Odyssee* von den

abenteuerlichen Irrfahrten und der glücklichen Heimfahrt des Odysseus, der zwanzig Jahre zuvor an der Seite der berühmtesten griechischen Helden nach Troja gezogen war. Während die *Ilias* die entscheidenden Episoden des Kampfes um Troja erzählt, konzentriert
sich die *Odyssee* auf die Rückfahrt des Odysseus, die jedoch nicht
chronologisch nacherzählt wird, sondern zeitlich gerafft und zum Teil
aus der Rückschau erinnert wird. Die *Odyssee* ist die Geschichte einer
Heimkehr und die Geschichte der glücklichen Zusammenführung
von Sohn und Vater, Mann und Frau. Der inneren Form nach besteht
sie über weite Strecken aus einer Doppelhandlung: Der eine Erzähl-
strang folgt den Irrfahrten des Odysseus, der andere der Suche des
Sohnes Telemach nach seinem Vater. Beide Stränge vereinigen sich
schließlich mit dem Penelope-Strang, der die Geschichte einer Frau
erzählt, die zwanzig Jahre treu auf ihren Mann gewartet hat.[7]

Horkheimer und Adorno interessieren sich nicht für alle Hand-
lungsstränge der *Odyssee* gleichermaßen, sondern greifen bestimmte Momente und Szenen heraus. Bereits im ersten Kapitel *Der
Begriff der Aufklärung* kommen sie im Zusammenhang mit den
„Wendestellen der westlichen Zivilisation" (S. 45) auf die „Beherrschung der Natur drinnen und draußen" (ebd.) und das Verhältnis
von „Herrschaft", „Arbeit" und „Lust" (S. 46) zu sprechen und er-
wähnen das 12. Buch der *Odyssee*.

> In einer homerischen Erzählung ist die Verschlingung von Mythos,
> Herrschaft und Arbeit aufbewahrt. Der zwölfte Gesang der Odyssee
> berichtet von der Vorbeifahrt an den Sirenen. Ihre Lockung ist die des
> sich Verlierens im Vergangenen. Der Held aber, an den sie ergeht, ist im
> Leiden mündig geworden. In der Vielfalt der Todesgefahren, in denen er
> sich durchhalten mußte, hat sich ihm die Einheit des eigenen Lebens, die
> Identität der Person gehärtet. Wie Wasser, Erde und Luft scheiden sich
> ihm die Bereiche der Zeit. Ihm ist die Flut dessen, was war, vom Felsen
> der Gegenwart zurückgetreten, und die Zukunft lagert wolkig am Hori-
> zont. Was Odysseus hinter sich ließ, tritt in die Schattenwelt: so nahe
> noch ist das Selbst dem vorzeitlichen Mythos, dessen Schoß es sich ent-
> rang, daß ihm die eigene erlebte Vergangenheit zur mythischen Vorzeit
> wird. Durch feste Ordnung der Zeit sucht es dem zu begegnen. (S. 46)

Die Sirenen aber verwirren mit ihrem Gesang die „feste Ordnung der
Zeit". „Ihre Lockung ist die des sich Verlierens im Vergangenen", in
ihrem Gesang ist Lust „noch nicht zur Kunst entmächtigt" (S. 46).

Indem sie jüngst Vergangenes unmittelbar beschwören, bedrohen sie mit dem unwiderstehlichen Versprechen von Lust, als welches ihr Gesang vernommen wird, die patriarchale Ordnung, die das Leben eines jeden nur gegen sein volles Maß an Zeit zurückgibt. Wer ihrem Gaukelspiel folgt, verdirbt, wo einzig immerwährende Geistesgegenwart der Natur die Existenz abtrotzt. Wenn die Sirenen von allem wissen, was geschah, so fordern sie die Zukunft als Preis dafür, und die Verheißung der frohen Rückkehr ist der Trug, mit dem das Vergangene den Sehnsüchtigen einfängt. (S. 46/47)

Die Lockung der Sirenen ist übermächtig, kein Sterblicher kann sich ihr entziehen. In dieser Lockung sehen Horkheimer und Adorno einen symbolischen Ausdruck für die Gefährdung, der das Subjekt im Prozeß der Subjektwerdung und im Verlauf der zivilisatorischen Entwicklung immer wieder ausgesetzt ist.

Furchtbares hat die Menschheit sich antun müssen, bis das Selbst, der identische, zweckgerichtete, männliche Charakter des Menschen geschaffen war, und etwas davon wird noch in jeder Kindheit wiederholt. Die Anstrengung, das Ich zusammenzuhalten, haftet dem Ich auf allen Stufen an, und stets war die Lockung, es zu verlieren, mit der blinden Entschlossenheit zu seiner Erhaltung gepaart. (S. 47)

Odysseus ist nach Horkheimer und Adorno derjenige, der um die Gefährdung weiß und zugleich „Möglichkeiten des Entrinnens" (S. 47) findet.

Die eine schreibt er den Gefährten vor. Er verstopft ihnen die Ohren mit Wachs, und sie müssen nach Leibeskräften rudern. Wer bestehen will, darf nicht auf die Lockung des Unwiederbringlichen hören, und er vermag es nur, indem er sie nicht zu hören vermag. Dafür hat die Gesellschaft stets gesorgt. Frisch und konzentriert müssen die Arbeitenden nach vorwärts blicken, und liegenlassen was zur Seite liegt. Den Trieb, der zur Ablenkung drängt, müssen sie verbissen in zusätzliche Anstrengung sublimieren. So werden sie praktisch. (S. 47 f)

Die Gefährten werden also vom Genuß und der Lust ausgeschlossen. Sie werden auf die bloße Arbeit eingeschränkt.

Die andere Möglichkeit wählt Odysseus selber, der Grundherr, der die anderen für sich arbeiten läßt. Er hört, aber ohnmächtig an den Mast gebunden, und je größer die Lockung wird, um so stärker läßt er sich fesseln, so wie nachmals die Bürger auch sich selber das Glück um so hartnäckiger verweigerten, je näher es ihnen mit dem Anwachsen der eigenen Macht rückte. Das Gehörte bleibt für ihn folgenlos, nur mit dem Haupt vermag er zu winken, ihn loszubinden, aber es ist zu spät, die Gefährten, die selbst nicht hören, wissen nur von der Gefahr des Lieds, nicht von seiner Schönheit, und lassen ihn am Mast, um ihn und sich zu retten. Sie reproduzieren das Leben des Unterdrückers in eins mit dem eigenen, und jener vermag nicht mehr aus seiner gesellschaftlichen Rolle herauszutreten. Die Bande, mit denen er sich unwiderruflich an die Praxis gefesselt hat, halten zugleich die Sirenen aus der Praxis fern: ihre Lockung wird zum bloßen Gegenstand der Kontemplation neutralisiert, zur Kunst. Der Gefesselte wohnt einem Konzert bei, reglos lauschend wie später die Konzertbesucher, und sein begeisterter Ruf nach Befreiung verhallt schon als Applaus. So treten Kunstgenuß und Handarbeit im Abschied von der Vorwelt auseinander. Das Epos enthält bereits die richtige Theorie. Das Kulturgut steht zur kommandierten Arbeit in genauer Korrelation, und beide gründen im unentrinnbaren Zwang zur gesellschaftlichen Herrschaft über die Natur. (S. 48)

In den Maßnahmen, die Odysseus angesichts der Lockung der Sirenen ergreift, sehen Horkheimer und Adorno eine „ahnungsvolle Allegorie der Dialektik der Aufklärung" (S. 48), die sich in der Verschränkung von Herrschaft, Arbeit und Vertretung äußert und die das Herr-Knecht-Verhältnis der späteren Klassengesellschaft vorwegnimmt.

Wie Vertretbarkeit das Maß von Herrschaft ist und jener der Mächtigste, der sich in den meisten Verrichtungen vertreten lassen kann, so ist Vertretbarkeit das Vehikel der Fortschritts und zugleich der Regression. […] Odysseus wird in der Arbeit vertreten. Wie er der Lockung der Selbstpreisgabe nicht nachgeben kann, so entbehrt er als Eigentümer zuletzt auch der Teilnahme an der Arbeit, schließlich selbst ihrer Lenkung, während freilich die Gefährten bei aller Nähe zu den Dingen die Arbeit nicht genießen können, weil sie sich unter Zwang, verzweifelt, bei gewaltsam verschlossenen Sinnen vollzieht. Der Knecht bleibt unterjocht an Leib und Seele, der Herr regrediert. (S. 48 f)

Die Sirenen-Episode erzählt in der Interpretation von Horkheimer und Adorno also nicht nur die „Urgeschichte der Subjektivität" (S. 71) als individuellen Entfremdungs- und Regressionsprozeß, sondern zugleich die Geschichte von Herr und Knecht und die psychischen und gesellschaftlichen Folgen dieser Teilung.

Abb. 21 *Waterhouse: Ulysses and the Sirens (1891)*

Im Exkurs I *Odysseus oder Mythos und Aufklärung* nehmen Horkheimer und Adorno die im ersten Kapitel bereits kurz angedeuteten Gedankengänge wieder auf und verbinden sie mit einer Gesamtdeutung der *Odyssee* als „Grundtext der europäischen Zivilisation" (S. 61). Der Exkurs setzt mit folgender programmatischer Einschätzung ein:

> Wie die Erzählung von den Sirenen die Verschränktheit von Mythos und rationaler Arbeit in sich beschließt, so legt die Odyssee insgesamt Zeugnis ab von der Dialektik der Aufklärung. Der Epos zeigt, zumal in seiner ältesten Schicht, an den Mythos sich gebunden: die Abenteuer stammen aus der volksmäßigen Überlieferung. Aber indem der homerische Geist der Mythen sich bemächtigt, sie „organisiert", tritt er in Widerspruch zu ihnen. Die gewohnte Gleichsetzung von Epos und Mythos, die ohnehin von der neueren klassischen Philologie aufgelöst ward, erweist sich vollends der philosophischen Kritik als Trug. Beide Begriffe treten auseinander. Sie markieren zwei Phasen eines historischen Prozesses, der an den Nahtstellen der homerischen Redaktion selber noch sich erkennen läßt. Die homerische Rede schafft Allgemeinheit der Sprache, wenn sie sie nicht bereits voraussetzt; sie löst die hierarchische Ordnung der Gesellschaft durch die exoterische Gestalt ihrer Darstellung auf, selbst und gerade wo sie jene verherrlicht; vom Zorn des Achill und der Irrfahrt des Odysseus Singen ist bereits sehnsüchtige Stilisierung dessen, was sich nicht mehr singen läßt, und der Held der Abenteuer erweist sich als

Urbild eben des bürgerlichen Individuums, dessen Begriff in jener ein-
heitlichen Selbstbehauptung entspringt, deren vorweltliches Muster der
Umgetriebene abgibt. Am Epos, dem geschichtsphilosophischen Wider-
spiel zum Roman, treten schließlich die romanähnlichen Züge hervor,
und der ehrwürdige Kosmos der sinnerfüllten homerischen Welt offen-
bart sich als Leistung der ordnenden Vernunft, die den Mythos zerstört
gerade vermöge der rationalen Ordnung, in der sie ihn spiegelt. (S. 58)

In Übereinstimmung mit der philologischen Forschung ihrer Zeit
gehen sie nicht von einem Autor-Ich Homers aus, sondern von einer
„homerischen Redaktion" und unterscheiden verschiedene Schichten des Epos. Dabei konstatieren sie einen Gegensatz zwischen dem
ursprünglichen Mythos und seiner volksmäßigen Überlieferung
und der „bürgerlich-aufklärerischen" homerischen Bearbeitung.
Mythos und Epos bilden nach Horkheimer und Adorno also keine
Einheit, sondern treten vielmehr auseinander.

In den Stoffschichten Homers haben die Mythen sich niedergeschlagen;
der Bericht von ihnen aber, die Einheit, die den diffusen Sagen abge-
zwungen ward, ist zugleich die Beschreibung der Fluchtbahn des Subjekts vor den mythischen Mächten. Das gilt im tieferen Sinne bereits von
der Ilias. […] Es gilt um soviel drastischer für die Odyssee, wie diese der
Form des Abenteuerromans nähersteht. (S. 61)

Der behauptete „antimythologische, aufgeklärte Charakter Homers"
und der Gegensatz des Epos „zur chthonischen Mythologie" (S. 60)
drückt sich in der Art und Weise aus, wie die mythischen Mächte
der Vorzeit im Epos entzaubert werden. Verkörpert Odysseus zunächst das „unendlich schwache und im Selbstbewußtsein sich erst
bildende Selbst" (S. 61), so gewinnt er zunehmend an Profil in der
Auseinandersetzung und im Sieg über die mythischen Kräfte.

Die einfache Unwahrheit an den Mythen aber, daß nämlich Meer und
Erde wahrhaft nicht von Dämonen bewohnt werden, Zaubertrug und
Diffusion der überkommenen Volksreligion, wird unterm Blick des
Mündigen zur „Irre" gegenüber der Eindeutigkeit des Zwecks seiner
Selbsterhaltung, der Rückkehr zu Heimat und festem Besitz. (S. 62)

Wie aber schafft es Odysseus, die mythischen Mächte zu entzau-
bern und den gefährlichen Lockungen zu trotzen, mit denen die
Dämonen der Vorzeit das „Selbst aus der Bahn seiner Logik" (S. 62)

herauszuziehen versuchen? Seine Lösung ist so einfach wie genial:
Er verhält sich dialektisch.

> Odysseus, wie die Helden aller eigentlichen Romane nach ihm, wirft sich
> weg gleichsam um sich zu gewinnen; die Entfremdung von der Natur, die
> er leistet, vollzieht sich in der Preisgabe an die Natur [...]. (S. 62 f)

Diese Preisgabe an die Natur ist jedoch nur eine scheinbare, denn sie
vollzieht sich im Gestus der List.

> Das Organ des Selbst, Abenteuer zu bestehen, sich wegzuwerfen, um
> sich zu behalten, ist die List. Der Seefahrer Odysseus übervorteilt die
> Naturgottheiten wie ein zivilisierter Reisender die Wilden, denen er
> bunte Glasperlen für Elfenbein bietet. Nur zuweilen tritt er als Tau-
> schender auf. Dann werden Gastgeschenke gegeben und genommen.
> (S. 64)

Tausch und Gastgeschenk sind die harmloseren Mittel, die Odysseus einsetzt, um seine Reise zu sichern, List und Betrug die ausge-
klügelteren, um ans Ziel seiner Wünsche zu kommen. Was aber ist
das Ziel von Odysseus Wünschen? Die glückliche Heimkehr zu seinem treuen Weib Penelope? Wenn ja, dann ist diese nur um den
Preis des Opfers zu haben – des Selbstopfers – und der Opferung
jener mythischen Mächte, die Odysseus auf seinem Weg aufzuhal-
ten versuchen.

Mit dem hochkomplexen Begriff des Opfers rekurrieren Horkheimer und Adorno zum einen auf die ethnologische Forschung zu
Tausch, Gabe und Gastgeschenk, zum anderen auf theoretische
Zusammenhänge, wie sie von der psychoanalytischen Forschung
(z.B. von Freud in *Totem und Tabu*) und der idealistischen und mar-
xistischen Philosophie diskutiert worden sind. Vertretung, Ersetz-
zung und Tausch sind die rationellen Momente, die den Vorgang der
Opferung nur oberflächlich überdecken, der darin besteht, daß das
Selbst sich selbst zum Opfer bringt und damit in jene mythische
Irrationalität zurückfällt, die es mit Hilfe der zivilisatorischen Rationalität zu überwinden glaubte.[8]

Odysseus ist in dieser Lesart Verkörperung des Doppelcharak-
ters des Opfers: Er ist Betrüger und Betrogener zugleich.

> Die Transformation des Opfers in Subjektivität findet im Zeichen jener
> List statt, die am Opfer stets schon Anteil hatte. In der Unwahrheit der

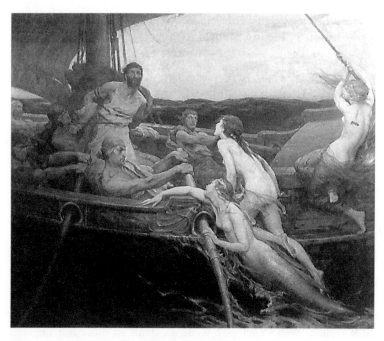

Abb. 22  *Draper: Ulysses and the Sirens (1909)*

List wird der im Opfer gesetzte Betrug zum Element des Charakters, zur
Verstümmelung des „Verschlagenen" selber, dessen Physiognomie von
den Schlägen geprägt ward, die er zur Selbsterhaltung gegen sich führte.
Es drückt darin das Verhältnis von Geist und physischer Kraft sich aus.
Der Träger des Geistes, der Befehlende, als welcher der listige Odysseus
stets fast vorgestellt wird, ist trotz aller Berichte über seine Heldentaten
jedenfalls physisch schwächer als die Gewalten der Vorzeit, mit denen er
ums Leben zu ringen hat. [...] Niemals kann er den physischen Kampf
mit den exotisch fortexistierenden mythischen Gewalten selber aufneh-
men. Er muß die Opferzeremoniale, in die er immer wieder gerät, als
gegeben anerkennen: zu brechen vermag er sie nicht. (S. 72 f)

Odysseus muß sich also anpassen. Seine Rationalität besteht darin,
daß er sich an die Natur anpaßt, die er zu überlisten sucht.

Das Schema der odysseischen List ist Naturbeherrschung durch solche
Angleichung. In der Einschätzung der Kräfteverhältnisse, welche das

Überleben vorweg gleichsam vom Zugeständnis der eigenen Niederlage, virtuell vom Tode abhängig macht, ist in nuce bereits das Prinzip der bürgerlichen Desillusion gelegen, das auswendige Schema für die Verinnerlichung des Opfers, die Entsagung. Der Listige überlebt nur um den Preis seines eigenen Traums, den er abdingt, indem er wie die Gewalten draußen sich selbst entzaubert. Er eben kann nie das Ganze haben, er muß immer warten können, Geduld haben, verzichten [...]. (S. 74)

Die List des Odysseus ist instrumentalisierte Vernunft, die betrügt.

Es ist die Formel für die List des Odysseus, daß der abgelöste, instrumentale Geist, indem er der Natur resigniert sich einschmiegt, dieser das Ihre gibt und sie eben dadurch betrügt. Die mythischen Ungetüme, in deren Machtbereich er gerät, stellen allemal gleichsam versteinerte Verträge, Rechtsansprüche aus der Vorzeit dar. (S. 74)

Die mythischen Ungetüme der Vorzeit müssen untergehen, weil sie starr, unwandelbar und entwicklungsunfähig sind. Sie sind gehalten, immer wieder das Gleiche zu tun. Das aber ist die Chance für den listigen, den Elementen trotzenden Odysseus, wie die Sirenen-Episode zeigt, auf die Horkheimer und Adorno noch einmal zurückkommen.

List aber ist der rational gewordene Trotz. Odysseus versucht nicht, einen andern Weg zu fahren als den an der Sireneninsel vorbei. Er versucht auch nicht, etwa auf die Überlegenheit seines Wissens zu pochen und frei den Versucherinnen zuzuhören, wähnend, seine Freiheit genüge als Schutz. Er macht sich ganz klein, das Schiff nimmt seinen vorbestimmten, fatalen Kurs, und er realisiert, daß er, wie sehr auch bewußt von Natur distanziert, als Hörender ihr verfallen bleibt. Er hält den Vertrag seiner Hörigkeit inne und zappelt noch am Mastbaum, um in die Arme der Verderberinnen zu stürzen. Aber er hat eine Lücke im Vertrag aufgespürt, durch die er bei der Erfüllung der Satzung dieser entschlüpft. Im urzeitlichen Vertrag ist nicht vorgesehen, ob der Vorbeifahrende gefesselt oder nicht gefesselt dem Lied lauscht. Fesselung gehört erst einer Stufe an, wo man den Gefangenen nicht sogleich mehr totschlägt. Odysseus erkennt die archaische Übermacht des Liedes an, indem er, technisch aufgeklärt, sich fesseln läßt. Er neigt sich dem Liede der Lust und vereitelt sie wie den Tod. Der gefesselt Hörende will zu den Sirenen wie irgendein anderer. Nur eben hat er die Veranstaltung getroffen, daß er als Verfallener ihnen nicht verfällt. Er kann mit aller Gewalt seines Wunsches, die die Gewalt der Halbgöttinnen selber reflektiert, nicht zu ihnen, denn die rudernden Gefährten mit Wachs in den Ohren sind taub

nicht bloß gegen die Halbgöttinnen, sondern auch gegen den verzweifel-
ten Schrei des Befehlshabers. Die Sirenen haben das Ihre, aber es ist in der
bürgerlichen Urgeschichte schon neutralisiert zur Sehnsucht dessen, der
vorüberfährt. Das Epos schweigt darüber, was den Sängerinnen wider-
fährt, nachdem das Schiff entschwunden ist. In der Tragödie aber müßte
es ihre letzte Stunde gewesen sein, wie die der Sphinx es war, als Ödipus
das Rätsel löste, ihr Gebot erfüllend und damit sie stürzend. Denn das
Recht der mythischen Figuren, als das des Stärkeren, lebt bloß von der
Unerfüllbarkeit ihrer Satzung. Geschieht dieser Genüge, so ist es um die
Mythen bis zur fernsten Nachfolge geschehen. Seit der glücklich-
mißglückten Begegnung des Odysseus mit den Sirenen sind alle Lieder
erkrankt, und die gesamte abendländische Musik laboriert an dem
Widersinn von Gesang in der Zivilisation, der doch zugleich wieder die
bewegende Kraft aller Kunstmusik abgibt. (S. 75 f)

Auch in den anderen Episoden – Odysseus' Aufenthalt bei den
Lotosessern, dem Kampf mit dem Kyklopen Polyphem, der Begegnung mit Kirke und der Hadesfahrt – verhält sich Odysseus als
„listiger Einzelgänger", dem „einmal alle vernünftigen gleichen"
werden (S. 78). Es gelingt ihm jedesmal, die mythischen Mächte zu
besiegen oder ihnen zu entkommen. Im Falle des Kyklopen Polyphem, einem Riesen und Menschenfresser, gelingt ihm dies durch
einen einfachen Trick. Dem betrunken gemachten Ungeheuer
stoßen die Gefährten des Odysseus das einzige Auge aus, das dieser
mitten auf der Stirn trägt, und Odysseus entfernt sich hohnlachend,
den Verstümmelten verspottend.

Auch in der Begegnung mit der verführerischen Kirke trifft
Odysseus auf eine Repräsentantin der mythischen Vorzeit.

Kirke verführt die Männer, dem Trieb sich zu überlassen, und von jeher
hat man die Tiergestalt der Verführten damit in Zusammenhang gebracht, und Kirke zum Prototyp der Hetäre gemacht [...]. (S. 87)

Für die Verwandlung der Männer in Schweine geben Horkheimer
und Adorno folgende Deutung:

Vielleicht spielt in der Geschichte von der Kirke das Gedächtnis an den
chthonischen Kult der Demeter herein, der das Schwein heilig war. Vielleicht ist es aber auch der Gedanke an die menschenähnliche Anatomie
des Schweins und an seine Nacktheit, der das Motiv erklärt: als läge bei
den Ioniern über der Vermischung mit dem Ähnlichen das gleiche Tabu,

das bei den Juden sich erhielt. Man mag endlich an das Verbot des Kannibalismus denken, da, wie bei Juvenal, immer wieder der Geschmack von Menschenfleisch als dem der Schweine ähnlich beschrieben wird. Jedenfalls hat späterhin alle Zivilisation mit Vorliebe diejenigen Schweine genannt, deren Trieb auf andere Lust sich besinnt als die von der Gesellschaft für ihre Zwecke sanktionierte. (S. 89)

Odysseus aber entgeht der Verwandlung, indem er Kirkes Zauber (diesmal mit Hilfe von außen) widersteht und sie sich dadurch unterwirft und gefahrlos mit ihr schlafen kann. Damit ist die Macht Kirkes gebrochen. Das Beilager der beiden aber entbehrt der Lust, die Kirke verheißt und Odysseus erhofft hatte. Ihre Begegnung gibt einen Vorgeschmack auf die „bürgerliche Kälte" (S. 91), die in den Beziehungen zwischen den Geschlechtern später herrschen wird. In der Niederlage Kirkes zeichnet sich bereits der Sieg der Ehe als patriarchaler Einrichtung ab.

[...] die Frau bleibt die Ohnmächtige, indem ihr die Macht nur vermittelt durch den Mann zufällt. Etwas davon zeichnet sich in der Niederlage der hetärischen Göttin der Odyssee ab, während die ausgebildete Ehe mit Penelope, literarisch jünger, eine spätere Stufe der Objektivität patriarchaler Einrichtung repräsentiert. Mit dem Auftreten des Odysseus in Ääa nimmt der Doppelsinn im Verhältnis des Mannes zur Frau, Sehnsucht und Gebot, bereits die Form eines durch Verträge geschützten Tausches an. Entsagung ist dafür die Voraussetzung. (S. 90)

Zwischen buhlerischer Kirke und monogamer Penelope besteht also ein geheimer Zusammenhang, beide Frauen sind Unterworfene.[9]

Dirne und Ehefrau sind die Komplemente der weiblichen Selbstentfremdung in der patriarchalen Welt: die Ehefrau verrät Lust an die feste Ordnung von Leben und Besitz, während die Dirne, was die Besitzrechte der Gattin unbesetzt lassen, als deren geheime Bundesgenossin nochmals dem Besitzverhältnis unterstellt und Lust verkauft. Kirke wie Kalypso, die Buhlerinnen, werden, mythischen Schicksalsmächten wie bürgerlichen Hausfrauen gleich, schon als emsige Weberinnen eingeführt, während Penelope wie eine Dirne den Heimgekehrten mißtrauisch abschätzt, ob er nicht wirklich nur ein alter Bettler oder gar ein abenteuernder Gott sei. (S. 92)

Die Entmachtung der Frauen in der *Odyssee* ist am deutlichsten ablesbar an der Hadesfahrt des Odysseus. Im Hades trifft er auf seine Mutter, die jedoch ohnmächtig, blind und sprachlos erscheint. Indem Odysseus die Toten als tot erkennt, ist er frei. Er ist Sieger über den Mythos, der zum archaischen Bilderreich verharmlost ist. Dieser Sieg aber ist teuer bezahlt: Der Text ist durchzogen von Gewalterfahrungen und Gewaltschilderungen, die letztlich alle die Verstümmelung reflektieren, die der siegreiche Held im Sieg erfährt. Symptomatisch für diesen Zusammenhang sind die Berichte über Verstümmelung, Folter und Hinrichtung, in denen sich die Gewalt immer wieder Bahn bricht.

> Im XXII. Gesang der Odyssee wird die Strafe beschrieben, die der Sohn des Inselkönigs an den treulosen Mägden, den ins Hetärentum Zurückgefallenen, vollstrecken läßt. Mit ungerührter Gelassenheit, unmenschlich wie nur die impassibilité der größten Erzähler des neunzehnten Jahrhunderts, wird das Los der Gehenkten dargestellt und ausdruckslos dem Tod von Vögeln in der Schlinge verglichen, mit jenem Schweigen, dessen Erstarrung der wahre Rest aller Rede ist. Daran schließt sich der Vers, der berichtet, die aneinander Gereihten „zappelten dann mit den Füßen ein weniges, aber nicht lange". Die Genauigkeit des Beschreibers, die schon die Kälte von Anatomie und Vivisektion ausstrahlt, führt romanmäßig Protokoll über die Zuckung der Unterworfenen, die im Zeichen von Recht und Gesetz in jenes Reich hinabgestoßen werden, aus dem der Richter Odysseus entkam. Als Bürger, der der Hinrichtung nachsinnt, tröstet Homer sich und die Zuhörer, die eigentlich Leser sind, mit der gesicherten Feststellung, daß es nicht lange währte, ein Augenblick und alles war vorüber. (S. 98)

## III

Das grausige Bild der Gehängten, die wie Vögel in der Schlinge zappeln, das am Schluß des Odyssee-Kapitels steht und das mit jenem Schweigen in Verbindung gebracht wird, „dessen Erstarrung der wahre Rest der Rede ist" (S. 98), deutet zurück auf die Sirenen-Episode, die das eigentliche Zentrum der Horkheimer/Adornoschen Argumentation bildet.

Wer oder was sind die Sirenen?

Wenn man in mythologischen Nachschlagewerken Rat sucht, erfährt man nichts Eindeutiges, sondern Zweideutiges, Mehrdeuti-

Abb. 23
*Khnopff: Sleeping
Medusa (1896)*

ges. Sirenen sind Mischwesen, und zwar eine Mischung aus Mensch und Tier. Sie gehören neben den Kentauren und den Sphinxen zu jenen Wesen, in denen Menschliches und Animalisches sich sichtbar verbunden haben. Diese Tier-Mensch-Gestalten haben im Mythos verschiedene Funktionen. Die Sphinx, die immer als Einzelwesen auftritt, gibt das tödliche Rätsel auf, die Kentauren, männliche Wesen, sind wohlmeinende Begleiter und Berater und die Sirenen, die zu zweit oder in der Gruppe auftreten, verheißen mit ihrem betörenden Gesang Lust und Untergang zugleich.[10]

Die Sirenen sind nun aber nicht einfache Mischwesen zwischen Mensch und Tier, sondern sie sind zugleich eine merkwürdige Mischung verschiedener Tiere: Sie sind Vögel, also Luftwesen, sie sind aber auch Wesen, die zunächst am Wasser leben. Als Undinen und Melusinen werden sie später zu Wasserwesen. Aus den Flügeln wird in der Literatur der frühen Neuzeit ein Fischschwanz. Die Sirenen haben also eine Verbindung zu zwei Elementen, zur Luft und zum Wasser. Zu beiden Elementen hat der Mensch als Landbewohner keinen oder nur einen mit großen Gefahren verbundenen Zugang: Ikarus stürzt mit seinen künstlichen Flügeln ins Meer und die Geschichten von Schiffbrüchen und dem Untergang der Seefahrer sind Legion. Die Sirenen stehen darüber hinaus noch mit einem weiteren Bereich in Verbindung, der für Menschen angstbesetzt ist und zu dem Menschen ebenfalls nur um den Preis des Todes einen Zugang haben: dem Jenseits bzw. der Unterwelt. In der griechischen Mythologie sind die Sirenen nicht nur Sängerinnen im Diesseits, sondern vor allem Dämoninnen des Jenseits. Es gibt zahlreiche antike Darstellungen, wo Sirenen auf Grabstelen klagen, Menschen in den Tod locken oder Gestorbene in den Tod geleiten. Sie sind Todesbotinnen, Todesbegleiterinnen, Todesbringerinnen.[11] Auf der anderen Seite verheißen sie durch ihren Gesang jedoch Lust und Wollust.[12]

In Hederichs mythologischem Lexikon werden die Sirenen sogar kurzerhand zu Huren erklärt, über ihre „wahre Beschaffenheit" heißt es dort:

> Manche wollen bald besondere Vögel in Indien, bald besondere Fische aus ihnen machen. [...] Andere meynen, es wären gewisse Klippen gewesen, zwischen welchen die anschlagenden Wellen ein angenehmes harmonisches Geräusch gemacht, welches die Schiffer oft dahin gelocket, und dadurch in Gefahr gebracht, daselbst Schiffbruch zu leiden. [...] Am

glaublichsten ist es, daß sie berühmte Huren gewesen, welche die Vorbeyreisenden an sich gelocket, und hernach ausgezogen, welches denn der Schiffbruch war, den dergleichen verführte Leute litten. [...] Indessen läßt sich doch auch alles von ihnen nicht unfüglich auf die Wollust deuten. [...] Vornehmlich soll man das Vergnügen der Ohren und die Reize der Dichtkunst und Musik darunter haben verstehen wollen, mit der Warnung, daß sich niemand dadurch von nöthigern und berufsmäßigern Geschäfften solle abhalten lassen. [...] Die weissen Knochen um sie herum, oder an den Klippen, sollen auch nicht schiffbrüchige oder verunglückte, sondern immer bis an ihren Tod da gebliebene Leute anzeigen; denn wer sich zur Lieblichkeit der Musik einmal gewöhnet, pflegt ihr beständig anzuhängen.[13]

Sirenen verkörpern also Widersprüchliches, und infolgedessen sind auch die Orte, mit denen sie assoziiert werden, in der *Odyssee* widersprüchlich: bleiche Schädelstätten und blumige Wiesen. Die Lust, die sie verheißen, und der Tod, den sie bringen, bleiben ebenfalls zweideutig, im Unbestimmten. Nach der einen Version zerreißen die Sirenen – harpyien- oder vampirgleich – die ihnen verfallenen Seefahrer, nach der anderen Version zerschellen die vom Gesang betörten Männer an den Felsen und finden ihren Tod im Meer. Im Bild der Sirene bilden Eros und Tod also eine untrennbare Verbindung. Als Mischwesen, die verschiedenen Elementen angehören und keine feste Identität haben, sondern zwischen Frau und Tier einerseits und verschiedenen Tieren andererseits changieren, repräsentieren sie all das, was Odysseus auf seinem Weg zum bürgerlichen Subjekt überwinden bzw. ausgrenzen muß: das Unbestimmte, das Animalische, Naturhafte.

In der Miszelle *Interesse am Körper*, vor allem aber in dem kurzen Aufsatz *Mensch und Tier*, die der *Dialektik der Aufklärung* als Anhang beigegeben sind, haben Horkheimer und Adorno die Distanzierung des Menschen vom Animalischen zur Grundvoraussetzung der Subjektbildung erklärt:

> Die Idee des Menschen in der europäischen Geschichte drückt sich in der Unterscheidung vom Tier aus. Mit seiner Unvernunft beweisen sie die Menschenwürde. (S. 295)

Infolgedessen gibt es nichts Verächtlicheres als in ein Tier verwandelt zu werden.

Abb. 24 *Mossa: Gesättigte Sirene (1905)*

In den Märchen der Nationen kehrt die Verwandlung von Menschen in Tiere als Strafe wieder. In einen Tierleib gebannt zu sein, gilt als Verdammnis. Kindern und Völkern ist die Vorstellung solcher Metamorphosen unmittelbar verständlich und vertraut. Auch der Glaube an die Seelenwanderung in den ältesten Kulturen erkennt die Tiergestalt als Strafe und Qual. Die stumme Wildheit im Blick des Tieres zeugt von demselben Grauen, das die Menschen in solcher Verwandlung fürchteten. Jedes Tier erinnert an ein abgründiges Unglück, das in der Urzeit sich ereignet hat. (S. 297)

Welches „abgründige Unglück" meinen Horkheimer und Adorno?

Ich denke, sie sprechen von jener Distanzierung vom Körper und von jener Entfremdung von der Natur, die der Preis der Subjektbildung sind. Das Ausgegrenzte kehrt aber – hier dem Umschlag und der Verschlingung von Mythos und Aufklärung vergleichbar – als Verdrängtes, oftmals fratzenhaft verzerrt, zurück.

Im Verhältnis des Einzelnen zum Körper, seinem eigenen wie dem fremden, kehrt die Irrationalität und Ungerechtigkeit der Herrschaft als Grausamkeit wieder, die vom einsichtigen Verhältnis, von glücklicher Reflexion so weit entfernt ist, wie jene von der Freiheit. In Nietzsches Theorie der Grausamkeit, erst recht bei Sade, ist das in seiner Tragweite erkannt, in Freuds Lehren von Narzismus und Todestrieb psychologisch interpretiert.
Die Haßliebe gegen den Körper färbt alle neuere Kultur. Der Körper wird als Unterlegenes, Versklavtes noch einmal verhöhnt und gestoßen und zugleich als das Verbotene, Verdinglichte, Entfremdete begehrt. Erst Kultur kennt den Körper als Ding, das man besitzen kann, erst in ihr hat er sich vom Geist, dem Inbegriff der Macht und des Kommandos, als der Gegenstand, das tote Ding, „corpus", unterschieden. (S. 277)

Die unterdrückte Natur aber rächt sich am Menschen.

In der Selbsterniedrigung des Menschen zum corpus rächt sich die Natur dafür, daß der Mensch sie zum Gegenstand der Herrschaft, zum Rohmaterial erniedrigt hat. Der Zwang zu Grausamkeit und Destruktion entspringt aus organischer Verdrängung der Nähe zum Körper, ähnlich wie nach Freuds genialer Ahnung der Ekel entsprang, als mit dem aufrechten Gang, mit der Entfernung von der Erde, der Geruchssinn, der das männliche Tier zum menstruierenden Weibchen zog, organischer Verdrängung anheimfiel. In der abendländischen, wahrscheinlich in jeder Zivilisation ist das Körperliche tabuiert, Gegenstand von Anziehung und Widerwillen. (S. 277 f)

Die „Haßliebe des Menschen gegen Körper und Erde" (S. 279) drückt sich am deutlichsten im Verhältnis des Mannes zur Frau aus. Sie, die mit den Tieren oftmals auf eine Stufe gestellt wird, wird ebenso wie das Tier Objekt des männlichen Herrschaftsanspruchs.

> Die Frau ist nicht das Subjekt. Sie produziert nicht, sondern pflegt die Produzierenden, ein lebendiges Denkmal längst verschwundener Zeiten der geschlossenen Hauswirtschaft. Ihr war die vom Mann erzwungene Arbeitsteilung wenig günstig. Sie wurde zur Verkörperung der biologischen Funktion, zum Bild der Natur, in deren Unterdrückung der Ruhmestitel dieser Zivilisation bestand. Grenzenlos Natur zu beherrschen, den Kosmos in ein unendliches Jagdgebiet zu verwandeln, war der Wunschtraum der Jahrtausende. Darauf war die Idee des Menschen in der Männergesellschaft abgestimmt. Das war der Sinn der Vernunft, mit der er sich brüstete. Die Frau war kleiner und schwächer, zwischen ihr und dem Mann bestand ein Unterschied, den sie nicht überwinden konnte, ein von Natur gesetzter Unterschied, das Beschämendste, Erniedrigendste, was in der Männergesellschaft möglich ist. Wo Beherrschung der Natur das wahre Ziel ist, bleibt biologische Unterlegenheit das Stigma schlechthin, die von der Natur geprägte Schwäche zur Gewalttat herausforderndes Mal. (S. 298)

Wenn man diese im Anhang formulierten Gedanken auf die Sirenen-Episode anwendet, ergibt sich folgende Konstellation: Als Tier-Frau verkörpert die Sirene gerade die beiden Positionen – Tier und Frau –, die am negativsten in der Zivilisationsgeschichte belegt sind, zugleich aber heimlich begehrt werden. Die Sirenen sind Schreck- und Wunschbilder zugleich. Sie sind fratzenhaft verzerrte Revenants des Verdrängten, ihr Gesang enthält eine doppelte Botschaft: Er erinnert an einen lustvollen Zustand des noch Ungeschiedenen und der symbiotischen Einheit und erregt zugleich den Schrecken, in eben diesen Zustand zurückzufallen. Je nachdem welches Moment überwiegt, werden die Sirenen entweder schön oder schrecklich dargestellt, zumeist sind sie beides.

Kehren wir noch einmal zu dem Schlußbild des Horkheimer-Adornoschen Odysseus-Kapitels zurück, zu jenem grausigen Bild der Gehängten, die wie Vögel in der Schlinge zappeln und die von den beiden Autoren mit jenem Schweigen in Verbindung gebracht werden, „dessen Erstarrung der wahre Rest der Rede ist" (S. 98).

Das Schweigen, von dem hier in Anlehnung an Shakespeares *Hamlet* („Der Rest ist Schweigen") die Rede ist, steht in schärfstem Gegensatz zu dem Gesang, dem eigentlichen Medium der Verführung. Was aber singen die Sirenen eigentlich? Darüber schweigen sich die Dichter aus. Wir erfahren nur, daß die Sirenen verführerisch schön singen, was oder worüber sie singen, bleibt im Dunkeln. Beim Sirenengesang scheint es sich um jene Sprache der Natur zu handeln, die keine Worte, sondern nur Töne hat. Sirenengesang ist nicht Rede, sondern Naturlaut. Als ‚Sprache der Natur' aber bedeutet der Sirenengesang in der Zivilisation ‚Nichtsprache', Verstummtes, Stummgemachtes: Schweigen.[14]

## IV

Es fällt schwer, sich den Bildern und dem Pathos des Textes von Horkheimer und Adorno zu entziehen. Von Habermas als das „schwärzeste Buch"[15] der Kritischen Theorie bezeichnet, ist er deutlich geprägt von den Erfahrungen des Faschismus und den Eindrücken im amerikanischen Exil. Die kulturkritische und geschichtsphilosophische Perspektive des Buches ist untrennbar gebunden an die Zeit der Entstehung. Das bedeutet aber nicht, daß die Einsichten, die die beiden Autoren formulieren, durch den Gang der Geschichte erledigt sind. Das Gegenteil ist der Fall. Gerade eine kritische Auseinandersetzung mit dem Verhältnis von Mythos und Geschlechterdiskurs kann noch heute wichtige Impulse von der *Dialektik der Aufklärung* beziehen. Horkheimer und Adorno sind die ersten Autoren, die die Frage des Geschlechterverhältnisses explizit in die Debatte über den Mythos eingebracht haben. Sie können sich dabei zwar auf eine Tradition stützen, die mindestens bis auf Bachofen zurückgeht, die kritische Wendung, die Horkheimer und Adorno der Debatte jedoch geben, profitiert deutlich von den zwei wichtigsten Bewegungen am Anfang des 20. Jahrhunderts: dem Marxismus und der Psychoanalyse. Vom Marxismus übernehmen Horkheimer und Adorno die radikale historische Perspektive, von der Psychoanalyse die Vorstellung eines Subjekts, das sich in der Abgrenzung von und in der Ausgrenzung des anderen konstituiert.

Die Konzentration auf das männliche Subjekt und seine Geschichte im Prozeß der Zivilisation erfolgt nicht aus der affirmativen Absicht heraus, eben diesen Zivilisationsprozeß zu legitimieren, sondern im Gegenteil, ihn gerade kritisch zu hinterfragen und auf den ‚Preis‘ und die ‚Opfer‘ aufmerksam zu machen, die er gefordert hat. Die Gleichsetzung von Frau und Natur im Zivilisationsprozeß beruht nicht auf einer essentialistischen und naturalisierenden Festschreibung des Weiblichen, und das ‚gespaltene‘ Frauenbild, das Horkheimer und Adorno bereits für die *Odyssee* konstatieren, ist nicht Ausdruck eines dichotomischen Weiblichkeitsbildes, wie es zeitgleich etwa C. G. Jung in seiner Archetypenlehre formuliert. Horkheimer und Adorno vertreten – hier ganz in Übereinstimmung mit Positionen der Postmoderne – vielmehr einen radikalen Konstruktivismus, d. h. sie gehen davon aus, daß das ‚Männliche‘ und das ‚Weibliche‘ Effekte des Zivilisationsprozesses sind, d.h. historisch und diskursiv gleichermaßen erzeugt werden.

In dieser Diskursivierung spielen aber die Mythen eine zentrale Rolle: Odysseus, das „Urbild“ des bürgerlichen Individuums, Penelope, die entmachtete Ehefrau, Kirke, die hetärische Verführerin und die Sirenen als unterworfene Natur zahlen dabei in unterschiedlicher Weise den Preis für den Zivilisationsprozeß. Nicht von ungefähr greifen Autoren und Autorinnen der Moderne immer wieder auf diese oder andere Figuren und Figurationen zurück, in denen sich historische und psychische Erfahrungen gleichsam symbolisch verdichtet haben, wenn die zivilisatorische Entwicklung krisenhafte oder katastrophische Züge annimmt oder wenn sie in ihrem eigenen Leben an Wende- oder Endpunkten angelangt sind. Der Mythos gewinnt immer dann an Faszination, wenn es um ‚Bewältigung‘ individueller und historischer Krisen geht.

Es bleibt das Verdienst von Horkheimer und Adorno, daß sie die mythischen Figuren nicht als Trost und Zuflucht in ‚finsteren‘ Zeiten anbieten, sondern daß sie sehr genau die kompensatorische und versöhnende Funktion aufzeigen, die der Rekurs auf den Mythos in der Moderne hat, wenn er unkritisch und affirmativ erfolgt.

# Anmerkungen

1   Zur Frankfurter Schule vgl. Wiggershaus, Rolf: Die Frankfurter Schule. Geschichte. Theoretische Entwicklung. Politische Bedeutung. München und Wien 1986. Siehe auch Jay, Martin: Dialektische Phantasie. Die Geschichte der Frankfurter Schule und des Instituts für Sozialforschung 1923–1950. Frankfurt a.M. 1976 und: Grand Hotel Abgrund. Eine Photobiographie der Frankfurter Schule. Hg. v. Willem van Reijen und Gunzelin Schmid Noerr. Überarb. u. erw. Neuausgabe Hamburg 1990.

2   Horkheimer, Max und Adorno, Theodor W.: Dialektik der Aufklärung. Philosophische Fragmente. Amsterdam 1947. Nach dieser Ausgabe werden die Zitate im folgenden direkt im Text nachgewiesen.

3   Siehe z.B.: Vierzig Jahre Flaschenpost. „Dialektik der Aufklärung" 1947 bis 1987. Hg. v. Willem van Reijen und Gunzelin Schmid Noerr. Frankfurt a.M. 1987; Die Aktualität der „Dialektik der Aufklärung". Zwischen Moderne und Postmoderne. Hg. v. Harry Kunnemann und Hent de Vries. Frankfurt und New York 1989; Weigel, Sigrid (Hg.): Flaschenpost und Postkarte. Korrespondenzen zwischen „Kritischer Theorie" und „Poststrukturalismus". Köln und Wien 1994.

4   Zum Entstehungsprozeß und zum Reflexionsfeld, in dem die *Dialektik der Aufklärung* entstanden ist, siehe Horkheimer, Max: Gesammelte Schriften. Bd. 5: „Dialektik der Aufklärung" und Schriften 1940–1950. Frankfurt a.M. 1987. Die Wiedergabe des Textes folgt der von Horkheimer 1969 autorisierten Fassung. Zu den Abweichungen zwischen den verschiedenen Fassungen informiert ausführlich der editorische Anhang.

5   Vor allem Habermas hat sich grundlegend mit der „paradoxen Struktur" der Argumentation auseinandergesetzt: „Horkheimer und Adorno sehen die Grundlagen der Ideologiekritik erschüttert – und möchten doch an der Grundfigur der Aufklärung festhalten. So wenden sie, was Aufklärung am Mythos vollstreckt hat, noch einmal auf den Prozeß der Aufklärung im ganzen an. Die Kritik wird, indem sie sich gegen Vernunft als die Grundlage ihrer Geltung wendet, total." Habermas, Jürgen: Der philosophische Diskurs der Moderne. Zwölf Vorlesungen. Frankfurt a.M. 1985, S. 143 f. Die fünfte Vorlesung trägt den Titel: Die Verschlingung von Mythos und Aufklärung (S. 130–157).

6   Das Hamburger Institut für Sozialforschung, das in programmatischer Anlehnung an das Frankfurter Institut von Jan Philipp Reemtsma gegründet worden ist, veranstaltete 1994 einen Kongreß zu dem Thema „Modernität und Barbarei". Dort wurden die Fragen der *Dialektik der Aufklärung* erneut gestellt: „Ist die Barbarei ein notwendiger Effekt der Moderne? Oder nur ein zufälliger? Ist Barbarei das Gesetz der modernen ‚Kultur' und damit ihr innerer Dämon? Ist es ausgerechnet die zivile Anstrengung, die die Zivilität untergräbt?" Siehe dazu den Kongreßbericht von Thomas Assheuer in der „Frankfurter Rundschau" vom 9.5.1994.

7   Grundlegend zur *Odyssee* siehe Hölscher, Uvo: Die Odyssee. 5. Aufl. München 1990. Siehe auch Heubeck, Alfred und Hockstra, Arie: A Commentary on Homer's Odyssey. Oxford 1989, 2 Bde. und Siegmann, Ernst: Homer. Vorlesungen über die Odyssee. Würzburg 1987.

8  Mit ihrer Mimesis-Theorie und mit ihrer Theorie des Opfers bieten Horkheimer
   und Adorno eine Fülle von Anregungen, die in den heutigen Diskussionen
   jedoch nur zum Teil produktiv gemacht werden. So geht z.B. Girard überhaupt
   nicht auf die *Dialektik der Aufklärung* ein und kommt zu einer überhistorischen
   Opfertheorie. Vgl. Girard, René: Das Heilige und die Gewalt. Frankfurt a.M.
   1992.

9  Eine feministische Auseinandersetzung mit der *Dialektik der Aufklärung* bietet
   der Band: Zwielicht der Vernunft. Die Dialektik der Aufklärung aus der Sicht
   von Frauen. Hg. v. Christine Kulke und Elvira Scheich. Pfaffenweiler 1992.
   Siehe auch Guzzoni, Ute: Die Ausgrenzung des Anderen. Versuch zu der
   Geschichte von Odysseus und den Sirenen. In: Sehnsucht und Sirene. Hg. v. Irm-
   gard Roebling. Pfaffenweiler 1992, S. 5–34.

10 Zu den Sirenen vgl. Wedner, Sabine: Tradition und Wandel im allegorischen Ver-
   ständnis des Sirenenmythos. Ein Beitrag zur Rezeptionsgeschichte Homers.
   Frankfurt a.M. 1994; Stuby, Anna M.: Sirenen und ihre Gesänge. In: dies (Hg.):
   Frauen, Erfahrungen, Mythen, Projekte. Argument-Sonderband 133 (1985),
   S. 69–87.

11 Vgl. dazu die ältere Arbeit: Weiker, Georg: Der Seelenvogel. Leipzig 1902.

12 Vgl. Blanchot, Maurice: Der Gesang der Sirenen. Frankfurt a.M. u.a. 1982;
   Michel, Karl Markus: Die Stunde der Sirenen. Vom Niedergang des Logozen-
   trismus. In: Kursbuch 84 (1986), S. 1–16.

13 Hederich, Benjamin: Gründliches mythologisches Lexikon. Leipzig 1770
   (Nachdruck, Darmstadt 1967), S. 2223 f.

14 Kafka hat in seiner kurzen Erzählung *Das Schweigen der Sirenen* (1917) dieses
   Verhältnis von Gesang und Schweigen zum eigentlichen Thema eines paradoxen
   Kommentars zu Homers Sirenen-Episode gemacht, der seither InterpretInnen
   immer wieder gelockt und provoziert hat, neue Lektüren auszuprobieren. Siehe
   die Beiträge von Detlev Kremer, Bettina Menke und David Wellbury auf dem
   Germanistentag in Augsburg 1991, wo sich eine ganze Sektion mit Kafkas Sire-
   nen-Text beschäftigte. Vgl. die Dokumentation in: Janota, Johannes (Hg.): Kultureller Wandel und die Germanistik in der Bundesrepublik. Tübingen 1993, 4
   Bände.

15 Habermas, Der philosophische Diskurs der Moderne, S. 130. (Anm. 5)

# „Der Ruf der Mütter"

## Schulddiskurs und Mythenallegorese in den Nachkriegstexten von Elisabeth Langgässer

## I

Unter dem programmatischen Titel *Der Ruf der Mütter* erschien im Jahre 1949 ein repräsentativer Band, der dreiundvierzig Autorinnen aus aller Welt und aus verschiedenen politischen Lagern versammelte, die in kurzen Beiträgen an die Verantwortung der Mütter für den Frieden appellierten.[1] Dieses heute weitgehend vergessene Buch ist Teil des Schulddiskurses, der in den Jahren zwischen 1945 und 1948 von deutschen Intellektuellen geführt wurde. Die Frage, wer die Verantwortung für „die deutsche Katastrophe" (Friedrich Meinecke)[2] trage, ist in diesem Buch auf die Frauen und ihre Rolle als Mütter verschoben. Im ganzen gesehen ist das Buch ein bedrückendes Zeugnis dafür, wie die Erfahrungen des Nationalsozialismus und die Erinnerung an den Holocaust[3] verdrängt und in einen reaktionären Geschlechterdiskurs überführt und dort stillgestellt wurden. Alte Geschlechtermythologien werden bemüht, um von der eigenen Verantwortung für die Verbrechen der Nationalsozialisten abzulenken und einen neuen nationalen Diskurs des Aufbruchs zu begründen.

Nationaler Diskurs[4] und Geschlechterdiskurs verbinden sich in dem Buch in höchst prekärer Weise. Bereits die Anlage des Buches ist symptomatisch: Der Band, der sonst ausschließlich Beiträge von Frauen[5] enthält, wird eröffnet mit dem „Vorspruch" eines Mannes, der die Frage nach der Schuld in mehrfacher Weise verschiebt:

Ich spreche nicht von mir allein, wenn ich mich der vergangenen Jahre erinnere. Ich brauche mich nicht zu erinnern: sie sind in mir, sie sind eine Last für mich. Auch im System hysterischer Gewalt, das alle Werte ver-

fälschte, waren wir geblieben, was wir von unserem Wesen her immer
waren: Europäer und Weltfreunde. Wir haßten den Krieg und ließen uns
von ihm fortschleifen. [...] Es ist wahr und ich spreche es hier aus: wir
haben zu wenig getan, wir haben uns zu Jägern und Gejagten erniedrigen
lassen. Das ist eine Sache, über die wir mit uns selbst abzurechnen haben.
(Vorspruch)

Unterschiede zwischen ‚Opfern' und ‚Tätern' werden gezielt zum
Verschwinden gebracht. Durch die Behauptung einer gemeinsamen
Erfahrung von ‚Erniedrigung' und durch die „Last" der Erinnerung
werden „Jäger und Gejagte" gleichermaßen zu ‚Opfern' erklärt. Aus
den ‚Tätern' werden ‚Nicht-Täter' gemacht, die man nicht für ihre
Taten, sondern allenfalls für ihr „zuwenig"-Tun verantwortlich
machen kann. Beiden Entschuldigungsstrategien liegen verdeckte
Geschlechtertypologien zugrunde: Hysterie ist ‚weiblich' und die
Figur des ‚Täters' ist ‚männlich' konnotiert. Die Männer sind also
doppelte Opfer: Opfer ihrer eigenen ‚Unmännlichkeit' und Opfer
einer „hysterischen Gewalt", die ihnen als Männern eigentlich
zutiefst wesensfremd ist. Zu ‚richtigen' Männern werden sie erst
dann wieder, wenn sie ihre ursprüngliche Aktivität zurückgewin-
nen. Diese aber besteht nicht im Eingeständnis der eigenen Schuld,
sondern in der Abwehr von Schuldzuweisungen. Die Reklamation
der eigenen Verantwortlichkeit dient dazu, eben diese Verantwortlichkeit auf die Mütter zu delegieren, die nicht rechtzeitig nein
gesagt haben:

> Männer, die sich, aus welchen Gründen immer, in den Abgrund des Krie-
> ges stürzen, wie angezogen und geblendet von den Götzen irgendwel-
> cher Doktrinen oder unwissend gehorsam – sie sind Söhne von Müttern.
> Wenn die Männer sich mit einem Gespinst von Doktrinen umweben,
> wenn sie vergessen, daß am Ende eines Krieges vergessene Gräber im
> Niemandsland liegen: dann ist es an den Müttern, nein zu sagen, Lüge für
> Lüge zu erklären und dort, wo sie sind, den Frieden, die Freundschaft,
> das Wohlwollen, die Versöhnung darzustellen und zu leben. (ebd.)

Auch hier ist die Bildlichkeit aufschlußreich. Die Metaphorik von
‚spinnen' und ‚weben' weist ebenso wie das „System der hysterischen Gewalt" auf einen Geschlechterdiskurs zurück, in welchem
die Männer als Opfer einer latenten und schleichenden Feminisie-
rung begriffen werden.[6] Wenn der Verf. von den Toten und der

Abb. 25 *Kollwitz: Trauernde Mutter (1937)*

„Bürde" unzähliger Gräber spricht, sind offensichtlich nur die im Krieg gefallenen Männer gemeint. Der Rekurs auf die Mutter-Sohn-Beziehung dient – anders als in Käthe Kollwitz' berühmter Skulptur *Mutter mit totem Sohn* (1937)[7] – dazu, alle anderen Opfer faschistischer Gewalt vergessen zu machen und er bereitet gedanklich jene Wiederauferstehung des Mannes vor, die im Bild der christlichen Pièta kryptisch bereits angelegt ist.

In jenen Jahren bereitete sich in uns etwas vor, das ich die Geburt des Menschen zu nennen wage, der frei, sich selbst gehörig, brüderlich und in freier Entscheidung verantwortlich für alle die Erde in eine menschliche Heimstatt verwandeln würde. (ebd.)

Nicht erst der nationale Zusammenbruch von 1945 hat also zu einer Umkehr geführt, sondern dieser hat sich quasi als ‚Selbstgeburt' schon vor 1945 in den Männern vollzogen. Die „Geburt" des Menschen ist aber die des Mannes, wie der Begriff „brüderlich", der in dem Vorspruch gleich zweimal fällt, wohl eher unfreiwillig signalisiert.

So deplaziert ein solcher auf die Wiederherstellung von männlicher und nationaler Identität gerichteter „Vorspruch" zu einem Buch von Frauen auch zu sein scheint, so zeigt die genaue Lektüre des Bandes, daß dieser Vorspruch sehr wohl paßt, nimmt er doch nur die paradoxen Strukturen vorweg, die sich durch den ganzen Band ziehen. Die Vermischung von ‚Opfern' und ‚Tätern' aus dem „Vorspruch" wiederholt sich in der Auswahl der Autorinnen wie auch in vielen der Texte.[8] Unter dem Motto „Meiner Mutter – allen Müttern" werden Autorinnen aus sechzehn unterschiedlichen Ländern versammelt[9], wobei die Auswahl der deutschsprachigen Autorinnen besonders problematisch ist: Autorinnen des Exils, des Widerstands und der ‚inneren Emigration' wie Anna Seghers, Lina Haag, Käthe Kollwitz und Richarda Huch stehen neben solchen, die mit ihren Werken tief in die nationalsozialistische Ideologie verstrickt sind wie Ina Seidel und Gertrud von Le Fort. Das Etikett „Frauen" und „Mütter" dient dazu, eine falsche Versöhnung herbeizuführen.

Ina Seidels Beitrag *Frieden im Mutterschoß* schließt dabei in kaum verhüllter Weise an den Mutterkult der faschistischen Machthaber an:

Mutterschaft – Empfängnis, Keimung, Reife, Fruchtbarkeit – Mutterschaft w i l l den F r i e d e n! Der Mutterschoß, so bestätigt auch die Wissenschaft heute unsere geheimste ahnende Sehnsucht, das ist der Zufluchtsort, den der Mensch vom ersten Atemzug an in dunkler suchender Erinnerung trägt, nachdem er heimgekehrt mit einem Verlangen, das erst gestillt ist, wenn ihn der schweigende Schoß der Mutter Erde am Ende seiner Wanderschaft aufnimmt. D e r Friede, der um eine gesegnete Mutter, um ein reifendes Kornfeld, ein säugendes Tier, ein

Nest voll junger Brut, ein glücklich spielendes Kind kreist, und d e r
Friede, der die Stätten unserer Toten ernst umschauert, sie sind nur durch
unsere Vorstellung voneinander verschieden und in Wirklichkeit einerlei
Ursprungs: F r i e d e – das ist der Zustand des keimenden, reifenden,
sich ewig erneuernden Lebens der Erde, dem die Toten ebenso dienen
wie die geheimnisvoll sich dehnende Frucht. (S. 78)

Die Naturmetaphorik und die Berufung auf eine „natürliche" Mutterschaft, einen „naturgewollten" Zustand der Mutter und eine
„naturgemäße" mütterliche Sehnsucht nach Frieden schreibt das
Weibliche auf das Mütterliche und Friedfertige fest. Hinter einer
solchen naturalisierenden Argumentation verschwinden nicht nur
die eigene Verstrickung in die nationalsozialistische Ideologie, sondern auch die reale Unterstützung, die die Nationalsozialisten auch
und gerade von Frauen erfahren haben.[10]

Nicht weniger fatal wie die biologistisch-völkische Argumentation von Seidel ist die essentialistische, polarisierende Argumentation zwischen „männlich" und „weiblich" bei Gertrud von Le Fort:

Man hat zu Beginn dieses furchtbaren Jahrzehnts in dem Lande, von dem
der Krieg ausging, unser Zeitalter als das männliche Zeitalter bezeichnet.
Mit dieser Bestimmung ist zweifellos eine gewisse Bedrohtheit der Welt
ausgesagt. Ein ausschließlich männliches Zeitalter kann weder fruchtbar
noch schöpferisch sein, denn alles Sein – das natürliche sowohl wie das
geistige – ist dem Gesetz der polaren Kräfteentwicklung unterstellt. Es
ist darum sehr begreiflich, wenn heute vielfach der Ruf ertönt, die Frau
möge künftig wieder mehr in Erscheinung treten. (S. 142f)

Damit will Getrud von Le Fort keineswegs einer stärkeren Beteiligung der Frauen am öffentlichen Leben das Wort reden, wie es etwa
andere Autorinnen in dem Band taten.[11] Es geht Le Fort vielmehr
um eine „Wesensschau des Weiblichen als Symbol" (S. 143). Die
Frauen werden aufgerufen, „wahrhaft Frau" (S. 145) zu sein und sich
auf die „weibliche Haltung der Hingebung" (S. 144) zu besinnen.

Die eigentlich entscheidenden Ereignisse vollziehen sich nicht im Rahmen des männlichen Zeitalters, sondern weitab vom scheinbar weltbe-
wegenden Geschehen unserer Tage. Es ist von höchster Bedeutung, daß
sich bereits in den Jahrzehnten, die dem unseren vorangingen, die Marienerscheinungen an den verschiedensten Orten unseres Erdteils wieder-

holten. – Erst wenn in dem entstellten Antlitz unserer Generation wieder die Hingebung an Gott sichtbar wird, also die Marienlinie – die Linie der Mutter der Barmherzigkeit – wird das „männliche" Zeitalter einem menschlichen und damit einem schöpferischen weichen. (S. 145)

Der Skandal einer solchen Passage liegt nicht in seiner Orientierung auf eine dubiose „Marienlinie"[12], sondern in dem Zynismus, mit dem unter der Hand faschistischer Terror, Holocaust und Millionen Kriegstote zu einem ‚Oberflächenphänomen' erklärt werden, das von den „eigentlichen entscheidenden Ereignissen" ablenkt: Die Rückkehr Gottes, die sich in den „Marienerscheinungen an den verschiedensten Orten unseres Erdteils" vorbereitet. Damit das ersehnte „christliche Zeitalter" (S. 146) auch wirklich eintritt, sollen sich die Frauen zur „Imitatio Mariä" bereit erklären:

> Wie die Hingebung Mariäs die Voraussetzung der Erscheinung Christi war, so ist die Imitatio Mariä die Voraussetzung eines christlichen Zeitalters. (S. 146)

Hinter der religiösen Terminologie von der „Imitatio Mariä" verbirgt sich ein Geschlechterdiskurs, wie er rigider kaum vorstellbar ist.

Auch wenn die Beiträge von Seidel und Le Fort besonders extreme Beispiele für die Verschränkung reaktionärer Geschlechtermythologien und nationaler Diskurse in der frühen Nachkriegszeit darstellen, so stehen sie jedoch keineswegs isoliert. Der ganze Band mit seinem pathetischen Appell an die Mütter scheint einen naturalisierenden und essentialistischen Geschlechterdiskurs nicht nur zu begünstigen, sondern geradezu zu provozieren. Ein Beispiel dafür ist in gewisser Weise auch Herta Borcherts Beitrag *Ruf der Mütter*, der dem ganzen Band den Titel gegeben hat. Borchert identifiziert sich so vollständig mit ihrer Rolle als Mutter, daß sie anstatt eines eigenen Textes einen Text ihres toten Sohnes Wolfgang als „Ruf der Mütter der gemordeten Söhne" (S. 37) als „Vermächtnis" des Sohnes an die „Schwestern und Mütter der Welt" (S. 36) in den Band einrückt: Seinen Aufruf „Nein zu sagen":

> Du, Mutter in der Normandie und Mutter in der Ukraine, du, Mutter in Frisco und London, du, am Hoangho und am Mississippi, du, Mutter in Neapel und Hamburg und Kairo und Oslo – Mütter in allen Erdteilen, Mütter in der Welt, wenn sie morgen befehlen, ihr sollt Kinder gebären,

Krankenschwestern für Kriegslazarette und neue Soldaten für unsere
Schlachten, Mütter in der Welt, dann gibt es nur eins:
sagt NEIN! (S. 38)

Den Müttern wird die Verantwortung für die Zukunft der Menschheit zugeschoben. Denn wenn die Mütter nicht Nein sagen,

> […] dann wird der letzte Mensch, mit zerfetzten Gedärmen und verpeste-
> ter Lunge, antwortlos und einsam unter giftig glühender Sonne unter
> wankenden Gestirnen umherirren, einsam zwischen den unüberseh-
> baren Massengräbern und kalten Klötzen der gigantischen, betonklötzi-
> gen, verödeten Städte, der letzte Mensch, dürr, wahnsinnig lästernd, kla-
> gend – und seine furchtbare Klage: WARUM? wird ungehört in der
> Steppe zerinnen, durch die geborstenen Ruinen wehen, versickern im
> Schutt der Kirchen, gegen Hochbunker klatschen, in Blutlachen fallen,
> ungehört, antwortlos, letzter Tierschrei des letzten Tieres Mensch. All
> dieses wird eintreffen, morgen, morgen vielleicht, vielleicht heute Nacht
> schon, vielleicht heute Nacht – wenn – wenn – Wenn du nicht „NEIN"
> sagst! (S. 39 f)

Als Vermächtnis eines Toten wird die Rede des Sohnes in den Rang
eines ‚Testimoniums' erhoben, vor dem alle kritischen Nachfragen
zu verstummen haben.[13]

## II

Im *Ruf der Mütter* ist auch Elisabeth Langgässer mit einem kurzen
Beitrag vertreten, der einen merkwürdigen Titel trägt. Hinter dem
spielerisch-tändelnden Titel *Ich blase drei Federn in den Wind* verbirgt sich ein Suchaufruf, den Langgässer bereits kurz nach der
Kapitulation 1945 veröffentlicht hatte, um nach ihrer Tochter Cordelia zu fahnden. Die 1929 unehelich geborene Tochter Cordelia
galt nach den Nürnberger Rasse-Gesetzen als „Jüdin". Sie mußte
den gelben Stern tragen und die katholische Mädchenschule verlassen. Bereits 1942 wurde sie von der Familie getrennt. Zunächst lebte
sie bei wechselnden jüdischen Familien, später arbeitete sie als
Hilfsschwester in einem jüdischen Krankenhaus in Berlin-Mitte
und schließlich wurde sie über Theresienstadt ins Vernichtungslager
Auschwitz verschleppt. Die Mutter, durch die Nürnberger Gesetze

selbst zur „Halbjüdin" gestempelt, war durch ihre 1935 geschlossene Ehe mit dem Journalisten und Religionsschriftsteller Wilhelm
Hoffmann, also durch eine sogenannte „privilegierte Mischehe",
ebenso wie ihre drei 1938, 1940 und 1942 geborenen Töchter nicht
direkt gefährdet, sie hatte aber keine Möglichkeit, die älteste Tochter vor dem Zugriff der Verfolger zu schützen. Ihr Versuch, die
Tochter durch eine spanische Adoption den Häschern zu entziehen,
scheiterte.[14]

Der Suchaufruf in dem Sammelband *Der Ruf der Mütter* enthält
einen Brief von Cordelia an die Mutter vom August 1943 aus dem
jüdischen Krankenhaus. Er ist mit einleitenden und verbindenden
Worten der Mutter versehen und endet mit folgenden Sätzen:

> Und nun gebt acht, wenn ich jetzt, wie der König im Märchen, drei Fe-
> dern ins Weite blase. Die erste Feder: sie hieß Cordelia. Die zweite: Cor-
> delia Garcia-Scouvart mit ihrem spanischen Namen. Die dritte: Cordelia
> Langgässer-Hoffmann, wie Vater und Mutter heißen.
> Ich schicke diese drei Federchen aus und sende sie mit dem Wind in die
> Ferne, damit sie mir suchen helfen. Bringt mir Botschaft, ihr Federn,
> bringt eine Spur von dem verlorenen Kind! Wer ist Cordelia begegnet?
> Wer hat sie zuletzt gesehen? – (S. 165)

Die märchenhafte Inszenierung des Aufrufs[15] mit den „drei Feder-
chen" weist zurück auf das Verhältnis von Mutter und Tochter. Wie
ein Märchen (S. 61) hatte die Tochter die spanische Adoption erlebt,
die sie für kurze Zeit wieder in die Familie zurückführte. Sie
bestärkte sie in dem Glauben an die „magische Allmacht" (S. 61) der
Mutter, in deren „Zauberkreis […] die Welt und das Kind lebendig"
(S. 15) wurden. Die durch die spanische Adoption ermöglichte
kurzfristige Wiedervereinigung mit der Mutter wird in der Rücke-
rinnerung der Tochter von Mythen und Märchen überlagert.

> An diesem Abend feierte die Mutter die Wiederkehr ihrer Proserpina aus
> dem Tal des Todesschattens, der Kreis habe sich geschlossen, sagte die
> Mutter, die Tochter, die unter Schmerzen und Tränen in München gebo-
> rene, sei nun wiedergeboren, wiedererlöst und der Mutter in derselben
> Stadt wiedergeschenkt worden. Nie war die Mutter schöner gewesen als
> an diesem Abend, fand das Mädchen. Ihr schwarzes Haar und ihr roter
> Mund leuchteten, der Strahlenglanz der brennenden Kerzen spiegelte
> sich in den grünen Römern mit dem goldgelben Wein. Es war so schön,

Abb. 26  *Rossetti: Proserpina (1877)*

daß es dem Mädchen weh tat. Sie hätte am liebsten geweint, denn ein Gefühl sagte ihr, daß dies eine Abschiedsfeier war, nicht ein Wiedervereinigungsfest, wie die Mutter glaubte. Das Mädchen wußte, daß ihr nur eine kurze Frist geschenkt war, aus Gnade geliehen, Proserpina war nur zu Besuch unter den Lebenden, bald würde die Stunde schlagen, die Wolfsstunde zwischen Nacht und Morgengrauen, die Stunde der grauen Unterwelt. […] Doch etwas würde sie mit auf den Weg nehmen. Den Ariadnefaden, den die Mutter ihr gegeben hatte, den Faden des Märchens, des Mythos und des Gedichts, dünn wie Seide und, so hieß es, stärker als der Tod. Aber das Mädchen wußte auch, daß der Ariadnefaden der Mutter, die nie durchschnittene Nabelschnur, sie dorthin führen würde, wohin sie nicht wollte, zur Pforte des Totenreiches. (S. 62 f)

Mythen und Märchen haben die Beziehung zwischen der Mutter und ihrer „Herzenstochter"[16] von Anfang an geprägt. Die Aura der „Auserwähltheit" (S. 118) wurde der doppelt stigmatisierten Tochter als unehelichem und jüdischem Kind von der Mutter schon früh verliehen. In ihrem Erinnerungsbuch *Gebranntes Kind sucht das Feuer* (1986) hat die Tochter auf die Figur der Proserpina als verbindendes Glied zwischen sich und der Mutter hingewiesen:

„Proserpina", so hieß der erste Roman der Mutter, die Tochter las ihn nie, es war nicht nötig. Die Botschaft war viel, viel früher empfangen worden. (S. 10)

Proserpina, im griechischen Mythos Persephone genannt und häufig auch als Kore bezeichnet, enstand aus einem göttlichen Inszest: Sie ist Tochter des obersten Gottes Zeus und Tochter der Erdgöttin Demeter, die zugleich eine Schwester des Zeus war. Sie wird von Hades (im Lateinischen Pluto), einem Bruder des Zeus, mit dessen Einverständnis in die Unterwelt verschleppt. Die Mutter, untröstlich über den Verlust der Tochter und erzürnt über den Verrat von Zeus und Hades, verweigert sich ihrer Aufgabe als Fruchtbarkeitsgöttin und läßt keine Saaten mehr auf der Erde reifen. Schließlich kommt es zwischen Zeus und Demeter zu einem Kompromiß: Proserpina muß vier Monate des Jahres in der Unterwelt verbringen, den Rest der Zeit darf sie auf die Erde zu ihrer Mutter zurückkehren. In den Eleusinischen Mysterien wurde das Drama von der verlorenen und wiedergefundenen Tochter mit der Vorstellung von einem periodischen Wechsel der Jahreszeiten verbunden, der als

Abfolge von Blühen, Reifen, Welken und Absterben in Tanz und Musik rituell umgesetzt wurde. Die ursprüngliche Gewalt, von der die mythische Erzählung berichtet, wird in den Mysterien zum Bestandteil eines unabänderlichen Naturgeschehens.[17]

\*

Mythos und Natur bilden eine untrennbare Einheit nicht nur in der Geschichte vom Raub der Proserpina und ihrer Inszenierung in den Eleusinischen Mysterien, sondern sie sind auch das Reservoir, aus dem Langgässer Themen, Motive und Bilder schöpft, wobei es zu einer komplizierten Analogiebildung zwischen heidnisch-antikem Mysterienkult und christlicher Mysterientheologie kommt. In der *Demetrischen Hymne*, die im Frühjahr 1949 entstand, nimmt Langgässer auf den Proserpina-/Persephone-Mythos sehr direkt Bezug. Die Mutter Demeter verfolgt die Spuren des Entführers ihrer Tochter bis in die Unterwelt, wo sie „zwischen zwei Pfosten" auf „Medusas Gesicht" stößt. Den eigentlichen Raub der Tochter spart das Gedicht aus, statt dessen wird die Mutter – entgegen dem überlieferten Mythos – zum Opfer Plutos:

> Als mit dem Wind sie
> Persephone rief
> und an dem Ufer der
> Lethe entschlief:
> Über sich Plutos
> berauschtes Gesicht,
> Unterwelt über sich,
> Oberwelt nicht.

Demeter fungiert in dem Gedicht als ‚Erlöserin' der Tochter. An ihrer Hand gelangt die Tochter bis an die Schwelle, die Unter- und Oberwelt trennt – auch dies eine Verschiebung der ‚klassischen' mythischen Erzählung:

> Kaum, daß sie berührte
> ihrer Tochter Haar,

> Floß, bekränzt von Myrthe,
> Meerflut in die Syrthe,
> Sonne in das Jahr.
>
> Höher stieg die Helle
> und, von Tränen blind,
> hörte sie die Schwelle
> singen:
> „Hierher stelle
> Kore du, mein Kind –"[18]

Während die Mutter – dem Tode geweiht – in der Unterwelt zurückbleibt, erlebt die Tochter eine mystische Auferstehung und Vermählung, die in den weiteren Strophen des Gedichts in eine Analogie mit der Auferstehung von Christus überführt wird. Das mythische Verhältnis von Mutter und Tochter wird auf die christliche Ebene verlagert und in einen Kontext von Erlösung und Wiedergeburt überführt.

Die Vermischung von christlichen und mythischen Elementen ist ein durchgängiges Phänomen in der späten Lyrik von Langgässer. Ein hervorragendes Beispiel für diese Form der Vermischung ist das Gedicht *Arachne*, das 1947 entstanden ist.

## Arachne

> Wenn die Weidenwollen fliegen,
> und die Sternenspindel flockt,
> Fahne, Flüge, Schiffchen biegen
> sich zu Argonautenflügen,
> und der Kuckuck leiser lockt –
>
> Geht Arachne durch den Garten
> hin und her und her und hin,
> und es wirft durch Sog und Scharten
> weißer Winde ihren zarten
> Fadenstrom die Weberin.
> Zuckend füllen sich die Räume,
> Blitz und Bilder fließen ein,

Wege wuchernd ohne Säume,
Sinn und Unsinn grüner Träume,
und sie webt sich mit hinein.

Summend steigt empor vom Grase,
knisternd aus dem Ei: ich bin.
Lauscht sie, ob der Weisel rase?
Wob sie in der Honigvase
eine zweite Königin?

Dichter wird die dunkle Hülle,
dunkler wird Arachnes Geist.
Mühsam duftet die Kamille,
doch die starrende Pupille
läßt nur ein, was täuscht und gleißt.

Von den Schultern hebt nach oben,
spinnenbeinig sich ihr Haar.
Sollen sie schreien, soll sie loben?
Gorgos Haupt hat sie gewoben,
schrecklich, süß und wunderbar.[19]

Die mythische Weberin Arachne, das Goldene Vliess der Argonauten und das Gorgo-Medusa-Haupt werden über das Bild des „Schiffchens" und der „Spinne" sowie über eine weitere Fülle von Naturbildern in einer atemberaubend dichten Weise so eng mit den alt- und neutestamentarischen Figuren Eva, Maria und Christus verbunden, daß Mythos, Natur und Heilsgeschichte vollständig miteinander verschmelzen. Die „apologetische Funktion", die diese Form der Natur- und Mythenallegorese in Langgässers Texten hat – nämlich die „Rechtfertigung der katholischen Kirche im 20. Jahrhundert"[20] –, läßt sich für die nach 1945 geschriebenen Texte politisch und biographisch konkretisieren.

Das Gedicht *Frühling 1946* signalisiert durch die Jahreszahl, vor allem aber durch die Widmung „Für Cordelia", daß Natur- und Mythenallegorese in einem konkreten historischen und biographischen Kontext stehen.

Frühling 1946
*Für Cordelia*

Holde Anemone,
Bist du wieder da
Und erscheinst mit heller Krone
Mir Geschundenem zum Lohne
Wie Nausikaa?

Windbewegtes Bücken,
Woge, Schaum und Licht!
Ach, welch sphärisches Entzücken
Nahm dem staubgebeugten Rücken
Endlich sein Gewicht?

Aus dem Reich der Kröte
Steige ich empor,
Unterm Lid noch Plutons Röte
Und des Totenführers Flöte
Gräßlich noch im Ohr.

Sah in Gorgos Auge
Eisenharten Glanz,
Ausgesprühte Lügenlauge
Hört ich flüstern, daß sie tauge,
Mich zu töten ganz.[21]

Die frühlingshafte „holde Anemone", die wie die mädchenhafte
Nausikaa dem schiffbrüchigen Odysseus als Retterin in der Not
erscheint, figuriert als Gegenbild zu dem düsteren „Reich der
Kröte", in dem Pluto und Gorgo hausen. Das Gedicht handelt von
Tod und Wiederauferstehung. Die Beschwörung des zyklischen
Ablaufs der Jahreszeiten, die Anspielung auf die *Odyssee* und antike Hades-Vorstellungen sind in doppelter Weise auf die Passion und
die Auferstehung Christi bezogen: Die „Anemone" kehrt im Frühling aus dem Dunkel des Erdreichs zurück und das „Ich" steigt aus
der Unterwelt wieder ins Leben empor. Durch die Jahreszahl und
die Widmung stellt Langgässer selbst explizit die biographische Ver-

bindung her: Im Frühling 1946 hatte sie erfahren, daß ihre Tochter Cordelia Auschwitz überlebt hatte.[22] Das Gedicht, das der Tochter gewidmet ist, thematisiert jedoch nicht die Passion der Tochter, sondern die der Mutter. Als „Anemone" und „Nausikaa" wird Cordelia zum Sinnbild der sich selbst erneuernden Natur und zum tröstenden Engel. Die Mutter erscheint in der Christus-Pose des „Geschundenen".

Vierzig Jahre später wird die Tochter ihre eigene Geschichte als ‚Höllenerfahrung' nachtragen und dabei die mythisierende Verwischung zwischen ‚Opfern' und ‚Tätern' zum eigentlichen Ansatzpunkt ihrer Kritik an der Mutter machen:

> Die Mutter nährten die eigenen Mythen, und durch die Nabelschnur, die nie durchschnittene, nährten sie auch die Tochter. Proserpina und das Jesukind. Die kleine, pausbackige Wachspuppe in der Krippe als Herr und Erlöser der Welt, der schwindelerregende Mythos vom vernichtenden Sieg des Schwachen und Wehrlosen über das Böse, über Verrat, Schmach und Sünde. – War es dieser Mythos, den die Mutter des Mädchens durch die Tochter wiederbeleben und bekräftigen wollte? (S. 10)

\*

Antike und christliche Mythologie verbinden sich auch in dem Roman *Märkische Argonautenfahrt* in einer ganz spezifischen Weise.[23] An diesem Roman arbeitete Langgässer von 1947 bis zu ihrem Tod im Juli 1950. Der Roman, der posthum noch im selben Jahr erschien, ist ein groß angelegter Versuch, die „deutsche Katastrophe" episch zu ‚bewältigen'. In einem Brief vom 1.1.1947 – es ist Cordelias Geburtstag – schreibt Langgässer an die Freundin und Lyrikerin Oda Schäfer über ihr neues Romanprojekt, das sie dem Hunger, der Kälte und der sich zunehmend verschlechternden Gesundheit abtrotzt:

> Trotzdem habe ich eine neue, große Arbeit angefangen; eine Erzählung, von der ich noch nicht weiß, wohin und wieweit sie gehen wird; ein sehr merkwürdiges, ganz mythisches Stück Prosa, das aus unendlicher Tiefe heraussteigt wie Eurydike. Zeit, so seltsam es klingt: 1945.[24]

Das Jahr 1945 wird zur magischen Zahl und der Mythos von Unterwelt und Oberwelt, der sich von der frühen *Proserpina*-Erzählung
(1933) durch das ganze Werk Langgässers wie ein Leitmotiv zieht,
wird bemüht, um dem neuen Schreibprojekt von Anfang an eine
ganz besondere Aura zu verleihen. Dem fertiggestellten Roman
wird Langgässer ein Motto aus der Bibel voranstellen, in dem es
ebenfalls um das Verhältnis von Unterwelt und Oberwelt geht:

> … aufgefahren in die Höhe, hat er gefangen geführt die Gefangenschaft
> und Gaben den Menschen ausgeteilt. Daß er aber aufgefahren, was ist es
> anders, als daß er auch zuerst hinabgestiegen in die Regionen unter der
> Erde? (S. 5)

Als Hades-Fahrt und Abstieg in die Hölle ist der Roman also konzipiert. Das Ziel aber ist „Läuterung", wie die Mutter am 3.6.1948
an die Tochter Cordelia schreibt:

> Dieser Roman ist ein Versuch, die verschiedenen deutschen Häresien, die
> typisch *deutschen* Sünden in verschiedenen Schicksalen darzustellen – als
> Gericht, als Bußpredigt und als Läuterung.[25]

Der Roman handelt, wie die Mutter der Tochter gegenüber versichert, nicht von ihr, der Tochter, sondern von „allen Opfern" (ebd.)

> […] diese Dinge muß ich ganz genau wissen, für das Werk, für das nächste
> Buch, an dem ich jetzt schreibe. Nicht *Du* kommst darin vor, sondern ein
> Mann, der seine junge Cousine hätte retten können, wenn er nicht träge
> und bequem und feige gewesen wäre. Später trifft er ein junges Mädchen,
> das er liebt, das er aber nicht begreift, weil sie so merkwürdig ist, schein-
> bar frivol und doch ungeheuer verschlossen. Schließlich stellt sich heraus,
> daß sie im Grunde garnicht ‚lebt', sondern immer noch in der Hölle ihrer
> Erinnerungen festgehalten wird – sie war in einem Konzentrationslager
> und hat schreckliche Dinge gesehen, die man nur *ahnen* kann. Als sie sich
> endlich dem Mann erschließt und ihm einiges erzählt, bricht er unter sei-
> ner Schuld zusammen, denn sie wird nun für sein Gewissen *eines* mit dem
> anderen jungen Mädchen, das er zu retten versäumt hat; *eines* mit allen
> jungen Mädchen, die er zu retten versäumt hat, eines mit *allen* jungen
> Mädchen, Kindern, ja mit allen Opfern, die durch die Herzensträgheit der
> Deutschen und gerade der Harmlosen! – umgekommen sind.[26]

Die „Dinge", die die Mutter von der Tochter wissen will, beziehen
sich auf Auschwitz. Die Tochter, die nach ihrer Befreiung durch das

dänische Rote Kreuz nach Schweden gebracht wurde, dort mehrere
Monate in Heilstätten verbrachte und erst nach Jahren gesundheit-
lich einigermaßen wiederhergestellt war, soll der Mutter eine genaue
Schilderung ihres Alltags im Lager geben:

> Ich bitte Dich daher dringend: schildere mir, was und wie Du es erlebt
> hast, vor allem das ‚Äußere' Deines ‚Lebens' in Auschwitz und Deine
> Beschäftigung. Denke nicht: wie unnatürlich, daß ich das wissen will, um
> es zu ‚verwerten', gewissermaßen um einen Roman daraus zu machen –
> in Wirklichkeit *weiß ich ja alles*, und es setzt sich zur Zeit Nacht um
> Nacht an mein Bett wie kurz nach dem Umsturz. Was ich aber brauche,
> sind ganz reale Anschauungen.[27]

In der Konstruktion von der Mutter, die ‚in Wirklichkeit alles weiß',
und der Tochter, die in der „Hölle ihrer Erinnerung festgehalten
wird", stellt sich die alte mythische Mutter-Tochter-Konstellation
wieder her. Die vielfältigen Proserpina-Demeter-Bezüge in dem
Roman überraschen daher nicht.

Auf der komplizierten, vielfach verschachtelten Handlungsebene
erzählt der Roman, der nach Langgässers Absicht ein „Kosmos der
Nachkriegszeit"[28] werden sollte, jedoch keine einfache Mutter-
Tochter-Beziehung, sondern er erzählt die Geschichte einer Wande-
rung als „Gleichnis sämtlicher Fahrten, Eroberungen und Wander-
züge" (S. 399). Im Sommer 1945 begeben sich sieben Personen auf eine
der mythischen Argonautenfahrt nachgebildete Pilgerreise aus dem
zerbombten Berlin zu dem Kloster Anastasiendorf, das sich in der
südlichen Mark Brandenburg befindet. Alle sieben Personen – unter
ihnen auch ein jüdisches Ehepaar und eine junge Widerstandskämpfe-
rin – sind sichtbar vom Krieg gezeichnet und alle sieben haben Schuld
auf sich geladen, die zwar unterschiedlich begründet ist, jedoch eine
gemeinsame Ursache hat: den Abfall von Gott. So ist es nur folgerich-
tig, daß die Suche der sieben – nach Aufklärung, Erlösung, Befreiung,
Vergessen, Erinnerung, Trost, Einsicht, Sinngebung – ein gemeinsa-
mes Ziel hat: das Kloster Anastasiendorf, die Civitas Dei, die als
Gegenbild gegen die sündige Civitas Terrana gesetzt ist.[29] Das augu-
stinische Modell bildet den heilsgeschichtlichen Rahmen, in den die
Pilgerfahrt der sieben Personen eingebettet ist. Die Pilgerfahrt führt
die sieben ‚Argonauten' durch vom Krieg zerstörte Landschaften,
wobei zwischen innerer und äußerer Zerstörung eine Analogie

besteht. Angesichts der Ruinenlandschaft Berlins kommt es zu folgendem Zwiegespräch zwischen zwei der ‚Argonauten':

> „Welch ein Chaos!" sagte Lotte Cornelie.
> „Welch eine Entsprechung", gab Beifuß zurück, „in unserer eigenen Brust". (S. 131)

Die Trümmerlandschaft Berlins und die zerstörte Landschaft der Mark Brandenburg tragen Züge des Chaos und erinnern an die Unterwelt:

> Sie war umgestülpt, diese alte Erde, sie war so vollkommen umgegraben, daß, was sich da immer noch ausgab mit ihrem ursprünglichen Namen, etwas völlig von ihr Verschiedenes war, nämlich der Tartarus.
> Der Tartarus war an das Licht getreten, das Reich der Unterwelt war offenbar, die Wege der Unterwelt, ihre Gesteinsart: verrostete Hülsen, Konservendosen, Blindgänger, allerlei Eisenbrocken in ausgezackten Formen, und dazwischen lag, faulig und schillernd, das süßliche Lethewasser, das die Minenlöcher erfüllte. (S. 126 f)

In diese Todeslandschaft hat sich die Spur des Krieges wie ein „unauslöschliches Siegel"[30] eingeprägt. In zahlreichen Bildern wird die Landschaft als geschändeter Frauenkörper imaginiert, der sich dem Vergewaltiger erregt hingibt:

> [...] die Erregung der abgetasteten Hüften eines Geländes, das schon umwittert von der martialischen Gier des Gottes und seines eisernen Samenergusses voll Spannung gewärtig war [...]. (S. 21 f)

Der Krieg wird imaginiert in Bildern eines titanischen Geschlechterkampfes (vgl. S. 20). Die Natur erscheint als geheimnisvoller „Schoß einer Magna Mater" (S. 318), in dem sich aus dem Chaos immer erneut der Kosmos gebiert:

> Alles paarte sich, alles suchte einander und verschränkte die flüchtige Spur seines Daseins mit anderen Daseinsspuren, die genauso vergänglich waren. Aber indem es sich suchte und paarte, und in der Paarung wieder verging, ergänzte es auch den Schoß der Natur, die es selbst hervorgebracht hatte; es wiederholte die ersten verdunkelten Kosmologien und setzte mit ihren uralten Mythen die Weltgeschichte fort. (S. 239)

Nicht nur die Landschaft wird mit Weiblichkeit assoziiert, sondern auch die Stadt.[31] Frau und Stadt verschmelzen im Bild der „toten

Stadt" (S. 19), die Traumstadt, Hades und Konzentrationslager
zugleich ist. Die „Herrscherin" (S. 243) dieser toten Stadt ist zumindest in der Phantasie von Edward Hauteville, einem der Protagonisten des Romans, der als Architekt die ideale Stadt bauen möchte,
die unter einem Auschwitz-Trauma leidende Widerstandskämpfe-
rin Irene, die mit Eurydike und Proserpina assoziiert wird – Irene
selbst stellt die Assoziation zu Shakespeares Cordelia her –. Irene
soll ihn zu der „Gabelung in der Tiefe des Ortes" (S. 142) führen, wo
er Vergessen vor der Vergangenheit finden kann:

> [...] dies ist sie, die Totenstadt. Dein Schoß: ihre Pforte, und deine Schen-
> kel: ihre grausame Gabelung. Laß uns zusammen die Stadt hinter der
> Lethe wie zwei Kinder durchstreifen – einer dem anderen so wie jetzt als
> Lethewasser gegeben [...]. Du schöne Stadt. Du verlorene Stadt [...] Du
> Stadt, die der Grundriß all unserer Städte von Troja bis Hiroshima ist, du
> Stadt voller Aschenurnen und Türmen, voll Friesen rings um die Sarko-
> phage, voll Asphodelen und Mohn. (S. 244)

In dieser geschlechtlichen Vereinigung kann die ‚Opfer-Täter-
Relation' zwar kurzfristig aufgehoben, Geschichte stillgestellt
und historische Unterschiede und Verantwortlichkeiten ver-
wischt werden, in ihr kann jedoch nicht die erhoffte Erlösung
gefunden werden. Eine Erlösung gibt es nicht im „Fleische", sondern nur im „Geiste".[32] Dieser Bereich des Geistes wird wie der
des Fleisches im Roman ebenfalls von einer Stadt symbolisiert, die
jedoch nicht aus Körpern, sondern aus Worten und Sätzen
visionär erbaut wird:

> Keine Zerstörung konnte sie treffen, diese vollkommen unzerstörbare
> Stadt, sie war nicht berührbar vom Fluch der Zeit und der Vergänglich-
> keit [...]. (S. 64f)

Ebenso wie die „Totenstadt" (S. 127) Berlin ist auch diese Stadt eine
Frau:

> [...] sie alterte nicht, sie war ohne Makel, sie war die Freundin des Wel-
> tenschöpfers, der sie anredete: Meine Schöne, du meine Taube, du Zeder
> und Palme, laß mich dein Angesicht sehen! (S. 65)

Die Suche nach dieser Stadt/Frau, auf der sich die sieben ‚Argonauten' auf ihrer Pilgerreise durch die Mark Brandenburg befinden, ist

eine unendliche Reise (vgl. S. 399), und sie ist auf ein mystisches Ziel
hin organisiert:

> [...] sie würden das Goldene Vliess erreichen und bei seinem Anblick
> endlich wissen, daß sie es niemals gefunden hätten, wenn nicht es selbst
> sie herangewunken und ihnen wie das Blinklicht am Himmel, das in
> Abständen um den Horizont geht, den Weg gewiesen hätte. (S. 276)

Wie die Hirten und Könige von einem Kometen zur Krippe des
Christuskindes geleitet werden, so werden die ‚Argonauten' von
einem Stern geführt, der ihnen den Weg nach Anastasiendorf weist,
zu jener „Insel der Ordnung" (S. 268), in der die harmonische Ordnung der Civitas Dei zumindest ein stückweit vorweggenommen ist.

> Die Insel des Friedens [...] die heile Ordnung. Das Ziel der Argo. Das
> Haus zu dem Goldenen Vliess. (S. 270)

Aus diesem Reich der Ordnung ist die Sexualität vollständig ausgegrenzt. Repräsentanten dieser Ordnung sind nicht zufällig die beiden Frauenfiguren des Romans, die weitgehend entsexualisiert sind
und beide nicht zu der Gruppe der Argonauten gehören: Die Äbtissin Demetria[33], deren Namen auf Demeter anspielt, und Sichel, der
Reiseengel der Argonauten (S. 165), deren Name auf Maria auf der
Mondsichel verweist. „Sichelchen", eine unschöne bucklige Frau,
die Kindertransporte nach Auschwitz begleitet und auch das jüdische Ehepaar Lewi-Jeschower gerettet hat, ist der gute Geist des
Romans Sie ist eine der vielen Marienfiguren, die den Text bevöl-
kern. Als ‚gute Mütter' werden diese Marienfiguren gegen die
‚bösen Mütter' gewendet, die ihre Sexualität triebhaft ausleben und
ihre Kinder töten.

Als mythisches Bild dieser ‚bösen Mutter' erscheint Medea in
dem Roman. Dieses „verwilderte, schreckliche Wesen" (S. 331), das
wie Gorgo-Medusa in der Tiefe haust, die schreckliche „Magna
Mater", die verschlingt, was sie geboren hat, die „Opfer um Opfer
forderte, ohne gesättigt zu sein" (ebd.), ist die unersättliche, gierige
Frau, die allein durch Maria erlöst werden kann. Die Macht Medeas
ist jedoch trotz der heilsgeschichtlichen Einbindung und trotz der
vielen Marienfiguren, die der Text als Gegenbilder entwirft, ungebrochen. Sie haust nicht nur in den „Labyrinthen und Fuchsbauten
unter der Erde" (ebd.), sondern sie hat ihren Herrschaftsbereich auf

Abb. 27
*Marcks: Medea (1947)*

die Erde ausgedehnt und ist praktisch überall: Sie hat Besitz ergriffen von den „Seelen" und der „Sprache der Menschen" (S. 332). Sie
hat Eingang gefunden in ihre „Träume" und „Gebärden" (ebd.) und
ist sogar Bestandteil der Nahrung, die die Menschen zu sich nehmen
(ebd.). Sie ist das „Nichts" (ebd.), das überall dort eindringt, wo
Chaos statt Ordnung herrscht.

> Wie eine Windhose fegte sie über die großen Städte und warf noch ein-
> mal die Trümmer um, die der Krieg hinterlassen hatte, sie raste bis auf das
> freie Feld und verschonte selbst nicht die Schrebergärten und in den
> Schrebergärten am Bahndamm die abgestellten und ausgeglühten, in
> Hütten, Behelfsheime, Unterschlüpfe verwandelten Eisenbahnwagen,
> die sich klappernd vom Boden hoben und gleichfalls zu kreisen began-
> nen – rostig, von grauschwarzer Wäsche umflattert und von abscheuli-
> chen Krähen begleitet, die aus den Wolken fielen. So zogen die Wohnun-
> gen der Medea über Ströme und Länder dahin […]. (S. 333)

Sicherheit vor diesem „Nichts" bietet allein die Civitas Dei, deren
Schutzpatronin Maria ist. Nur die „Imitatio Mariä", die auch Autorinnen wie Ina Seidel und Gertrud von Le Fort in dem Buch *Ruf der
Mütter* als Lösung zur Bewältigung der politischen Probleme nach
1945 angeboten hatten, kann jene neue „Ordnung" herbeiführen, die
an die Stelle der alten, zusammengebrochenen Ordnung treten soll.
Dieses ‚neue' Reich, von dem der Roman phantasiert, ist ein Reich des
Geistes, ein ‚männliches' Reich also, in dem Maria formal die Funktion der Schutzpatronin zugewiesen ist, in der Frauen generell jedoch
auf die Rolle der Gottes-Mägde reduziert sind. In einem solchen polaren, hierarchischen Ordnungsmodell hat die ‚Realität', d. h. die
geschichtliche Erfahrung, keinen Platz. Die „realen" Anschauungen,
die Langgässer der Tochter abforderte, sind in den Roman zwar ein-
gegangen, sie sind aber so in das heilsgeschichtliche Modell integriert,
daß sie den Status des Einmaligen und Besonderen verlieren.
  Die Tochter hat dies als erneute Auslöschung durch die Mutter
gesehen. In ihrem Erinnerungsbuch *Gebranntes Kind sucht das
Feuer* schreibt sie über den Roman der Mutter:

> Später, als sie den Roman der Mutter las, erkannte sie ihre Erinnerungen
> nicht wieder. Es war sowohl zuviel als auch zuwenig. Es wurde vom
> Feuer gesprochen, aber von der Asche geschwiegen. (S. 118)

Das „zuviel" wie das „zuwenig", von dem die Tochter spricht, verweist auf das grundlegende Dilemma des Textes: Der Roman ist
durch die Fülle der Details, Bilder und Symbole überfrachtet und er
ist zugleich bedeutungsleer. Diese Entleerung findet auf mehreren
Ebenen statt. Nichts steht für sich, alles verweist auf etwas anderes,
letztlich jedoch nur auf das Eine: auf Gottes Plan. Die Bilder werden leer durch ihre ständige Wiederholung, sie werden leer durch
ihre unentwegte Neudeutung und sie werden leer durch die un-
ablässige Überlagerung tradierter (mythischer) Symbole mit neuen
(christlichen) Symbolen. Der Roman ist beredt und schweigsam
zugleich. Die Rede gilt der Verwischung der Schuld und das Schweigen den Ermordeten und Getöteten des Holocausts.

## III

Um Reden und Schweigen geht es auch in dem letzten Beitrag, der
sich in dem Buch *Der Ruf der Mütter* befindet. Dieser Beitrag, der
eigentlich kein Beitrag ist, sondern bei dem es sich um einen Briefwechsel zwischen einer holländischen Autorin und einer Mitarbeiterin des Bandes handelt, ist deshalb interessant, weil die hollän-
dische Autorin Dr. Verwey-Jonker darin ihre Gründe erläutert,
warum sie nicht mit einem Beitrag in dem Band vertreten sein
möchte. Dr. Verwey-Jonker schreibt:

Leider muß ich die Mitarbeit an Ihrem Buch ablehnen, nicht weil mir die
Aufgabe unsympathisch ist, sondern weil sie mir unpraktisch vorkommt. Und zwar aus folgenden Gründen:
1. Sie würde den falschen – und gerade jetzt in Deutschland wieder weit
verbreiteten Gedanken bestätigen, der Friede sei Aufgabe der Frauen, so
wie der Krieg Sache der Männer war. Wenn Sie sich die Wahlergebnisse
von 1932 in manchen Gegenden ansehen, werden Sie verstehen, daß
Frauen genauso stark wie Männer für den letzten Krieg verantwortlich
waren.
2. Weil das Problem des Krieges in erster Linie ein soziales und kulturel-
les, in zweiter Linie ein politisches und erst am Schluß ein erzieherisches
ist. Wenn eine politische Lösung gefunden ist – und wie wenig Frauen
bemühen sich, Politik dieser Art zu treiben –, erst dann kann man anfan-
gen, erzieherisch tätig zu sein.

3. Weil ich nicht glaube, daß die heutige Jugend sich von Worten wie Güte und Versöhnung mitreißen läßt. Die Jugend ist konkret und will einfache und klare Antworten. Ihr Buch würde keine Antwort geben; es würde nur klagen.

Verzeihen Sie mir, daß ich das alles so schroff sage. Ich habe auch einmal geglaubt, daß wir schnell und mit ‚good will' eine Welt verändern könnten. Jetzt glaube ich nur noch an die Lösung ganz einfacher Teilprobleme und sehe ein, daß es Generationen dauern wird, bis wir so etwas wie eine friedliche Welt erreichen werden. (S. 200 f)

Die Antwort von Hedwig Rohde, einer der Mitarbeiterinnen des Bandes, zeigt sehr deutlich die unvereinbaren Gegensätze, die zwischen einer kämpferischen Linie der politischen Auseinandersetzung mit der Vergangenheit und der harmonisierenden Berufung auf pazifistische Positionen liegen. Interessanterweise bricht die Kontroverse zwischen den beiden Frauen gerade an der Geschlechterproblematik auf. Hedwig Rohde schreibt:

Der Gedanke, daß der Friede Aufgabe der Frauen, der Krieg Sache der Männer sei, ist nicht falsch, sondern er ist natürlich. Die Natur schützt in der Mutter das Fortbestehen der Art. Sie vernichtet oder läßt doch ungeschützt das für diesen Endzweck nach der Befruchtung unnütze männliche Leben. Sein natürlicher Drang nach Selbstvernichtung treibt den Mann gleichzeitig zur Vernichtung seines ganzen Geschlechts und – da die heutige Welt eine Welt des Mannes ist – der Menschheit. Demgegenüber sind der Frau die lebenschaffenden und lebenerhaltenden Kräfte zu geordnet. Sie hat als Ahnin kommender Generationen keine andere Tendenz, als die des Bewahrens, des Schützens und Mehrens ihrer Familie und von da aus auch der Welt des Mannes, also der Menschheit. Dieser Trieb, das Leben zu schützen, ist so stark, daß aus der Tiermutter der gefährlichste Feind wird, wenn sie ihre Jungen in Gefahr weiß. Auf diesen Trieb zielt jede Kriegspropaganda ab, die stets das Gefühl wach zu rufen bestrebt ist, daß das eigene Leben angegriffen oder in höchster Gefahr sei. So sollen die Verteidigungsinstinkte geweckt und kriegerischen Zwecken dienstbar gemacht werden. (S. 201 f)

Auch hier ist die Antwort von Verwey-Jonker entschieden. Sie wendet sich gegen den pauschalen Pazifismus von Hedwig Rohde und verweist auf den Widerstand, den die Holländer gegen die Nationalsozialisten geleistet haben. Insbesondere ruft sie in Erinnerung, daß es gerade Holländer gewesen sind, die zahlreiche Juden gerettet haben. Im übrigen verwahrt sie sich gegen die biologistische Argumentation von Rohde:

> Sie werden wohl auch verstehen, daß ich Ihnen nicht folge in Ihrer Gegenüberstellung: männlicher Vernichtungstrieb gegen weiblichen Erhaltungstrieb. Ich kenne die Männer als Mitkämpfer, im Frieden und im Krieg, für die Freiheit und für den Frieden. Ich weiß, daß gerade in Deutschland kluge und gewissenhafte Männer bis zum letzten gegen den Krieg gekämpft haben. (S. 207)

Eine Einigung in der Sache ist nicht zu erzielen. Beide Frauen beharren auf ihrer Meinung. Hedwig Rohde behält jedoch das letzte Wort, das dadurch noch an Gewicht erhält, weil der Band mit einem Manifest der W. O. M. A. N. (Weltorganisation der Mütter aller Nationen) abschließt, der einen Appell an die besondere Verantwortung der Mütter für den Frieden enthält.

> Die Mütter der ganzen Welt bilden eine stille Gemeinschaft. Für sie gibt es keine Grenzen zwischen Völkern, Rassen oder Klassen. (S. 231 f)

Die Berufung auf eine solche „stille Gemeinschaft" der Mütter schließt das Schweigen über Schuld, Differenzen und politische Verantwortung ein. Sie arbeitet dem Diskurs des Vergessens zu und ermöglicht die Rekonstruktion einer neuen Ordnung, in der das Verschwiegene als Verdrängtes zurückkehrt.

## Anmerkungen

1  Nordhaus-Lüdecke, Barbara (Hg.): Der Ruf der Mütter. München 1949. Eine systematische Auswertung dieses Bandes würde interessante Aufschlüsse darüber geben, wie sich das intellektuelle Feld als Reaktion auf das Schwellenjahr 1945 neu formierte. Aufschlußreich ist auch ein Vergleich mit Bäumer, Gertrud: Der Neue Weg der Deutschen Frau. Stuttgart 1946. Der ganze Bereich der Rekonstruktion alter Weiblichkeitsbilder als Reaktion auf den Zusammenbruch des Faschismus verdient eine detaillierte Aufarbeitung. Die Zitatnachweise erfolgen direkt im Text.

2  Zu Meinecke und zum ,alten Historikerstreit' von 1945 siehe Schulze, Winfried: Deutsche Geschichtswissenschaft nach 1945. München 1989. Zum ,neuen Historikerstreit' siehe Diner, Dan: Ist der Nationalsozialismus Geschichte? Frankfurt a.M. 1987.

3  Vgl. Diner, Dan (Hg.): Zivilisationsbruch. Denken nach Auschwitz. Frankfurt a.M. 1988.

4  Vgl. Bhabha, Homi (Hg.): Nation und Narration. London 1990.

5  Ausnahmen sind die Abschiedsbriefe von Nikolaus von Halem aus dem
   Gefängnis an seine Mutter, der wegen Beteiligung an einem Umsturzversuch
   1944 hingerichtet wurde, und der Text von Wolfgang Borchert. Der Text von
   Borchert ist jedoch Teil des Beitrages der Mutter. Herta Borcherts Beitrag liegt
   die makabre Vorstellung zugrunde, daß der tote Sohn wieder Teil der Mutter
   geworden sei und gleichsam aus ihrem Schoß heraus spreche („Wir tragen unsere toten Söhne in uns, wir geschlagenen Mütter der Welt", S. 36).

6  Die Bezüge zur Matriarchatskritik bei Benn während des Faschismus und bei
   Nossack in der Nachkriegszeit sind augenfällig. Siehe dazu die Benn- und Nos-
   sack-Kapitel in diesem Band.

7  Die Aufstellung dieser Skulptur in der „Neuen Wache„ in Berlin-Mitte im
   November 1993 führte zu einer lebhaften öffentlichen Debatte, die einmal mehr
   zeigt, wie sich 1945 und 1989 bestimmte Bilder und Konfigurationen überlagern.
   Siehe dazu Wenk, Silke: Die Mutter in der Mitte Berlins. In: Kein Land in Sicht.
   Heimat, weiblich? Hg. v. Gisela Ecker. München 1996 und den Beitrag von Vik-
   toria Schmidt-Linsenhoff in: Das Volk. Hg. v. Annette Graczyk. Berlin 1996.

8  Natürlich gibt es in dem Band auch eine Anzahl von Texten, die frei von natio-
   nalsozialistischer Ideologie sind. Auffällig ist, daß Richarda Huch, Anna Seghers
   und Lina Haag mit Gedichten und Erzählungen vertreten sind und von Käthe
   Kollwitz ein Text zum Ersten Weltkrieg nachgedruckt ist.

9  Deutschland stellte mit zwölf Autorinnen den größten Anteil, gefolgt von den
   USA mit acht und England mit fünf Autorinnen.

10 Vgl. dazu Wittrock, Christine: Weiblichkeitsmythen. Das Frauenbild im
   Faschismus und seine Vorläufer in der Frauenbewegung der 20er Jahre. Frankfurt a.M. 1983; Decken, Godele von der: Emanzipation auf Abwegen. Frauenkultur und Frauenliteratur im Umkreis des Nationalsozialismus. Frankfurt a.M.
   1988; Gravenhorst, Lerke und Tatschumurat, Carmen (Hg.): Töchter-Fragen.
   NS-Frauengeschichte. Freiburg 1990. Siehe auch Baade, Meike: Unschuldsritua-
   le in der Frauenforschung zum Nationalsozialismus. In: Babylon. 9 (1991), S.
   140–145 und Windhaus-Walser, Karin: Gnade der weiblichen Geburt? In: Feministische Studien H. 1 (1989), S. 102–115.

11 Von den deutschen Autorinnen sind dies Anna Siemsen und Marie-Elisabeth
   Lüders, die sich beide nach 1945 aktiv ins öffentliche Leben und in die Politik
   einmischten.

12 Vgl. dazu Warner, Marina: Maria, Geburt, Triumph, Niedergang – Rückkehr
   eines Mythos. München 1982.

13 Vgl. zur affirmativen Borchert-Rezeption im Nachkriegsdeutschland Burgess,
   Gordon und Winter, Hans-Gerd (Hg.): „Pack das Leben bei den Haaren". Wolfgang Borchert in neuer Sicht. Hamburg 1996.

14 Vgl. Heitmann, Frederik: Schlafe, meine Rose. Die Lebensgeschichte der Elisabeth Langgässer. Weinheim und Basel 1986.

15 Der märchenhafte Eindruck wird durch die Vorbemerkung der Hg. noch verstärkt: „Diesen Aufruf veröffentlichte Langgässer in der ersten deutschen
   Jugendschrift ,Horizont', die nach dem Kriege herauskam. Und wirklich wurde

das Mädchen Cordelia, nachdem die „Drei Federn" in den Wind geblasen wurden, gefunden und der Mutter zurückgebracht." (S. 163) – Die Realität war sehr viel weniger märchenhaft, sondern äußerst schmerzhaft. Bis auf kurze Besuche kehrte die Tochter nicht nach Deutschland zurück. Sie blieb in Schweden und wanderte später nach Israel aus. Vgl. Edvardson, Cordelia: Gebranntes Kind scheut das Feuer. München und Wien 1986. Die Zitate werden im folgenden direkt im Text nachgewiesen.

16  Langgässer, Elisabeth: ... soviel berauschende Vergänglichkeit. Briefe 1926–1950. Hamburg 1954, S. 178 (Brief an Cordelia vom 5. 1. 48).

17  Zum Proserpina-Mythos vgl. die Arbeit von Anton, Herbert: Der Raub der Proserpina. Literarische Tradition eines erotischen Sinnbildes und mythischen Symbols. Heidelberg 1967. Siehe auch die auf Bachofen, Jung und Neumann rekurrierende Deutung des Demeter-Persephone-Mythos bei Göttner-Abendroth, Heide: Die Göttin und ihr Heros. Die matriarchalen Religionen in Mythos, Märchen und Dichtung. München 1980 und die kritische Deutung bei Treusch-Dieter, Gerburg: Mythos von Demeter und Kore. Zur Dramaturgie des bewilligten Raubs. In: Mythos Frau. Projektionen und Inszenierungen im Patriarchat. Hg. v. Schaeffer-Hegel, Barbara und Wartmann, Brigitte, Berlin 1984.

18  Langgässer, Elisabeth: Gedichte. Hamburg 1959, S. 152–154.

19  Ebd., S. 159 f.

20  Evers, Susanne: Allegorie und Apologie. Die späte Lyrik Elisabeth Langgässers. Frankfurt a.M. 1994, S. 12. Die Arbeit ist äußerst subtil in den exemplarischen Gedichtanalysen und informiert sehr gut über die Tradition der christlichen Allegorese und den theologischen Diskurs zwischen 1920 und 1950.

21  Dieses Gedicht wird auch von Heitmann für das Verhältnis von Mutter und Tochter in Anspruch genommen. Vgl. Heitmann, Frederik: Schlafe, meine Rose. S. 84. (Anm. 14)

22  Vgl. Langgässer, Elisabeth: ... soviel berauschende Vergänglichkeit, S. 136 f und S. 178. (Anm. 16)

23  Langgässer, Elisabeth: Märkische Argonautenfahrt. Frankfurt a.M. 1981. Nach dieser Ausgabe werden die Zitate im folgenden direkt im Text nachgewiesen.

24  Dies.: ... soviel berauschende Vergänglichkeit, S. 192. (Anm. 16)

25  Ebd., S. 184.

26  Ebd., S. 183 f.

27  Ebd., S. 184.

28  Ebd., S. 211.

29  Vgl. Fliedl, Konstanze: Zeitroman und Heilsgeschichte. Elisabeth Langgässers „Märkische Argonautenfahrt". Wien 1986. Siehe auch die ältere Arbeit von Augsberger, Eva; Elisabeth Langgässer. Assoziative Reihung, Leitmotiv und Symbol in ihren Prosawerken. Nürnberg 1962, insbes. S. 98 ff.

30  Vgl. Langgässer, Elisabeth: Das unauslöschliche Siegel. Hamburg 1946.

31  Vgl. zu dem ganzen Komplex ‚Frau – Stadt – Landschaft' Weigel, Sigrid: Topographien der Geschlechter. Reinbek b. Hamburg 1990.

32  Vgl. dazu das ausführliche Gespräch zwischen der Äbtissin Demetria und Pater Mamertus über das „Geheimnis des Fleisches" (S. 106) und das Gespräch zwi-

schen dem jüdischen Ehepaar über den „Zwiespalt von Geist und Fleisch"
(S. 310).

33  Im ganzen gesehen ist Demetria keine reine Marienfigur, sondern eine eher
    gespaltene Eva-Figur. Der Verweis auf ihre Schönheit einerseits (S. 96) und die
    Medusa-Assoziation andererseits (S. 105) verweisen bereits auf ihr Ende: „Sie
    wurde als reines, kostbares Gold in dem Tiegel des Großen Engels zerrieben, der
    die Seufzer und Bitten, die Reue, die Einsicht vor den Thron des Allwissenden
    trägt." (S. 409).

# „Was geht uns Kassandra an?"

## Zur Rekonstruktion von Männlichkeit in Hans Erich Nossacks frühen Nachkriegstexten

> Man muß dem intellektuellen Faszismus
> den Mythos wegnehmen
> und ihn ins Humane umfunktionieren.
> Ich tue längst nichts anderes mehr.
> (Thomas Mann an Karl Kerényi, 7. 9. 1941[1])

## I

Wenn Hans Erich Nossack in seiner nach eigener Aussage 1942 begonnenen, 1946 beendeten und 1948 zuerst veröffentlichten Erzählung *Kassandra* die Frage stellt „Was geht uns Kassandra an?"[2], dann geschieht dies zu einer Zeit, in der Kassandra nach einer mehr als zweitausendjährigen wechselvollen und widersprüchlichen Rezeptionsgeschichte zu einer umkämpften Chiffre in der Auseinandersetzung der verschiedenen politischen Lager mit Faschismus, Holocaust, Krieg und Nachkriegszeit avanciert war. Thomas Epple[3] und Solvejg Müller[4] haben in ihren Arbeiten *Der Aufstieg der Untergangsseherin Kassandra* (1993) und *Kein Brautfest zwischen Menschen und Göttern. Kassandra – Mythologie im Lichte von Sexualität und Wahrheit* (1994) eine Fülle von Beispielen zusammengetragen, die zeigen, daß Kassandra als Seherin, Mahnerin und Warnerin zu einer „Symbolgestalt"[5] geworden war und entweder als „Widerstandsfigur" oder „Legitimationschiffre"[6] von Autoren und Autorinnen unterschiedlichster politischer Couleur funktionalisiert wurde.

Heinz Politzer – heute kaum noch als Autor, sondern als Litera-

turwissenschaftler bekannt – nimmt in seinem 1933 veröffentlichten
Gedicht *Kassandra* den Holocaust der europäischen Juden, dem er
selbst nur durch seine Flucht entkommen konnte, in prophetisch
anmutender Weise vorweg:

> Derweil euer Schritt wie seit jeher
> Das Pflaster tritt, Märkte bedrängt,
> Weiß mein Auge, der sichere Späher,
> Euch feuerversengt.[7]

Zehn Jahre später macht ein anderer Autor, Richard Friedenthal –
Jude, Emigrant und wie Politzer heute ebenfalls nur noch als Ger-
manist bekannt – Kassandra zur Titel-Figur eines Gedichtes, wobei
wie bei Politzer die Anklänge an die Schillersche *Kassandra* un-
überhörbar und bei Autoren, die Germanisten sind bzw. geworden
sind, auch nicht verwunderlich sind. In einem im Londoner Exil
veröffentlichten Gedichtband wird Kassandra zur Warnerin, der
niemand Glauben schenkt:

> Ich sehe, – aber keiner will mich hören;
> Ich rufe, – aber niemand blickt sich um;
> Ich schreie! – doch sie lassen sich nicht stören,
> Sie bleiben meiner wilden Warnung stumm.[8]

Auch ein anderer Exilant, Max Hermann-Neiße, nimmt in seinem
1938 verfaßten Gedicht *Kassandra seit 1933* die Figur der Seherin in
Anspruch, um über die politische Entwicklung in Deutschland zu
reflektieren. Der Blick des Autors weist voraus in eine als apoka-
lyptisch empfundene Zukunft und wendet sich zugleich zurück in
die politische Vergangenheit. Kassandra, dem fiktiven Du des Gedichts, werden angesichts des im Gedicht erinnerten Reichstags-
brandes von 1933 seherische Fähigkeiten zugesprochen:

> Du wußtest, was wir uns zu glauben sträubten
> Daß nun der Weltuntergang begann
> [...].
> Da wollte niemand Deiner Warnung glauben;
> man sprach zu Dir, wie man zu Kranken spricht,

und ließ sich ungern seine Ruhe rauben
und scheute Dein vergrämtes Angesicht.[9]

Die Figur der Kassandra dient dazu, um im nachhinein die Richtigkeit von Voraussagen zu bestätigen. Je deutlicher sich die politischen Verhältnisse verdüsterten, desto mehr bot sich die Figur der Kassandra den Exil-Autoren als Projektionsfigur an. Stefan Zweig spricht angesichts des Zusammenbruchs Frankreichs 1940 von den „alten Cassandra-Gefühlen"[10], die in ihm wach werden, Golo Mann spricht von der „Last unseres Cassandra-Wissens"[11] und Rudolf Olden schreibt am Tag des Kriegsbeginns in einem Brief, er „teile die Gefühle der Kassandra vollkommen"[12]. Auch Klaus Mann zieht in seiner Autobiographie *Der Wendepunkt*, die 1942 bzw. 1949 geschrieben wurde, im Rückblick eine Parallele zwischen seiner Rolle als Emigrant und Kassandra, wenn er schreibt:

> Nicht weniger notwendig und wesentlich als dieser indirekte Protest erschien vielen von uns der direkte, das politische Manifest, [...] das immer neu zu variierende, neu zu begründende J'accuse gegen den Hitler-Staat. Deutsche Antifaschisten im Ausland dürfen nicht müde werden, den noch freien [...] Nationen immer wieder zu versichern: „Ihr seid in Gefahr. Hitler ist gefährlich. Hitler ist Krieg. [...]" Fehlte es unserem Ruf an Überzeugungskraft? Er überzeugte nicht, er verhallte, die noch freien, noch unabhängigen Nationen [...], nahmen unsere Kassandra-Schreie mit realistischer Skepsis auf.[13]

Während Kassandra in den Werken von Exil-Autoren zumeist nur als Name aufgerufen und damit jene Lexikalisierung der Figur vorbereitet wurde, die dann in den fünfziger Jahren unter dem interessanterweise negativ konnotierten Stichworten „Kassandra" und „Kassandra-Ruf" zur Aufnahme in Nachschlagewerke führte[14], wird Kassandra für die in Deutschland bzw. Österreich verbliebenen Autoren bzw. Autorinnen zu einem höchst problematischen Medium der Reflexion und Standortbestimmung. Die Tragödie *Kassandra* von Hans Schwarz, veröffentlicht 1941, und die Erzählung *Die Seherin* von Erika Mitterer, 1943 veröffentlicht – zu berücksichtigen in diesem Zusammenhang ist auch Gerhard Hauptmanns Drama *Agamemnons Tod* (1942–44 geschrieben) – sind zwar keine offen faschistischen Texte, nähern sich der Blut- und Boden-

Ideologie der Nationalsozialisten jedoch in nicht zu überlesender Weise an.

In allen drei Texten spielt das Blut eine entscheidende Rolle.[15] Hauptmann greift auf eine durch Bachofens *Mutterrecht* geprägte dionysisch-chtonische Auffassung der Antike zurück und sieht im „Menschenopfer [...] die blutige Wurzel der griechischen Tragö-die"[16]. Kassandra ist für Hauptmann zwar nur eine Nebenfigur im Drama und unterscheidet sich von den anderen Figuren zunächst dadurch, daß sie als einzige versucht, das triebhaft-gezwungene Handeln der anderen Figuren zu durchbrechen, letztlich aber auch von der Gewalt des Blutes überwältigt wird. Die Tragödie zeigt, daß angesichts von dämonischen Schicksalsmächten nur die „Ergebung in das Unabänderliche"[17] bleibt. Damit aber bedient Hauptmann letztlich einen ahistorischen Schicksalsdiskurs, der den national-sozialistischen Machthabern nur gelegen sein konnte.

Noch stärker als Hauptmann rückt Hans Schwarz seine Kas-sandra an die faschistische Ideologie heran. Die Tragödie von Schwarz, die Epple zu Recht als das „schwärzeste Kapitel der Deu-tung Kassandras"[18] bezeichnet, steht ganz unter dem Zeichen des Völkischen. Schwarz, der eine erste Fassung des Dramas bereits 1916/17 in den Schützengräben von Ypern geschrieben hat, die jedoch nicht erhalten geblieben ist, und der sich schon vor 1933 als Propagandist der „nationalen Revolution" bei den späteren Macht-habern empfohlen hatte und nach 1933 gezielt von der NS-Kultur-politik gefördert wurde, entwirft in seiner fünfaktigen Tragödie von 1941 eine Kassandra, die fest in völkische Zusammenhänge einge-bunden ist. Der „Chor der gefangenen Frauen", der im Drama den antiken Chor vertritt, ruft Kassandra, die nach einigem Zögern und Sträuben den Werbungen Agamemnons erliegt, warnend zu:

> Deinem Gotte kannst du dich entziehen,
> deinem Feinde deinen Leib versprechen,
> deinem Volke kannst du nicht entfliehen,
> oder deine Sehnsucht wird zerbrechen.[19]

Am Schluß der Tragödie bringt Kassandra und nicht Klytämnestra Agamemnon um. Klytämnestra bietet Kassandra zwar ihre Hilfe beim Mord an, aber diese will die Rache ganz allein für sich. Kassandra wird durch diese Tat und durch ihr Ende, das Schwarz entgegen der mythologischen Vorlage als „Totenopfer, das sie dem Vaterland bringt"[20], gestaltet und das in der Geschichte der Kassandra-Rezeption in dieser Umkehrung einmalig steht, zur Heroine des völkischen Kampfes.

Der Text von Erika Mitterer, der bei Epple im Vergleich zu dem von Schwarz relativ wohlmeinend besprochen wird[21], entwirft eine Kassandra, die ebenfalls vom Blut getrieben wird. Dabei steht nicht so sehr das Völkische, als vielmehr das Erotische im Mittelpunkt der Erzählung. Mitterer erzählt eine schwülstige, inzestuöse Geschichte, die ganz auf konventionellen Geschlechtermustern beruht. Kassandra fühlt sich als Gefäß („ich bin ganz leer") und ihre Erfüllung durch den Mann erwartet („fülle es mit Zukunft").[22] Agamemnon sieht in Kassandra die Wiedergängerin der geopferten Tochter Iphigenie. Das alte „Blutopfer" wiederholt sich in der ‚blutschänderischen' Verbindung mit Kassandra als Stellvertreterin Iphigenies. Agamemnon wird – so sieht es Kassandra am Ende der Erzählung voraus – von Klytämnestra nicht aus Rache für die Opferung der Tochter ermordet, sondern aus „Gram"[23] darüber, daß ihr Mann sie in jener Verbindung zu Kassandra mit der eigenen Tochter betrügt. Mit dieser forcierten Deutung, in der Begehren und ‚Blutschande' eine problematische Verbindung eingehen, gerät Mitterer in eine wohl unfreiwillige Nähe zur Blutmystik der Nationalsozialisten, bei denen der Begriff der ‚Blutschande' fester Bestandteil des antisemitischen Komplexes war.[24] Von der Seher-Gabe Kassandras ist – entgegen dem Titel – kaum etwas geblieben. Kassandra ist ganz naturhafter Körper und hingebungsvolle Frau, deren „unsterbliche Liebe"[25] am Ende der Erzählung über die Seher-Gabe triumphiert bzw. emphatisch mit ihr verschmilzt. Der Widerspruch zwischen Intellektualität und Sinnlichkeit, den Mitterer ihrer Erzählung als narratives Movens unterlegt, wird durch den Rückgriff auf den traditionellen Geschlechterdiskurs in seinen emanzipatorischen Möglichkeiten entschärft und im Verlauf der Erzählung stillgestellt. „Ach, Kassandra [...] ist es denn so schlimm, zu dienen und nur ein Weib zu sein?"[26] – diese Frage stellt Agamemnon der Geliebten, und der Text gibt darauf die tröstliche Antwort, daß es nicht so schlimm ist, wenn es sich um „unsterbliche Liebe" handelt und die Beteiligten Agamemnon und Kassandra heißen.

Abb. 28  *Hofer: Kassandra (1936)*

Wenn man resümierend auf die Rezeption der Kassandra-Texte in den dreißiger und vierziger Jahren schaut, erscheint die Figur der Seherin und Mahnerin, die Hofer in seinem Gemälde von 1936 so zwingend ins Bild gesetzt hat[27], politisch belastet, ästhetisch abgewirtschaftet, ohne eigenes Profil und beliebig einsetzbar. Für eine fortschrittskritische, emanzipatorische Ausdeutung, wie sie Christa Wolf fast ein halbes Jahrhundert (1983) später vorgelegt hat, scheinen alle Voraussetzungen zur Zeit des Faschismus zu fehlen. Ich halte es für keinen Zufall, daß Ernst Bloch in seinem in den vierziger Jahren verfaßten Werk *Prinzip Hoffnung* Kassandra negativ konnotiert und als antiutopische Figur verwirft. Unter der Überschrift „Unabwendbares und abwendbares Schicksal" polemisiert Bloch gegen den Schicksalsbegriff der Antike:

> Moira ist das schlechthin Unabwendbare [...], so daß vor ihm nicht nur der Verstand stillsteht, sondern das Blut erstarrt. Es ist sinnlos, unter solchen Umständen zu handeln, selbst wenn der erste Schritt freisteht [...]. Weder Ödipus, noch Kassandra können etwas tun, gar wenden.[28]

Bloch distanziert sich damit explizit von dem im faschistischen Deutschland favorisierten chtonisch-dämonischen Schicksalskult und versucht, Raum für ein veränderndes, eingreifendes Denken zu schaffen, für das im herrschenden Diskurs der vierziger Jahre allerdings keine Chancen bestanden. Erst in den sechziger Jahren setzt eine nennenswerte Rezeption Blochs in Deutschland ein und verändert sich auch das Kassandra-Bild, wie es von den unter dem Eindruck des Faschismus schreibenden Autoren bevorzugt wurde.


II

Auf dem Hintergrund der Kassandra-Rezeption der dreißiger und vierziger Jahre gewinnt der Satz „Was geht uns Kassandra an?", mit dem Hans Erich Nossack seine Erzählung *Kassandra* beginnen läßt, eine tiefere Bedeutung, als der leicht hingeworfene Satz zunächst signalisiert. Es handelt sich um eine rhetorische Frage, die im Text übrigens mehrmals wiederholt und variiert wird. Natürlich geht Kassandra „uns" – wer ist eigentlich dieses „uns"? – etwas an. Zumindest dem Autor Nossack ist Kassandra so wichtig, daß er seine

Erzählung nach ihr benennt und die Figur in anderen Texten mehrfach wiederaufnimmt.

Das „uns" in der Ausgangsfrage entpuppt sich zunächst als ein
familiales. Odysseus, der Spätheimkehrer aus dem Trojanischen
Krieg, wehrt mit dieser Frage die Frage seines Sohnes Telemach
nach Kassandra ab, die dieser dem Vater im Auftrag der Mutter
Penelope stellt, um den schweigsamen, durch seine Erlebnisse verstörten Vater zum Reden zu provozieren. Daß Penelope mit dieser
an den Sohn delegierten Frage nicht nur therapeutische Absichten
hat, wie der Sohn vermutet („Sie meinte, es würde besser sein, wenn
wir ihn dazu brächten, öfters von seinen Erlebnissen zu erzählen.",
S. 94), zeigt der Verlauf des Gesprächs, das sich aus der vom Sohn
gestellten und von der Mutter initiierten Frage umständlich und
stockend entwickelt und vom Erzähler durch dazwischen gescho-
bene Erinnerungen des Telemachs und enorme zeitliche Sprünge
weiter kompliziert wird: Die häusliche Szene, in die das Gespräch
über Kassandra eingebettet ist, wird aus der Distanz von mehr als
fünfzig Jahren vom inzwischen alt gewordenen Sohn erinnert.

Bevor der Erzähler auf die Frage des Sohnes und die Gegenfrage
des Vater zurückkommt, werden zwei Erinnerungen Telemachs
eingeschoben: Zunächst erinnert sich Telemach an die Begegnung
mit einem namenlosen jungen Mann aus Kleinasien, der seinen Eindruck von Kassandra mit dem Bild einer „blaugrauen, schlanken
Rauchsäule" (S. 95), die aus der Ebene aufsteigt und mit dem strah-
lenden Himmel „verschwimmt", zu umschreiben versucht hatte.
Dieses Bild ist Telemach so unauslöschlich in Erinnerung geblieben,
daß es noch in der Rückschau von über fünfzig Jahren in seinem
Gedächtnis präsent ist. Neben dieses poetische Bild tritt eine Vielzahl von Einzelheiten aus dem Trojanischen Krieg, die nicht direkt
mit Kassandra zusammenhängen und die Telemach von Pylades,
dem Freund des Orests, erfahren hat. Durch die von Telemach erinnerten Erzählungen des Pylades erfährt der überlieferte Mythos
drei interessante Verschiebungen. Erstens: Nicht Klytämnestra hat
Agamemnon ermordet, sondern es ist ihr Liebhaber Ägisth gewesen. Zweitens: Nicht der Sohn Orest hat seine Mutter Klytämnestra
umgebracht, sondern sie ist „bedauerlicherweise" (S. 96) bei Unru-
hen ums Leben gekommen. Und drittens: Orest wird nicht als Muttermörder von den Erynnien aus dem Land vertrieben und verfolgt,

sondern er hat sich aus unklaren Gründen auf Reisen begeben und seinem Freund Pylades die Herrschaft des Reiches in der Zwischenzeit übertragen.

Was haben diese Bilder, Erinnerungen und Verschiebungen der mythischen Erzählung mit der Ausgangsfrage zu tun und warum werden sie von dem Erzähler in so umständlicher Weise präsentiert? Der stockende Erzählfluß weist m. E. darauf hin, daß die Erinnerungen um Tabus kreisen. Die im Äther verschwimmende Rauchsäule als Sinnbild für Kassandra kann als erotisches Bild gelesen werden und in der Erinnerung an Agamemnon und Klytämnestra tauchen Szenen einer Ehe auf, in der sich die Partner fremdgeworden sind. Untreue Männer, unkeusche Frauen und mordende Liebhaber rücken Monogamie als Ideal der Geschlechterbeziehung ins Zwielicht.

Diese Wunsch- und vor allem Schreckbilder bilden den erzählerischen Hintergrund, auf dem das Gespräch über Kassandra zwischen Vater, Mutter und Sohn schließlich in Gang kommt und das sich in der Folge immer stärker zu einem Geplänkel zwischen dem sich fremdgewordenen Ehepaar Odysseus und Penelope entwickelt. Die Mutter kommt dem durch die Gegenfrage des Vaters verunsicherten und verlegenen Sohn mit einer merkwürdig unvermittelten Frage zu Hilfe: „Sie kann doch gar nicht mehr so jung gewesen sein. Warum war sie eigentlich nicht verheiratet?" (S. 96). Mit dieser Frage ist das eigentliche Thema der Erzählung, das in den vorangestellten Erinnerungen Telemachs gleichsam präludiert wurde, eröffnet: Es geht um das „Rätsel" (S. 97) der Attraktion bzw. der Abstoßung zwischen den Geschlechtern.

Wenn Nossack die Frage nach den Geschlechterbeziehungen und der Rolle der Sexualität zum eigentlichen Kern seiner Kassandra-Bearbeitung macht, dann tut er dies in einem historischen Moment, in dem eher eine politische Ausdeutung der Figur zu erwarten gewesen wäre. Der diskursive Zusammenhang zwischen Sexualität und Wahrheit, in den nach Solvejg Müllers Interpretation die Figur der Kassandra spätestens seit Schillers gleichnamigem Gedicht eingespannt ist und der je nach politischem Kontext entweder zur Sexualisierung oder zur Entsexualisierung der Figur führt, wird bei Nossack auf Kosten eines möglichen politischen Profils der Figur auf die Frage hin zugespitzt, warum Kassandra sich dem Gott Phöbus verweigert habe, eine Frage, die selbst dem Telemach merkwürdig vorkommt und mit seinem Bild des Vaters ebenso wenig zusammenzupassen scheint wie mit der Deutung des Odysseus im Mythos und der nachfolgenden Forschung. Odysseus, bereits im homerischen Epos als der listenreiche Politiker par excellence gezeichnet, repräsentiert – wenn man Herfried Münkler in seiner Arbeit *Odysseus und Kassandra* (1990) folgt – gerade in der Kombination mit Kassandra die „Politik im Mythos":

> Kassandra ist der Prototyp des/der Intellektuellen. Doch nicht weniger als sie ist auch Odysseus ein Intellektueller, und beide zusammen markieren die Endpunkte jenes Rollenspektrums, auf dem sich – seit Odysseus und Kassandra – die Intellektuellen bewegen. Kassandra, die äußerste Ohnmacht, reduziert auf die Rolle des unbeachteten, ungehörten Warners, ein subversives Subjekt, dessen Reden niemand hören will, dessen Wissen niemandem nutzt, selbst wenn es ihm nutzen könnte. Dagegen ist Odysseus der Intellektuelle im Vollbesitz der Macht, seine Anweisungen werden befolgt, nach seiner Pfeife tanzen die Helden. Er ist der Mann hinter den Kulissen, der große Regisseur. Odysseus kann schweigen, Kassandra muß reden: Macht und Ohnmacht. Es ist kaum ein Zufall, daß beide gemeinsam die Bühne der Weltgeschichte betreten haben.[29]

Es ist sicher auch kein Zufall, daß Odysseus und Kassandra bei Nossack in eine enge Verbindung gebracht werden. Freilich werden von Nossack ganz andere Momente in der Konstellation aktiviert als in der politischen Lesart von Münkler. Natürlich ist der Begriff des Politischen vieldeutig. Spätestens nach 1968 haben wir uns angewöhnt, auch das Private als das Politische zu begreifen und die Arbeiten von Foucault zur ‚Körperpolitik' haben uns sensibel für den Zusammenhang von Sexualität und Politik gemacht. Die Frage nach der sexuellen Verweigerung, die Nossack zum Angelpunkt seiner Erzählung macht, ließe sich von hier aus mit einiger Anstrengung zwar, doch nicht ganz ohne Berechtigung auch politisch deuten.

Ein Blick auf den *Odysseus*-Exkurs von Horkheimer und Adorno macht jedoch deutlich, daß der Begriff des Politischen eben zu jener Zeit, als Nossack seine Kassandra-Odysseus-Konfiguration entwarf, von den beiden Autoren der *Dialektik der Aufklärung* (1944) gerade durch ihre zivilisationskritische Deutung der Odysseus-Figur in einen explizit antifaschistischen Kontext gestellt wurde. Einmal mehr wird durch solche Vergleiche klar, wie tief die Gräben zwischen den Autoren des Exils und denen der Inneren Emigration waren und welche unterschiedliche Bedeutung der Rekurs auf den Mythos hatte. Die Kassandra-Odysseus-Konfiguration mit ihrer zugespitzten Frage nach den Ursachen der sexuellen Verweigerung bei Nossack nimmt sich jedenfalls auf diesem Hintergrund noch merkwürdiger aus, als sie dem Sohn des Odysseus in der Erzählung vorkommt („Was mich am meisten wunderte, war, daß sich ausgerechnet mein Vater besonders für die Geschichte mit Phöbus zu interessieren schien", S. 98).

Für Odysseus jedenfalls scheint diese Frage so wichtig zu sein, daß er sie nicht nur seiner Frau stellt, sondern sie in mehreren insistierenden Nachfragen auch Kassandra in einem Gespräch gegenüber formuliert, von dem er Frau und Sohn ausführlich berichtet. Die Antwort Kassandras, daß sie „Angst" (S. 113) gehabt habe, befriedigt ihn trotz gegenteiliger Behauptung nicht völlig, wie die Wiederaufnahme der Frage im Gespräch mit seiner Frau zeigt. Die Verweigerung Kassandras einem Gotte gegenüber bleibt letztlich ebenso rätselhaft wie die Hinwendung Agamemnons zu der im Vergleich zu Helena unscheinbaren Kassandra. „Wozu hat sich Agamemnon eigentlich diese Kassandra ausgesucht? Sie hat doch viel zu schmale Hüften." (S. 101)

Diese Frage wird in immer neuen Variationen von verschiedenen Figuren im Text gestellt. Die schmalgliedrige, scheue Kassandra wird zum Gegenbild der üppigen, verführerischen Weiblichkeit Helenas. Im Gegensatz zu Helena scheint Kassandra Sexualität ebenso zuwider zu sein wie die Gemeinschaft mit anderen Frauen. Sie kann, wie sie selbst sagt, „den Geruch der Weiber nicht mehr aushalten" (S. 102) und das Schlimmste sind für sie „die großen schillernden Fliegen, die [...] in der Sonne ihr Spiel treiben" (S. 102).

Wenn man die Erzählung des Odysseus im häuslichen Kreis und den Bericht des Pylades, aus denen sich der alte Telemach in der Rückschau ein Bild von Kassandra zusammenzusetzen sucht, vergegenwärtigt, so entsteht das Bild einer Frau, die sich den sexualisierenden Zugriffen ihrer Umgebung zu entziehen versucht, sei es aus Angst, Ekel oder aber aus einem elitären Bewußtsein heraus, das das Zeichen der Auserwählten ist. Für diese letzte Deutung spricht

eine Passage des Textes, in der Agamemnon, der von Odysseus als
der „Menschlichste" (S. 104) von allen trojanischen Kriegern geradezu verehrt wird, Kassandra als eine ihm verwandte Figur aner-
kennt:

> Aber für uns gilt diese übliche Einteilung in Freund und Feind nicht. Wir
> müssen auf eine andere Art miteinander verkehren. Ich glaube immer,
> daß es sehr notwendig ist, daß wir wenigen, wenn wir uns begegnen, uns
> außerhalb der gewohnten Sitten unterhalten, und daß wir uns das, was
> wir vor den anderen geheim halten, offen mitteilen. Denn wenn einer von
> uns sich irrt, dann ist es viel schlimmer als der kleine Schaden, den die Irr-
> tümer der anderen anrichten. Vielleicht bin ich ja auch einmal einem
> Gotte begegnet. (S. 112)

Diese Passage bereitet die spätere Verschmelzung der beiden Figuren vor, der geschlechtsspezifische Muster jedoch eingeschrieben
bleiben: Kassandra wird zum „Schatten" (S. 117) Agamemnons.
Der elitäre Schulterschluß zwischen Agamemnon und Kassandra
beruht auf einer Askese, die gewöhnliche Leute nicht verstehen und
mit falschen Verdächten beargwöhnen. Gegen das „selige Paar"
(S. 118) Menelaos und Helena, das als Gewinner des Krieges
zurückbleibt und von dem Odysseus nur mit Verachtung spricht,
steht das „andere Paar" Agamemnon und Kassandra (S. 118), das
gemeinsam in den Tod geht. Das dritte Paar, Odysseus und Penelope, findet in der ganzen Erzählung nicht wieder zueinander und
trennt sich schließlich endgültig. In der neuen Generation entstehen
überhaupt keine Paare: Telemach bleibt ebenso unvermählt wie
Pylades oder der umherreisende Orest, zu dem nach Meinung des
Pylades allein Kassandra gepaßt hätte („Nicht als Mann und Frau,
sie war ja älter, sondern […] na, wie soll ich es sagen? Sie hätten sich
gleich verstanden." S. 106). Hier werden Orest und Kassandra zum
‚Traumpaar' – eine Konstellation, auf die noch zurückzukommen
sein wird. Die Freundschaft der überlebenden Söhne beschränkt
sich im Falle von Orest und Pylades auf Platzhalterschaft bzw. im
Fall von Telemach und Pylades auf den Austausch von Grüßen und
kleinen Geschenken, die durch „gemeinsame Gastfreunde" (S. 96)
vermittelt werden.

Hier kündigt sich jene männliche solitäre Position des dichterischen Ichs an, die Nossack in seiner Büchner-Preis-Rede (1961)

nachträglich zum ästhetischen Programm erhoben und bis ans Ende seines Lebens in immer neuen Varianten durchgespielt hat. Als einzig mögliche Bündnispartnerin für die einsamen Heroen kommt nur eine Figur wie Kassandra in Frage, die aus der Gewöhnlichkeit normaler Menschen in mehrfacher Hinsicht herausgenommen ist: Sie entspricht nicht den traditionellen Weiblichkeitsmustern, sie ist als „jüngerer Bruder"[30] gleichsam eine „Unberührbare", die sich „rein" in jeder Hinsicht erhält und sie ist eine Seherin, die ihre von Phöbus erhaltene „Gabe" (S. 111) nicht als Auszeichnung, sondern als „Strafe" (S. 111) versteht. In einer solchen Auffassung berührt sie sich mit der Auffassung Nossacks, für den das Schreiben immer eine Bürde darstellte, an der er – wie Kassandra an ihrer Sehergabe – schwer zu tragen hatte.

In dem Text *Ich habe nur dich, Kassandra* von 1952 kommt Nossack auf diese Verbindung zwischen männlichem Autor-Ich und Kassandra, die Christa Wolf später als Verbindung zwischen weiblichem Autor-Ich und Kassandra ausphantasieren wird, in scherzhafter Weise zurück. Nach einem Leseabend, auf dem ein Autor wie so oft mit der Ignoranz seiner Zuhörer konfrontiert wird – in diesem Fall handelt es sich um eine „achtungsgebietende Dame", eine Hamburgerin, die ihn mit der Frage nervt, ob er das, was er schreibe, denn auch alles wirklich erlebt habe. Aus der ihn befallenden „Traurigkeit" kann sich der Dichter nur durch den Rückzug in sein Hotelzimmer retten, wo ihn bereits Kassandra erwartet:

Als oben die Fahrstuhltür hinter mir zuklappte, sah ich gleich, daß Kassandra dort auf mich wartete. Die gleiche Kassandra, die mit mir zusammen vor ungefähr dreitausend Jahren erschlagen wurde. Die mit den zu „schmalen Hüften", wie es damals aufgrund einer Bemerkung der schönen Helena von ihr hieß. Es gibt nur eine Kassandra, und ich habe sie erlebt.

Sie hockte in einem der Sessel, die auf dem Platz vor der Fahrstuhltür standen, neben ihr auf einem runden Tisch eine Vase mit weißen Tulpen. An der Wand hing ein alter Stich. Irgendwelche Menschen in altmodischer Kleidung, die aufs Meer hinausschauten.

Ich kniete mich zu Kassandra hin – ja, verzeihen Sie; denn jetzt schildere ich das Wirkliche, und nicht so, wie man sich unten im Speisesaal benimmt –; Ich tat es, weil ich ihre Augen sehen wollte. Ich dachte nämlich, sie weinte, aber natürlich, ein Mädchen, das die Liebe eines Gottes

ausgeschlagen hat, weint nicht so leicht. „Ich dachte schon, du wärst verloren", sagte sie. „Beinahe war es soweit. Drei Stunden habe ich versucht,
dich zu verleugnen. Es war furchtbar."

„Hast du viel trinken müssen?"

„Ach komm, es geht. Wird es denn nie anders werden mit uns? Immer
wieder steht eine Klytämnestra da mit dem Beil in der Hand, und will uns
erschlagen. Werden wir immer nur zusammen sterben dürfen?"

„Wenn wir uns dagegen wehren, sind wir ganz verloren."

„Ich habe doch nur dich, Kassandra."

„Ich weiß", sagte sie und lächelte dabei. „Aber geh jetzt in dein Zimmer,
hörst du. Der Fahrstuhl summt schon wieder. Sie denken sonst, du seist
betrunken."

Ich ging den halbdunklen Gang zu den Zimmern entlang, an all den
Schuhen vorbei, die vor den Türen standen. Ob mir Kassandra folgte?
Aber wieso denn! Wir haben uns, um zusammen zu sterben, immer wie-
der.[31]

Autor und Kassandra verschmelzen in dieser Passage zur Einheit,
die jedoch pessimistisch-melancholisch besetzt ist. Beide sind Einzelgänger, vergebliche Mahner, Rufer in der Wüste, die ohne die
erhoffte Resonanz in der Öffentlichkeit bleiben. Hier findet jene
Identifikation zwischen Autor und Kassandra statt, die Wolfgang
Koeppen – mit einer ganz anderen Zielsetzung als Nossack freilich –
1962 in seiner Büchner-Preis-Rede zum Credo einer ganzen, gegen
den ‚Zeitgeist' stehenden Generation von Autoren erheben sollte:

Der Schriftsteller ist kein Parteigänger, und er freut sich nicht mit den
Siegern. Er ist ein Mann, allein, oft in der traurigen Lage der Kassandra
unter den Trojanern.[32]

### III

Kehren wir zurück zu der *Kassandra*-Erzählung von 1946, die
anders als die ironische Skizze von 1952 so bedeutungsschwer in
den Mythos eingebunden ist. Das „uns", das wir im ersten interpretatorischen Durchgang als familiales identifiziert haben, verweist
nicht nur auf eine mythische „Ur-Situation" zurück, sondern es
weist zugleich in die Gegenwart von Autor und Leser, die über die

Figur der Kassandra miteinander in Verbindung gebracht werden. Kassandra, das alter ego des Autors, wird zur Herausforderung auch für den Leser, ihre Bedeutung für sich und seine Gegenwart zu klären.

Den Gegenwartsbezug der mythischen Figur Kassandra hat Nossack in einer anderen Erzählung, die 1948 zusammen mit der Erzählung *Kassandra* in dem Band *Interview mit dem Tode* veröffentlicht worden ist, geradezu überdeutlich herausgestellt. Die 1946/47 geschriebene Erzählung *Dorothea* spielt nicht im Trojanischen Krieg, sondern im zerbombten Hamburg von 1943 und dem Hungerwinter 1946/47. Vergeblich versucht ein fiktiver Ich-Erzähler, seine Erlebnisse einem Kameraden zunächst als eine Kassandra-Geschichte zu erzählen:

> Ich werde einfach so anfangen: „Es war einmal ein junges Mädchen namens Kassandra."
> „Wieso Kassandra?", wird er erstaunt fragen.
> „Sie war eine trojanische Prinzessin. Sie hatte zu schmale Hüften."
> „Woher weißt du das?"
> „Helena, ich meine die berühmte Helena, spottete darüber."
> „Warst du dabei?"
> Ich werde dann einfach weitererzählen, was ich weiß. Man muß diese Leere mit Gestalten anfüllen. Es ist Platz genug da.
> Wenn er nun aber zornig wird und ruft: „Was geht mich Kassandra an? Ich dachte, sie hieß Dorothea", was dann?[33]

Dorothea, das „Gottesgeschenk"[34], ist also nur eine Deckfigur für Kassandra. Die Erlebnisse im Hamburger Feuersturm und die sich daran anschließenden Begegnungen sind jedoch so traumatisch bzw. so seltsam, daß sie sich nicht mehr in die alte mythische Erzählung von Kassandra pressen lassen.

> Ja, was geht mich Kassandra an? Es wäre eine krampfhafte Lüge, von ihr zu reden. Ich werde meinem Kameraden die Geschichte von Dorothea erzählen.[35]

Die Herauslösung Dorotheas aus der mythischen Parallelisierung erfolgt jedoch nur, um sie sogleich in eine neue Beziehung einzubinden: Dorothea erscheint als Wiedergängerin einer Frau, die der Ich-Erzähler auf einem Bild des Malers Carl Hofer gesehen hat.

Auch wenn die ausführliche Bildbeschreibung erkennen läßt, daß es
sich nicht um das Kassandra-Bild Hofers, sondern um eines seiner
Mädchen-Bilder handeln muß, so bleibt der Bezug zu dem während
des Faschismus verfemten Hofer doch bemerkenswert.[36]

Entscheidender als die Frage, welches Hofersche Bild dem Ich-
Erzähler tatsächlich vor Augen gestanden hat, ist die Tatsache, daß
Nossack als Erzähler seine Figuren nicht ohne Mystifikationen auf-
einandertreffen lassen kann: Dorothea scheint einem Bild von
Hofer entsprungen zu sein bzw. wird in der Erinnerung des
Erzählers in dieses zurück verbannt, und der Ich-Erzähler wird von
Dorothea als Doppelgänger eines Mannes erlebt, der sie im Ham-
burger Feuersturm gerettet hat. Wie in *Kassandra* so scheitert auch
in *Dorothea* die Zusammenführung von Mann und Frau zum Paar.
Beide Texte erzählen von gescheiterten Begegnungen zwischen den
Geschlechtern und beide rufen dabei die Figur der Kassandra in
sehr unterschiedlicher Weise auf.

Kassandra ist dabei weder „beliebig", wie Epple es meint[37], noch
ist sie eine „harmlose" Figur, wie Müller konstatiert.[38] Solche Ein-
schätzungen, die im Kontext von Arbeiten – die angesichts der Fülle
der präsentierten Materialien auf Einzeltexte nur mehr oder minder
kursorisch eingehen können – verständlich und – angesichts des
unbefriedigenden Standes der Nossack-Forschung[39] – auch ver-
zeihlich sind, unterschätzen die Figur für die Nachkriegsprosa Nossacks in eklatanter Weise. Und sie verstellen – was schwerer wiegt –
den Blick auf die problematische Verbindung zwischen der Kassandra-Deutung Nossacks und den kontroversen Deutungsmu-
stern, wie sie von Autoren und Autorinnen des Exils, der Inneren
Emigration und des Nationalsozialismus zeitgleich entwickelt worden sind. Meines Erachtens zeigen die Kassandra-Texte Nossacks,
daß er die Figur nicht offensiv als „Bewältigungsfigur"[40] nutzt, sondern daß er sich genau in die ideologischen Widersprüche verstrickt,
die schon die Texte von Hauptmann, Schwarz und Mitterer zu einer
politisch und ästhetisch gleichermaßen quälenden Lektüre machen.
Die Parallelisierung von Trojanischem Krieg und Hamburger Feuersturm etwa mag subjektiv nachvollziehbar sein, politisch ist sie
aber in höchstem Grade dubios, weil hinter solchen Parallelisierun-
gen die Frage nach der Verantwortlichkeit für die Greuel des Krieges verschwindet.

Abb. 29
*Marcks: Kassandra (1948)*

Der Geschlechterdiskurs, in den Nossack seine Kassandra einbindet, ist dabei letztlich nicht weniger problematisch als derjenige, in den Mitterer ihre Kassandra hineinphantasiert hatte. Während Mitterer Kassandra als töchterliche Geliebte Agamemnons sexualisiert und in einen trivialen Liebesdiskurs überführt, entwirft Nossack das Bild einer asketischen Heroine, die dem Agamemnon brüderlicher Freund ist und in den Kreis heroischer Einzelgänger aufgenommen werden kann. Abgesehen von der latent männerbündischen Orientierung eines solchen Entwurfs, der sich dahinter verbergenden massiven Diskriminierung des Weiblichen und der damit einhergehenden Ablehnung von Sexualität und Körperlichkeit, stellt eine solche Kassandra-Phantasie genau die Momente des Politischen still, die Christa Wolf später in ihrem Kassandra-Projekt in den Mittelpunkt stellt. Die Stillstellung des Politischen als zeitgeschichtlicher Erfahrung aber ist das eigentliche Skandalon in einer Zeit, wo es gerade auf die Auseinandersetzung mit den Verbrechen des Nationalsozialismus angekommen wäre.

Das Bild der „blau-grauen, schlanken Rauchsäule", im ersten interpretatorischen Durchgang als Sinnbild Kassandras gedeutet, wird in einer solchen Perspektive lesbar als unfreiwillige Erinnerung an die Rauchsäulen, die aus Deutschlands Krematorien zur Zeit des Faschismus in den Himmel gestiegen sind. Die „Asche" (S. 106) Kassandras provoziert geradezu die Erinnerung an die Asche derjenigen, die der Text nicht bedenkt. Die Hinwendung zum Mythos ist eine Flucht vor der Auseinandersetzung mit den Verbrechen im eigenen Lande. Dabei wird Kassandra zu einer problematischen Komplizin des Verdrängens. Nossack befindet sich mit einer solchen Inanspruchnahme des Mythos in einer zwar nicht guten, dafür aber um so größeren Gesellschaft von Autoren und Autorinnen, die zur Zeit des Faschismus bzw. in der frühen Nachkriegszeit Trost und Zuflucht in der griechischen Mythologie gesucht und manchmal auch gefunden haben. Erinnert sei hier nur an die *Griechischen Mythen* von Kaschnitz und Jünger, an die *Märkische Argonautenfahrt* von Langgässer und an die *Iphigenie*-Dramen von Rutenborn, Langner, Schwarz und Vietta, die alle mehr oder minder einen ahistorischen Schicksalsdiskurs bedienen und im Mythos einen Fluchtpunkt vor der Auseinandersetzung mit der eigenen Verwicklung in die faschistische Kriegs- und Vernichtungs-

politik suchen. Mit seinen in der frühen Nachkriegszeit entstandenen Mythos-Texten – zu denen neben *Kassandra* die Erzählungen
*Orpheus und* …, *Dädalus,* vor allem aber *Nekyia* und *Der Untergang* zählen – gehört Nossack in den Kreis dieser postfaschistischen
Autoren, die stärker vom Faschismus geprägt waren, als ihnen
selbst bewußt und uns als nachfolgenden Interpreten lieb sein mag.

# IV

Ein kurzer Blick auf die beiden Erzählungen *Der Untergang* (1943)
und *Nekyia* (1946) soll abschließend die problematische Indienstnahme der Kassandra-Figur durch Nossack noch einmal von einer
anderen Perspektive her beleuchten. *Der Untergang* und *Nekyia*
sind keine Kassandra-Texte im Sinne der Erzählungen *Kassandra*
und *Dorothea* oder im Sinne der Skizze *Ich habe nur dich, Kassandra.* Sie handeln nicht von Kassandra, sondern in ihnen nimmt
Nossack die Position der Kassandra als „Untergangsseherin" ein.

Beide Texte gehören in den Kontext moderner Apokalypsen[41].
Sie sind Reflex der traumatischen Erfahrungen auf die „Hamburger
Katastrophe"[42], wie Nosack die Zerstörung Hamburgs gegenüber
Hermann Kasack in einem Brief vom 18. September 1946 bezeichnet hat. *Der Untergang,* von Nossack als „sehr intimer Bericht"
über „die Zeit vom 24. Juli bis ungefähr 15. August" 1943 dem
Briefpartner gegenüber angekündigt und im gleichen Atemzug als
„Bekenntnis" apostrophiert, ist geprägt von einem mythologisie-
renden Blick auf die zeitgeschichtliche Erfahrungen.[43] Das Bild der
toten Stadt, das in beiden Texten beschworen wird, reaktiviert
mythische und märchenhafte Erinnerungen.

Im *Untergang* ist es v.a. die Muttermord-Phantasie, durch die
Text in archaische Kontexte zurückgebunden wird. Die Schuld am
Untergang der Stadt – dies ist zumindest *eine* Lesart, die der Text
anbietet – trägt das Autor-Ich, das wie ein Mörder immer wieder zur
„Mordstelle"[44] zurückkehren muß. Die mythische Parallele zum
Muttermörder Orest, den Nossack in seiner *Kassandra*-Erzählung
von Muttermord freisprechen wird und den er später in der Skizze
*Orest* (1971) als „Leitbild"[45] verabschiedet, um ihn sogleich als
„älteren Bruder"[46] wiederauferstehen zu lassen, ist dem Text als

archaisierende Folie unterlegt. Der Kassandra-Blick des Autors ist
dabei nicht prophetisch-warnend in eine ferne Zukunft gerichtet,
sondern er ist fatalistisch zurückgewendet auf eine ,Ursituation', die
sich als ,Stirb und werde' zwangsläufig immer wiederholt: In der
Geschichte des Einzelnen und in der Geschichte der Völker.

Das uns schon bekannte ,Traumpaar' Orest und Kassandra aus der
*Kassandra*-Erzählung taucht als phantasmatische Konfiguration also
auch im *Untergang* auf: Als Muttermörder erfüllt Orest ein Schicksal, das Nossack als Kassandra nur rückwirkend bestätigen kann.
Orest und Kassandra sind mythische Doppelgänger des Autors auf
verschiedenen Ebenen. Von daher ist es nicht verwunderlich, daß
Nossack ursprünglich mit dem Gedanken gespielt hatte, seiner *Kassandra*-Erzählung den Titel *Orest* zu geben. Die Entscheidung für die
eine oder andere Figur ist keine prinzipielle, sondern eine ästhetisch-
strategische. Im *Untergang* verzichtet Nossack auf eine Einführung
der mythischen Figuren in die Handlungsebene der Erzählung,
reklamiert sie als ,Bewältigungsfiguren' aber keineswegs weniger
intensiv als in den Texten, in denen sie als Titelfiguren in geradezu
überdeutlicher Weise als Identifikationsfiguren angeboten werden.
Im *Untergang* verfährt Nossack subtiler und hält die mythischen
Bezüge verdeckter, wohl nicht zuletzt deshalb, weil er davon über-
zeugt war, daß die ,Wahrheit' nur einigen Auserwählten zumutbar sei.
In dem schon erwähnten Brief an Kasack hat Nossack betont, daß er
im Vergleich zu anderen Menschen, die das Gleiche erlebt hätten,
„empfindlichere Ohren"[47] habe, vor allem aber, daß sein „Wille zur
Bewußtheit"[48] ihn von den anderen Menschen unterscheide:

> Ich höre genau, wie vorsichtig die Menschen über das reden, was hinter
> ihnen liegt, und man muß diese Vorsicht achten. Man darf niemand zwin-
> gen, sich umzusehen; noch nicht, die Gefahr ist noch zu groß.[49]

Ohne den Text in seiner Vielschichtigkeit und Widersprüchlichkeit
an dieser Stelle ausdeuten zu wollen, läßt sich doch – auf unser
Thema bezogen – sagen, daß Nossack in der Erzählung unter der
Hand die Frage nach der Schuld zu einer existentiellen Sinngebung
des Grauens verschiebt, sich selbst in die elitäre Position des tiefer
Hörenden und besser Sehenden stilisiert und durch die Inanspruch-
nahme der Kassandra-Position zur Mythisierung des historischen
Geschehens beiträgt.

\*

Wichtig ist der Mythos-Bezug auch für die Deutung der Erzählung *Nekyia*.[50] Mit dem Titel – Nekyia heißt Totenopfer – spielt Nossack in sehr direkter Weise auf den griechischen Mythos an. Auf den ersten Blick fallen aber weniger die mythischen Momente ins Auge als vielmehr die vielfältigen Bezüglichkeiten auf die Traditionen des Märchens und der Science-Fiction-Literatur. Mit dem ursprünglichen Untertitel „Bericht eines Überlebenden" knüpft Nossack ganz explizit an die Tradition von Endzeitvisionen an, wie sie z. B. durch Mary Shelleys Roman *Der letzte Mensch* (1826) repräsentiert wird. Mit dem Motto „Post amorem omne animal triste" eröffnet er darüber hinaus einen Assoziationstraum, der uns aus der *Kassandra*-Erzählung wohl vertraut ist. Das Motto signalisiert, daß es einen Zusammenhang zwischen dem politischen Zusammenbruch und den privaten Katastrophen gibt. Die Geschlechterverhältnisse sind auch hier der geheime Bezugspunkt, von dem aus sich die Schuldproblematik aufrollen läßt.

Der Text entwirft ein trostloses Szenario, das an das Märchen erinnert, das die Großmutter in Büchners *Woyzeck* erzählt. Die Menschen, die Städte und die Bäume sind gestorben. Nicht einmal Gestirne gibt es noch. Der Mond ist ein „blinder Spiegel" geworden und hängt wie eine „mulschige Birne" (S. 207) am Himmel. Das Erzähl-Ich des Textes hat keinen Namen und kein Spiegelbild mehr. (S. 145) Die Welt scheint sich in einem Zustand zu befinden, der der Genesis als Chaos vorausgegangen ist. Die Welt ist ein „lehmiges Meer" (S. 177) und die Menschen sind „wie Lehmklumpen" (S. 119), die auf ihren Schöpfer warten. Lebendig erscheinen allein das Erzähl-Ich und dessen Freund zu sein, die in einem Lehmkrater aufeinandertreffen. In einer Szene, die an grotesker Deutlichkeit nicht zu wünschen übrig läßt, formen die beiden Männer sich eine Frau aus Lehm und geraten über ihr Werk schließlich in einen tödlichen Streit:

> „Du hast ihr ja keinen Nabel gemacht", schrie er und sprang auf. Und ehe ich es verhindern konnte, lief er zu ihr hinüber. „Wie kann sie denn einen Nabel haben, wenn sie von keiner Mutter geboren ist", rief ich ihm nach und rannte hinterher. Doch er war schneller, und es war schon zu spät. Ich kam nur bis zur Hälfte des Wegs, dann geschah das Furchtbare.

Er stand ihr gegenüber und bohrte ihr mit ausgestrecktem Zeigefinger
einen Nabel in den Bauch. „Lauf weg!" schrie ich, doch er hörte nicht
mehr. Die Frau machte einen Schritt auf ihn zu. Es sah aus, als zöge er sie
am Zeigefinger zu sich hin. Dann beugte sie sich ganz allmählich und mit
weichen Bewegungen über ihn, erst wie aus Zärtlichkeit und dann wie
eine Ohnmächtige. Das Letzte, was ich von meinem Freunde sah, war,
wie er die Hände abwehrend gegen sie stemmte. Doch der Leib fiel über
ihn und zog die ganze Wand, von der er noch nicht gelöst war, hinter sich
her. (S. 187)

Als „Überlebender" bleibt das Erzähl-Ich des Textes zurück. In
traum- und alptraumartigen Sequenzen irrt es durch eine wüste und
leere Welt, auf der Suche nach den Müttern und nach der Antwort
auf die Frage, wer „Schuld" (S. 178) am Zustand der Welt trägt:

„Mutter, es ist etwas Furchtbares geschehen", redete ich an ihrer Schulter in sie ein. „Ich habe die ganze Zeit so getan, als ginge es mich nichts
an und als könnte man auch so weiter leben. Aber das ist eine Lüge und
nun ist es soweit, daß ich schreien möchte. Und es ist vielleicht zu spät.
Und ich habe vielleicht die Schuld an allem. Es haben doch Kinder im
Sande und mit Puppen gespielt. Die Mädchen blickten freudig in den
Morgen, wenn sie am Fenster ihr Bett aufschüttelten. Und Jünglinge,
vom Blau des Abends umschattet, ritten wiegend die Pferde zur
Schwemme und träumten von Heldentaten. Und dann die alten Leute,
die vor den Haustüren saßen zwischen den Blumenstauden ihres Vor-
gartens. Das alles, Mutter, ist nicht mehr. Es ging zugrunde, weil ich keinen rechten Teil daran hatte. Die Leute werden anklagend mit dem Finger auf mich zeigen. Und den Namen, den sie bisher nur heimlich
flüsterten – und ich tat so, als hörte ich es nicht –, nun werden sie ihn laut
rufen: Da steht er, der Tod! O Mutter, mach mich namenlos." (S. 201)

Die Mutter erzählt dem Sohn daraufhin verschlüsselt die Geschichte des Trojanischen Krieges. Durch diese lange Erzählung, die bis
auf leichte Verschiebungen der mythischen Vorlage entspricht, gibt
sie dem Sohn die verlorene Identität zurück. Wie im *Untergang*
entpuppt sich auch in *Nekyia* das Ich als Orest, der Opfer des Krieges und der familialen Situation zugleich ist. Wie in der *Kassandra-*
Erzählung ist Orest aber auch in *Nekyia* kein Muttermörder, wohl
aber ist die Mutter Klytämnestra die Mörderin des Vaters.

Wo aber bleibt in dieser Konstellation Kassandra? Sie ist wie im
*Untergang* auch hier das alter ego des Autors, der wie Kassandra der

Sehende und Wissende ist, dem niemand glaubt und der an seinem Wissen schwer trägt:

> Eine Rettung gibt es überhaupt nicht, außer für einen einzigen und dieser einzige ist man selber. O welch eine Last für ihn, von heute bis morgen zu leben! Wenn er das erträgt, ist er in Wahrheit ein Geprüfter. Wenn man es den Leuten nun sagen würde, so hätte das doch nur zur Folge – vorausgesetzt, daß sie es glauben würde, was nicht wahrscheinlich ist –, daß die Sintflut schon heute hereinzubrechen begönne. Also muß man schweigen, obwohl es das Schwerste ist. (S. 148)

Geschwiegen hat Nossack keineswegs. Im Gegenteil: In immer neuen Anläufen hat er mit seinen frühen Nachkriegstexten Anläufe der Klärung, Deutung und Sinngebung versucht. Dabei ist der Mythos vom Trojanischen Krieg und dessen Personal – allen voran Orest und Kassandra – ein prekärer Bezugspunkt, weil er Geschichte in einen überzeitlichen Raum transzendiert, in dem die Frage nach Schuld und Verantwortung sich nicht mehr als konkret politische stellt.

## Anmerkung

1 Mann, Thomas und Kerényi, Karl: Gespräch in Briefen. München 1967, S. 107.
2 Nossack, Hans Erich: Kassandra. In: ders.: Die Erzählungen. Hg. v. Christof Schmid. Frankfurt/M. 1987, S. 93–118. Die Seitenzahlen werden im folgenden direkt im Text nachgewiesen.
3 Epple, Thomas: Der Aufstieg der Untergangsseherin Kassandra. Zum Wandel ihrer Interpretation vom 18. Jahrhundert bis zur Gegenwart. Würzburg 1993.
4 Müller, Solvejg: Kein Brautfest zwischen Menschen und Göttern. Kassandra-Mythologie im Lichte von Sexualität und Wahrheit. Köln u.a. 1994.
5 Epple, S. 227.
6 Müller, S. 194.
7 Zit. nach Epple, S. 227.
8 Zit. nach Epple, S. 231. Ein neuer, vollständiger Abdruck des Gedichts findet sich in: An den Wind geschrieben. Lyrik der Freiheit. Gedichte der Jahre 1933–1943. Hg. v. Manfred Schlosser. 4. Aufl. Berlin 1982, S. 25–27.
9 Hermann-Neiße, Max: Kassandra seit 1933. In: ders.: Um uns die Fremde. Gedichte 2. Gesammelte Werke. Hg. v. Klaus Völker. Frankfurt/M. 1986, S. 549f. Siehe dort auch das Gedicht *Odysseus 1939*, S. 546–48.
10 Zit. nach Epple, S. 229.
11 Ebd.
12 Ebd.

13  Mann, Klaus: Der Wendepunkt. Ein Lebensbericht. Frankfurt/M. 1952, S. 312.

14  Vgl. Epple, S. 236.

15  Vgl. dazu Müller, die Foucaults These von der Verbindung von Blut, Sexualität und Disziplinierung im Faschismus (S. 183) v. a. im Kapitel „Kassandra und die Kriege des 20. Jahrhunderts" mit einer Fülle von Textbeispielen zu belegen versucht.

16  Vgl. Epple, S. 202. Zu Hauptmann siehe die vorzügliche Arbeit von Sprengel, Peter: Die Wirklichkeit der Mythen. Untersuchungen zum Werk Gerhart Hauptmanns. Berlin 1982.

17  So bereits Ries, H.: Die Rückwendung zum Mythos in G. Hauptmanns Atriden-Tetralogie. Frankfurt/M. 1952, S. 99.

18  Epple, S. 204. Vgl. dazu auch die Deutung bei Müller, S. 183 ff.

19  Schwarz, Hans: Kassandra. Eine Tragödie. Berlin 1941, S. 105.

20  Ebd. S. 124.

21  Epple, S. 207ff. Vgl. dazu auch die Deutung bei Müller, S. 193 f.

22  Mitterer, Erika: Die Seherin. Eine Erzählung. Hamburg 1942, S. 62.

23  Ebd. S. 89.

24  Vgl. Braun, Christina von: Die „Blutschande" – Wandlungen eines Begriffs. Vom Inzesttabu zu den Rassegesetzen. In: dies.: Die schamlose Schönheit des Vergangenen. Frankfurt/M. 1989, S. 81 – 111.

25  Mitterer, S. 90.

26  Ebd. S. 30.

27  Zu Hofer vgl. Ausstellungskatalog: Karl Hofer. Sammlung Rolf Deyhle III. Hg. v. Thomas Gädecke. Neumünster 1996. Zwischen den Bildern Hofers und den Texten Nossacks gibt es erstaunliche thematische Korrespondenzen.

28  Bloch, Ernst: Das Prinzip Hoffnung. 6. Auflage Frankfurt/M. 1979, S. 1313.

29  Münkler, Herfried: Odysseus und Kassandra. Frankfurt/M.1990, S. 88.

30  Nossack. Hans Erich: Der jüngere Bruder. Roman. Frankfurt/M. 1958.

31  Ders.: Ich habe nur dich, Kassandra. In: ders.: Aus den Akten der Kanzlei Seiner Exzellenz des Herrn Premierministers Tod. Glossen und Miniaturen. Frankfurt/M. 1987, S. 160 f.

32  Koeppen, Wolfgang: Rede zur Verleihung des Georg-Büchner-Preises 1962. In: ders.: Gesammelte Werke in 6 Bdn., Frankfurt/M., Bdn. 5, S. 259.

33  Nossack, Hans Erich.: Dorothea. In: ders.: Die Erzählungen. (vgl. Anm. 2), S. 231.

34  Ebd. S. 224.

35  Ebd. S. 232.

36  Im Januar 1947 gab es eine Ausstellung von Hofer-Bildern in Hamburg in der Galerie der Jugend von Ingeborg und Gottfried Sello, wo zum ersten Mal nach dem Krieg 36 Gemälde und 20 weitere Arbeiten von Hofer ausgestellt wurden. 1953 folgte eine weitere Ausstellung in der Hamburger Kunsthalle. Vgl. dazu den Hofer-Katalog (Anm. 27), S. 99 f. Als „Bewältigungsfigur" spielte Kassandra während und nach dem Krieg auch eine Rolle für einen anderen mit Hamburg verbundenen Künstler. Gerhard Marcks, der – wie Hofer ein Verfemter während des Nationalsozialismus – 1947 an die Hamburger Kunsthochschule berufen

wurde, stellte 1947 für die Lübecker Katharinenkirche einen Fries fertig, in dem sich auch eine Kassandra-Figur befand. Vgl. Marcks, Gerhard: Das plastische Werk. Hg. u. mit einer Monographie eingeleitet von Günter Busch. Mit einem Werkverzeichnis von Martina Rudloff. Frankfurt/M. 1977.

37 Epple, S. 217.

38 Müller, S. 196.

39 Erst mit den jüngsten Arbeiten von Buhr und Söhling hat sich die Nossack-Forschung deutlich professionalisiert.
Buhr, Wolfgang Michael: Hans Erich Nossack. Die Grenzsituation als Schlüssel zum Verständnis seines Werkes. Frankfurt/M. 1994.
Söhling, Gabriele: Das Schweigen zum Klingen bringen. Denkstruktur, Literaturbegriff und Schreibweisen bei Hans Erich Nossack. Mainz 1995.
Diese Arbeiten gehen aber nicht auf *Kassandra* ein.

40 Eine „Bewältigungsfigur" während des Faschismus bzw. in der frühen Nachkriegszeit war noch stärker als Kassandra Antigone, die zur Ikone des Widerstands avancierte.
Vgl. dazu Steiner, George: Die Antigonen. Geschichte und Gegenwart eines Mythos. München 1988; Bossinade, Johanna: Das Beispiel Antigone. Textsemiotische Untersuchungen zur Präsentation der Frauenfigur von Sophokles bis Ingeborg Bachmann. Köln und Wien 1990.

41 Vondung, Klaus: Die Apokalypse in Deutschland vom 18. Jahrhundert bis zur Postmoderne. München 1988.

42 Zit. nach Nossack: S. 862 (vgl. Anm. 2).

43 Vgl. zu den Mythologisierungstendenzen in Nossacks Frühwerk auch Stephan, Inge: „Hamburg ist für alles Künstlerische immer lähmend gewesen". Formen der Mythologisierung Hamburgs bei Hans Erich Nossack. In: dies. u. Winter, Hans-Gerd (Hg.): Liebe, die im Abgrund Anker wirft. Autoren und literarisches Feld im Hamburg des 20. Jahrhunderts. Hamburg 1989, S. 294–316.

44 Zit. nach Nossack, S. 858 (vgl. Anm. 2).

45 Nossack, Hans Erich: Orest. In: ders.: Aus den Akten … (vgl. Anm 31), S. 26.

46 Ebd. S. 27.

47 Zit. nach Nossack: S. 858 (vgl. Anm. 2).

48 Ebd.

49 Ebd.

50 Nossack, Hans Erich: Nekyia. In: ders.: Die Erzählungen. (vgl. Anm. 2), S. 119–217. Die Seitenzahlen werden im folgenden direkt im Text nachgewiesen.

# Orte der Medea

## Zur topographischen Inszenierung des Fremden in Texten von Bertolt Brecht und Katja Lange-Müller

### I

Unter den Gedichten Brechts, die in der ersten Phase des Exils zwischen 1933 und 1938 entstanden sind, befindet sich eines mit dem Titel *Die Medea von Lodz*[1]. Der Ortsname Łódź, ohne die polnischen Akzente und statt des polnischen „Ł" mit dem deutschen „L" geschrieben, berührt merkwürdig. Was hat Medea mit Łódź zu tun? Was bedeutet es, wenn Brecht einen realen Ort aufruft und ihn mit einer mythischen Figur verkoppelt? Was verbinden wir heute als ‚Nachgeborene' in Deutschland mit dem Ortsnamen Łódź, was weiß Brecht von Łódź und worauf zielt er mit der Wahl dieses Ortsnamens? Und *welche* Medea meint Brecht, die Barbarin und Zauberin in Kolchis, die maßlos liebende und gedemütigte Frau in Korinth oder die Fremde und Exilierte, die als Mörderin der Kinder, des Bruders und der Nebenbuhlerin zwischen Orkus und Olymp ruhelos hin- und herirrt und als Furie durch die abendländische Literatur- und Kunstgeschichte gehetzt wird? Geht es Brecht überhaupt um eine Arbeit an einem unabgegoltenen Mythos, an dem sich vor ihm Autoren wie Klinger, Grillparzer und Jahnn abgemüht hatten? Spielt er nur mit der Erinnerung an eine faszinierende Frauenfigur, die zum „dunklen Spiegel"[2] all der Ängste geworden ist, die eine patriarchalisch nicht domestizierte Weiblichkeit bei den Siegern der Geschichte bis in die Gegenwart hervorgerufen und die jüngst in Christa Wolfs Roman *Medea. Stimmen* als „wilde Frau"[3] eine neue emphatische Ausgestaltung erfahren hat? Oder geht es Brecht mit seinem Gedicht gar nicht um Medea, sondern vielmehr um eine Auseinandersetzung mit der damaligen deutschen Gegenwart? In welchem

Verhältnis stehen mythische Assoziation und politische Zeitkritik bei dem notorisch mythen- und traditionsskeptischen Brecht, der in seinem Gedicht *Verurteilung antiker Ideale* abfällig vom „Stumpfsinn der Größe vergangener Zeiten" gesprochen und das „klaglose Ertragen vermeidbarer Leiden" und den „Glauben an unvermeidbare Schuld" kurzerhand als ‚falsches Bewußtsein' denunziert hatte?[4]

Angesichts der mythenskeptischen Haltung Brechts erstaunt es nicht, daß sich das Gedicht nicht in die Tradition der pathetischen Mythosauffassung einfügt, wie sie in der Moderne üblich war und durch faschistische Autoren wie Rosenberg bzw. mit dem Faschismus liebäugelnde Autoren wie Benn gerade um 1933 neu formuliert wurde. Brecht verzichtet bewußt auf eine Partizipation an der Aura des Mythos, die wenige Jahre zuvor in Jahnns *Medea* eine grandiose Steigerung erfahren hatte. Sein Gedicht gibt sich betont beiläufig und imitiert ironisch den Ton alter Mären.

DIE MEDEA VON LODZ

Da ist eine alte Märe,
Von einer Frau, Medea genannt
Die kam vor tausend Jahren
An einen fremden Strand.
Der Mann, der sie liebte
Brachte sie dorthin.
Er sagte: Du bist zu Hause
Wo ich zu Hause bin.


Sie sprach eine andere Sprache
Als die Leute dort
Für Milch und Brot und Liebe
Hatten sie ein anderes Wort.
Sie hatte andere Haare
Und ging ein anderes Gehn
Ist nie dort heimisch geworden
Wurde scheel angesehn.


Wie es mit ihr gegangen
Erzählt der Euripides

seine mächtigen Chöre singen
Von einem vergilbten Prozeß.
Nur der Wind geht noch über die Trümmer
Der ungastlichen Stadt
Und Staub sind die Stein, mit denen
Sie die Fremde gesteinigt hat.

Da hören wir mit einem
Mal jetzt die Rede gehn
Es würden in unseren Städten
Von neuem Medeen gesehn.
Zwischen Tram und Auto und Hochbahn
Wird das alte Geschrei geschrien
1934
In unserer Stadt Berlin.

Ich weiß nicht, welche Assoziationen der Ortname Łódź, der im Titel
des Gedichts so irritierend mit dem Namen Medea verbunden ist, in
der letzten Strophe dann durch Berlin und die vielen Medeen dort
ersetzt wird, bei LeserInnen heute wachruft. Vielleicht kennen einige
den Schlager *Theo, wir fahr'n nach Lodsch*, der in den siebziger Jahren in der Bundesrepublik populär war. Vielleicht erinnern sich einige, daß dieser viel gespielte Schlager auf ein Lied zurückgeht, das
österreichische Soldaten im Ersten Weltkrieg an der Ostfront aufge-
schnappt und als ‚Beute' nach Hause mitgebracht haben. Vielleicht
wissen einige sogar, daß der Theo des Liedes ursprünglich Itzhack
geheißen hat und daß der jiddische Name in einem gezielten Prozeß
des Verdrängens ‚arisiert' worden ist. Ich selbst habe dies alles nicht
gewußt, sondern eher zufällig aus einer „Vedute" über Łódź erfahren,
die im September 1996 in der *Zeit* veröffentlicht worden ist.[5]
   Łódź ist also kein Phantasieort, wie viele geglaubt haben mögen,
die damals den Schlager gesungen haben, sondern es handelt sich um
eine reale Stadt, die überdies mit der deutschen und der europäischen Geschichte in einer ganz besonderen Weise verbunden ist.

   Łódź hat jahrzehntelang nur im Langzeitgedächtnis einer Gesellschaft
   überlebt, das Melodien und Refrains auch dann noch speichert, wenn die
   Menschen, die sie erfunden haben, getötet und die Städte, die sie besun-
   gen haben, entvölkert worden sind.[6]

Abb. 30 *Agnes Straub als Medea (1926)*

Der Ortsname Łódź erinnert an ein Trauma der europäischen Geschichte.

Kein Weg führt an Łódź vorbei, wenn man wissen möchte, was aus Europa geworden ist und was es wieder sein könnte.[7]

Die Geschichte von Łódź, nur wenige Eisenbahnstunden von Berlin entfernt und heute mit 800 000 Einwohner die zweitgröße Stadt Polens, ist verbunden wie kaum eine andere polnische Stadt mit der wechselvollen Geschichte des Landes, seinen nationalen Erhebungen im 18. Jahrhundert, der rasanten Industrialisierung im 19. Jahrhundert und der Ausbildung jenes Vielvölkergemisches, von dem Wladyslaw Reymonts Epos *Das gelobte Land* (1899) erzählt und an das Israel Singer mit seinem Roman *Die Brüder Ashkenasi* oder Jizchak Katzenelson in seinem *Großen Gesang vom ausgerotteten jüdischen Volk* erinnern.

Łódź, dessen Gründungsurkunde aus dem Jahre 1423 datiert, entwickelte sich nach dem Wiener Kongreß 1815 und der dort vollzogenen vierten polnischen Teilung und nach der Erklärung zur Regierungstadt im Jahre 1820 aus einem verschlafenen Provinznest in wenigen Jahrzehnten zu der bedeutendsten Industriemetropole Ostmitteleuropas, zum viel bestaunten „Manchester des Ostens", das vielen Kritikern freilich als ein beängstigender Polyp erschien, in dessen Fängen das alte Polen unwiderruflich unterging. Für manche Kritiker wurde Łódź – lange vor Berlin – zur Verkörperung der „bösen Stadt" (Zygmunt Bartkiewicz) schlechthin, die die alten von Grundeigentum und Magnatentum geprägten sozialen Beziehungen zerstörte und an deren Stelle einen anonymen kapitalistischen Markt setzte, der enorme soziale, politische und ethnische Spannungen produzierte. Nirgends explodierten die Bevölkerungszahlen so wie in Łódź.

Birmingham wuchs zwischen 1850 und 1900 um das doppelte, Köln um das vierfache, Łódź im selben Zeitraum aber um das zwanzigfache, von 16 000 auf 321 000 Einwohner, und dann noch einmal bis 1914 auf fast 600 000 Einwohner.[8]

Nicht zufällig entwickelte sich Łódź zu einem Brennpunkt der revolutionären Bewegung und zu einem Zentrum der internationalen Arbeiterbewegung bis weit in die zweite Republik hinein. Zu den

sozialen Problemen gesellten sich ethnische: Łódź war eine Vielvölkerstadt, eine „riesige Menschenwerkstatt"[9], in der neben polnisch,
russisch und deutsch auch jiddisch und hebräisch gesprochen wurde.
Um 1830 war die Mehrheit der Łódźer Bevölkerung deutsch (74 %),
die zweitstärkste Gruppe waren Polen (17 %), die drittstärkste
Juden (9 %). Der Anteil der Deutschen, die sich vor allem aus Ein-
wanderern aus Schlesien, Sachsen, Böhmen und dem Rheinland
rekrutierten, ging kontinuierlich zurück. Am Ende des Jahrhunderts
stellten die Polen die Mehrheit, gefolgt von den Deutschen mit 34 %
und den Juden mit 25 % Anteil an der Bevölkerung. Die Volkszäh-
lung von 1931 – und hier befinden wir uns schon in unmittelbarer
Nähe zu dem Jahr 1934, das Brecht in seinem Gedicht nennt – ergibt
einen polnischen Bevölkerungsanteil von 50 %, einen jüdischen von
32 % und einen deutschen von 10 %. Als am 8. September 1939 die
deutsche Wehrmacht Łódź eroberte, wurde die Stadt in Litzmannstadt umbenannt – nach dem preußischen General und fanatischen
Nationalsozialisten Karl Litzmann. Łódź, alias Litzmannstadt, lag
nun nicht mehr in Polen, sondern im „Warthegau" des „Großdeut-
schen Reiches". Es begann die massenhafte Vertreibung der Polen
ins sogenannte „Generalgouvernement" und die Einschließung der
jüdischen Bevölkerung im Ghetto. Von den 250 000 Juden, die vor
1939 in Łódź lebten, befanden sich 1945 nur noch 800 in der Stadt.

Gibt es einen Zusammenhang zwischen dem Brechtschen Gedicht und der Geschichte von Łódź?

Wenn Brecht 1934 den Ortsnamen Łódź in Verbindung mit der
mythischen Medea bringt, dann tut er dies m. E. wegen der Asso-
ziationsmöglichkeiten, die die Nennung dieses Namens für den
politisch interessierten Leser um 1934 bereit hielt. Łódź wird aufgerufen als politisch ambivalent besetzter Ort, in dem, wie an kaum
einem anderen Ort in Europa, soziale und ethnische Widersprüche
des wirtschaftlichen und gesellschaftlichen Modernisierungspro-
zesses aufbrachen. Łódź kann verstanden werden als Chiffre für die
Kälte der großen Städte, in deren „Dickicht" die Menschen einan-
der fremd und feindlich werden.[10]

Wer aber ist unter diesen Voraussetzungen *Die Medea von Lodz*?
Das Gedicht spricht von Medea als einer Fremden: Sie spricht anders,
sie sieht anders aus und sie bewegt sich anders. Sie kommt aus der polnischen Vielvölkerstadt Łódź – wohl dort schon eine Fremde unter

Fremden – nach Berlin als ‚Mitbringsel‘ eines Mannes, von dem gesagt wird, daß er sie liebt, nicht aber, ob sie ihn liebt. Die Parallele zur mythischen Medea liegt in der Erfahrung von Fremdheit, die beide machen: Die kolchische Medea im griechischen Korinth und die Medea aus Łódź im modernen Berlin mit Trams, Autos und Hochbahnen. Offenbar benutzt Brecht *Die Medea von Lodz* als Bild für die ostjüdischen Einwanderer, die in den zwanziger Jahren verstärkt nach Berlin kamen und dort als Gäste keineswegs willkommen waren und die auch noch nach 1933 in die großen Städte des Westens strömten und nach 1933 natürlich verstärkten Repressionen ausgesetzt waren.

Dabei verschiebt Brecht in der dritten Strophe unter der Hand die mythische Erzählung in einer erstaunlichen Weise: Nicht Medea ist die Mörderin (ihrer Kinder und der verhaßten Nebenbuhlerin), sondern die Einwohner der „ungastlichen Stadt" haben „Sie die Fremde gesteinigt".[11] Diese Verschiebung gewinnt unter der Perspektive des späteren Holocausts eine fast hellseherische Bedeutung und macht das Gedicht zu einem bedrückenden Zeugnis für die tödlichen Konsequenzen der Ausgrenzung und Verfolgung ethnischer Minderheiten, zu einem Zeugnis, das sich 1934, zehn Jahre vor dem Holocaust natürlich anders liest als heute, über fünfzig Jahre danach. Die Warnung des Gedichts ist 1997 aber nicht weniger aktuell als 1934. „Medeen" tauchen auch heute „in unseren Städten auf", nur kommen sie nicht mehr allein aus Łódź, sondern aus Anatolien, Rumänien, aus Afrika, Asien und anderswoher.

Jenseits der unbestreitbaren vergangenen und gegenwärtigen Brisanz eines solchen Gedichtes wirft Brechts *Medea von Lodz* jedoch eine Reihe von Fragen auf, deren eindeutige Beantwortung deshalb schwerfällt, weil die Bezüge auf die mythische Figur einerseits und die reale Stadt andererseits – trotz oder gerade wegen des programmatischen Titel – im Texte betont vage gehalten sind und durch den in der letzten Strophe eingeführten neuen Ortsnamen Berlin und durch die Pluralisierung Medeas zu „Medeen" noch vager werden. Dabei sind die Abweichungen Brechts vom Medea-Mythos, wie ihn Euripides in seinem Drama von 431 v. Chr. ausgestaltet hat, erheblich: Weder wird Medea von Brecht als leidenschaftlich Liebende und Hassende oder als mehrfache Mörderin dargestellt, noch wird sie als Zauberin und Heilerin begriffen. Brecht behandelt den Mythos so dilatorisch, daß er nicht einmal die Bedeutungspotentiale kappt, die sich mit einer Figur wie Medea zwangsläufig verbinden. Die Assoziation „Kindermörderin" wird im Text weder mobilisiert noch destruiert, sie stellt sich jedoch trotzdem ein, weil gerade sie im kulturellen Gedächtnis in besonderer Weise gespeichert ist. Ähnlich verhält es sich mit dem Łódź-Bezug. Auch hier fällt es schwer zu entscheiden, worauf Brecht eigentlich anspielen will: auf Łódź als kapitalistische Metropole, als Vielvölkerstaat oder als jüdisches Zentrum. Nicht minder kryptisch scheint die Jahreszahl 1934 zu sein. Worauf will der sich bereits im Exil befindliche Brecht damit konkret anspielen?[12]

Meine These, daß Figur und Ort für das gleiche stehen, macht die Beantwortung der Frage, *warum* Brecht eine kulturell so hoch besetzte weibliche Figur und eine nicht minder politisch ambivalent besetzte polnische Stadt benutzt und darüber hinaus noch assoziativ mit dem Jahr 1934 verknüpft, keineswegs leichter. Die aus dem Osten kommende jüdische Medea Brechts – so frappierend ein solcher Einfall auf den ersten Blick zu sein scheint – ist Teil eines Jahrhunderte umspannenden literarischen Diskurses über das Fremde, der dadurch gekennzeichnet ist, daß er das Fremde stets als das sexuell und/oder ethnisch Andere konnotiert. Ich halte die Wahl Medeas in dem Brechtschen Gedicht also nicht für zufällig, sondern für symptomatisch, auch und gerade für einen Autor, für den sich die Erfahrung von Fremdheit durch das Exil in einer ganz neuen Weise stellte. Die Figur scheint sich geradezu anzubieten, wenn Autoren und Autorinnen nach Bildern für das Fremde suchen. Ein kurzer Blick auf einige ausgewählte Texte des literarischen Kanons wird aber dabei zeigen, daß die Orte, die Medea dabei jeweils zugewiesen werden, von ganz besonderer Wichtigkeit sind, daß gerade in der Wahl der Orte die ‚Fremdheit' Medeas eine kaum noch zu überbietende Verdoppelung und Steigerung erfährt.

## II

Bereits im Mythos spielen die Orte eine besondere Rolle. Medeas sagenhafte Herkunft aus Kolchis – angesiedelt am östlichen Ufer des Schwarzen Meeres, sozusagen am äußersten Rande der damals bekannten Welt – und ihr Leben mit Jason und den Kindern in dem

für die damalige Zeit hochzivilisierten griechischen Korinth hat
Interpreten immer wieder vor das Problem gestellt, wie das sagenhafte Kolchis und das reale Korinth eigentlich zusammenpassen.
Die *Realenzyklopädie der klassischen Altertumswissenschaft* zog
aus den widersprüchlichen Überlieferungssträngen des Medea-
Mythos kurzerhand den Schluß, „daß die kolchische Medea in der
thessalischen Argonautensage von der korinthischen Heroine zu
trennen sei"[13]. Damit wird auseinandergerissen, was in dem euri-
pideischen Drama zusammengebracht ist: Die zauberisch-heilkun-
dige Königstochter mit der doppelten Genealogie – in göttlicher
Linie stammt Medea von Helios, dem Sonnengott, und Hekate, der
Unterweltgöttin, in der menschlichen Linie vom kolchischen Herrscher Aietes und der Okeanide Eidiya ab – und die betrogene Ehefrau und mörderische Mutter in Korinth, die von den Griechen als
Barbarin ausgegrenzt wird und sich an ihrem untreuen Mann und
dem frauen- und fremdenfeindlichen Herrscher Kreon durch die
Ermordung der Kinder und durch die Tötung der korinthischen
Königstochter Kreusa/Glauke rächt. Das Ende Medeas gibt weitere Rätsel auf: An welchen Ort begibt sich die ‚unerwünschte Aus-
länderin' nach der Vertreibung aus Korinth? Auch hier gibt es verschiedene Versionen. Nach der einen begibt sie sich in die Unterwelt
zu ihrer Mutter Hekate, nach der anderen zu ihrem Großvater Helios in den Himmel, nach einer weiteren nach Athen zu Aigeus, den
sie sich als „Gastfreund" verpflichtet hat, nach noch einer anderen
findet sie schließlich Zuflucht in dem sagenhaft Reich Medien, das
ihr Sohn Medos, hervorgegangen aus der Verbindung von Medea
und Aigeus, gegründet hat. Es fällt schwer, darin nicht eine prophe-
tische Vorwegnahme der multimedialen Karriere der Medea vor
allem im 20. Jahrhundert zu sehen.

Reale und sagenhafte Orte vermischen sich also schon im Mythos
in schwer zu trennender Weise. Wie auch immer man sich dem
Medea-Mythos genähert hat – aus altphilologischer, sozialhistori-
scher, psychoanalytischer, kulturgeschichtlicher oder feministischer
Perspektive – die Tatsache der vielen Orte gab immer Anlaß zu Irritationen und verleitete dazu, sich auf die Suche nach dem ‚wahren'
Ort der Medea zu begeben.

Produktiver als eine Suche nach dem ‚Ursprung'[14] der Medea
erscheint mir die Annahme, daß die vielen Orte letztlich Ausdruck

der Ortlosigkeit Medeas sind. Diese Annahme ist nicht nur folgen-
reich für ein Verständnis des Mythos als verdrängter Geschichte
und Psychohistoire, sondern auch zentral für die Vorstellung vom
Fremden als ‚dunklem Kontinent' unserer selbst und als phantasti-
schem Ort des Begehrens und des Schreckens.

Die Orte, an die Medea von den Autoren und Autorinnen phantasiert werden, oszillieren meiner Meinung nach daher nicht zufällig zwischen realen, fiktiven, symbolischen und metaphysischen
Orten. Friedrich Maximilian Klinger verbannt seine Medea in seinem Drama *Medea auf dem Kaukasus* (1792) nach der Flucht aus
Korinth in das kaukasische Gebirge, wo sie sich zur ‚schönen Seele'
läutert, das ‚Fremde' als ‚Eigenes', also gesellschaftlich und ästhetisch wieder integrierbar wird. Franz Grillparzer faßt in seiner Tri-
logie *Das Goldene Vlieβ* (1821) den Widerspruch zwischen Kolchis
und Korinth symbolisch als Dichotomie zwischen Höhle und Turm
und entwickelt eine Topographie des Unbewußten, in der der
‚dunkle Kontinent' Freuds vorweggenommen ist. Paul Heyse versetzt in seiner Novelle *Medea* (1896) seine Medea, eine unschöne
Mulattin, in das München des ausgehenden 19. Jahrhunderts. Hans
Henny Jahnn (1924/29) färbt seine Medea noch dunkler ein und
versieht sie überdies mit einer afrikanisch-ägyptischen Herkunft,
während Elisabeth Langgässer in ihrer *Märkischen Argonautenfahrt* (1950) Medea kurzerhand die Hölle als Wohnung zuweist und
ihr Maria als himmlische Lichtgestalt programmatisch entgegen-
setzt. Heiner Müller verlegt in seinem Tryptichon *Verkommenes
Ufer/Medeamaterial/Landschaft mit Argonauten* (1983) das sagenhafte Kolchis an ein „verwahrlostes Ufer" nach Strausberg an den
östlichen Rand Berlins, an einen verdreckten See in eine zerstörte
Landschaft, auf dessen „Grund" sich Medea, „den zerstückten Bruder im Arm", befindet, wobei das Wort „Grund" so vieldeutig ist,
daß alle Assoziationen freigegeben sind. Ich muß es mir versagen, an
dieser Stelle die Funktionen dieser verschiedenen Ortzuschreibun-
gen im einzelnen zu diskutieren, statt dessen möchte ich an einem
Text der Gegenwart versuchen zu zeigen, wie Medea von einer
Autorin als Fremde an verschiedenen Orten aufgesucht und doch
nicht angetroffen wird.

Abb. 31 *Käte Wittenberg als Medea (1927)*

# III

Katja Lange-Müllers ‚Brief an Medea' stammt von 1990, er befindet sich in dem Sammelband *Vergessene Briefe an unvergessene Frauen*[15] und ist Teil des „Medea-Booms", der sich seit den achtziger Jahren beobachten läßt und sich nach 1989 noch verstärkt hat.[16] Es handelt sich um einen relativ kurzen, knapp acht Seiten umfassenden, außerordentlich dicht geschriebenen Text, der mit einer phantasierten Begegnung von fiktiver Autorin und mythischer Figur in einer Situation extremer Unfreiheit einsetzt:

> Medea, ich stelle mir vor, wir saßen Zelle an Zelle, ich für kürzer, wegen irgendwas, Beschaffungsdelikt oder so, Du, wie wir wissen, als mehrfache Möderin bis zur Begnadigung lebenslänglich. Ich komme, Jahre wieder draußen, wann immer Du mir einen Genehmigungsschein schicktest, Dich besuchen, lege, genau abgezählt, die zweiundzwanzig Mark für den Automatenzug in gleichen Münzen neben die von Dir mitgebrachte Thermoskanne voll Heißwasser mit Pulverkaffee, und in einer, vom Menschenohr und vielleicht auch von Deinem, nicht hörbaren Frequenz sage ich Dir, was ich von Dir dachte, mir vorstellte, entlang an Dir und über Dich, in den Nächten, in denen ich neben Dir lag und nichts war zwischen uns, nur eine blanke Betonwand. (S. 160)

Medea wird imaginiert als Zeitgenossin und Zellennachbarin. Diese Verlegung der mythischen Medea in ein Gefängnis der Gegenwart schafft Nähe und Distanz zugleich. Zwischen der zu lebenslänglich verurteilten, mehrfachen Mörderin und der nur kurz einsitzenden Kleinkriminellen entwickelt sich eine Beziehung, die die Trennwände zwischen den beiden Frauen nie durchbrechen kann, noch will. Die Betonwände des Kerkers und die Trennwände der Besucherzelle schieben sich als Wahrnehmungs- und Verständigungsbarrieren zwischen die beiden Frauen. Auch die gelegentlichen Besuche der inzwischen Entlassenen bei der ehemaligen Zellennachbarin können die Fremdheit zwischen den beiden Frauen nicht aufheben. Es entwickelt sich kein Dialog, sondern es bleibt eine völlig einseitige Rede. An die Eingangsszene schließt sich ein Monolog in fünf Abschnitten an, mit dem sich die inzwischen in Freiheit Befindliche an der in Haft Verbliebenen abarbeitet, ohne diese aber erreichen zu wollen. Sie spricht absichtlich in einer „vom Menschenohr […] nicht

hörbaren Frequenz" (ebd.) und hofft überdies, wie der Eingangs-
satz „Doch hoffe ich, Medea hört mich nicht" (ebd.) signalisiert und
der dem ganzen Text gleichsam als Motto vorangestellt ist, daß
Medea sie nicht hören wird. Wenn man die Fiktion des Gesamtban-
des *Vergessene Briefe* hinzunimmt, ergibt sich eine paradoxe Situation von Zu- und Abwendung: Der ‚Brief' ist an Medea gerichtet, er
will die Adressatin aber überhaupt nicht erreichen. Es ist ein mono-
logischer Selbstverständigungstext „entlang" und „über" Medea,
die an verschiedenen Orten aufgesucht wird.

Zunächst sucht das Ich Medea in den Texten der Dichter auf und
setzt sie als „Versucherin männlicher Dichtkunst" (S. 162) einem
Trommelfeuer „moralisch-rhetorischer Fragen" (ebd.) aus. War es
„Liebe", war es „Leidenschaft" (S. 160) schlechthin, wie die Dichter
suggeriert haben, oder war Jason nur der Anlaß für das Ausagieren
dunkler und zerstörerischer Energien?

> Brauchtest Du einen Grund für das, was wohl *auch* Spaß (Lust?) macht:
> Bruder täuschen und zerreißen, Schwester verarschen, Vater bescheißen,
> Volk verraten, Heimat verlassen … Boten blenden, Prinzessin verbren-
> nen, König verätzen, Söhne erdolchen, Gemahl ersticken, langsam und
> qualvoll, in Dreck und Sand […]?

Medea erscheint als ein vom „Zauber des Zaubernkönnens/Töten-
müssens" (ebd.) angetriebenes „Medea-Monster" (ebd.) im de Sad-
schen Sinne, das die „männlichen Geschlechts geborenen Dichter"
(S. 160) fasziniert, vor dem Autorinnen jedoch traditionellerweise
zurückschrecken.

> Oder weißt Du oder wer eine Frau, die sich Deiner, wenigstens drama-
> tisch, angenommen hätte! (S. 162)

Im nächsten Abschnitt greift das monologisierende Ich Medea direkt
an, wobei dieser Angriff zugleich als Selbstangriff auf die eigenen
Sehnsüchte und Ängste nach einer Ausschließlichkeit der Liebe und
des Geliebtwerdens geführt werden. Die Angriffe auf Medea erfolgen als eine „therapeutisch-selbsterfahrbare Denunziation" (ebd.)
von ‚Frauen-Gefühlen', die nicht nur um das Objekt ihres Begehrens
einen Kerker der Ausschließlichkeit bauen, sondern die auch das
bedürftige Subjekt in extremer Weise unfrei machen:

> Warum warst Du auch derart gnadenlos monogam? (ebd.)

Medea will etwas erzwingen, was man – wie die Autorin ironisch
anmerkt, schon die „alten Ostschlager" wußten – nicht erzwingen
kann: „Liebe kann man nicht erzwingen,/nein, oh nein/denn sie
muß vor allen Dingen/ehrlich sein." (ebd.) Der triviale Liebesdiskurs mit seiner Betonung des ‚Ehrlichen' liegt ebenso wie der literarische Diskurs mit seiner Betonung von Liebe und Leidenschaft ein
Lügengewebe über die eigentlichen Triebkräfte und Verhältnisse:

> Und gib Dir keine Mühe, dem geschlagenen Jason, mit Hans Henny
> Jahnns Hilfe, nun auch noch Rassismus zu unterstellen; Die Hautfarbe
> war's nicht, Deine Falten waren's [...]. (ebd.)

Ironisch wird eine Koalition zwischen Medea und Hans Henny
Jahn konstruiert, die sich über das Reizwort „Rassismus" herstellt,
das nach 1989 nicht weniger emotional und politisch besetzt ist als
in den zwanziger Jahren, als Jahnn seine *Medea* schrieb. Jahnns Entwurf einer schwarzen Medea wird konterkariert durch die Einführung einer weiteren Kategorie, die freilich unausgesprochen
bleibt: Nicht Rassismus, sondern Sexismus ist das treibende Moment von Medeas Ausgrenzung. Dieser Sexismus wird aber nicht im
Sinne der Frauenbewegung der siebziger und achtziger Jahre als
frauenfeindlich kritisiert, sondern als banale Alltagserfahrung hin-
gestellt. Nicht die Hautfarbe ist es, sondern schlicht das Alter, das
Frauen unattraktiv als Geliebte für Männer macht.

Medea wird die Aura genommen, mit der die Dichter sie um-
geben haben – durch den Liebesdiskurs ebenso wie durch den
ethnisch-politischen Diskurs. Ganz ohne Aura scheint eine Figur
wie Medea aber nicht vorstellbar, denn nachdem das Ich der Figur
gleichsam wie einer Zwiebel Schale um Schale abgestreift hat, wird
der Figur sogleich eine neue Aura zugesprochen.

> Manchmal möchte ich denken, Du hast Dich bloß nicht getraut, ganz
> einfach böse zu sein, ohne jegliches Motiv. (ebd.)

Die Formulierung „einfach böse", mit der das Ich die befremdliche
Lust Medeas am „Tötenmüssen" (S. 161) aus dem moralischen Dis-
kurs herauszunehmen versucht, führt unter der Hand zu einer Re-
Dämonisierung der Figur, wie vor allem der sich anschließende
Abschnitt zeigt, in dem das Ich das Verhältnis von Liebe und Tod als
Schicksalsdiskurs führt, in dem philosophische und rüde formulier-

Abb. 32 *Eva Mattes als Medea (1983)*

te Passagen schrill gegeneinander stehen. Hegels Formulierung vom „Wesen", das „verwest", „indem es erscheint" (S. 163), wird als „Schicksalschnee" (S. 164) ebenso abgetan, wie die Vorstellung, daß der Mensch den lieben muß, der ihm vorherbestimmt ist. Hinter der „sehnsüchtigen Begierde" (S. 164) wird ein sexuelles Begehren ausgemacht, dem das Objekt „vollkommen gleichgültig" (ebd.) ist.

Wer in einen Hundearsch verliebt ist, der hält *den* für den Mond. (ebd.)

Sexualität wird als dämonischer Trieb gesehen, der jenseits von Moral und Ästhetik seine Befriedigung sucht, und damit letztlich auf den Tod zielt. Sexual- und Todestrieb fallen zusammen und werden nur im poetischen Bild in eine kurze zeitliche Abfolge gebracht.

> Der Tod, vorstellbar als Nachtschwärmer, soll seine verpuppte Raupe, die Liebe, nur allzubald verlassen. (ebd.)

Der Provokation Medeas wird – so lassen sich die ersten drei Abschnitte der monologischen Rede zusammenfassen – in den drei verschiedenen großen abendländischen Diskursen nachgespürt, in die Medea als eine Figuration des Fremden eingebunden ist: im Liebesdiskurs der Dichter, im Alltagsdiskurs der Geschlechter und im kulturkritischen Diskurs der Philosophen und Psychoanalytiker. In allen drei Diskursen erscheint die Fremdheit Medeas, ausphantasiert als maßlose Liebe, unerbittlicher Haß, grausame Mordlust oder übersteigerte Todessehnsucht, letztlich als ein Problem des Subjekts, das mit der eigenen Triebhaftigkeit und Zeitlichkeit konfrontiert ist und in Medea eine grandiose Projektionsfläche findet. Auf der Ebene der Diskurse wiederholt sich in subtiler Weise als Struktur das, was am Anfang des Textes als ambivalente Form der Zu- und Abwendung und im Kerker-Bild in doppelter Weise bereits vorweggenommen war: die Unfähigkeit des Subjekts zum Anderen Kontakt aufzunehmen.

Erst der vierte Abschnitt stellt einen kurzen, vergeblichen Versuch dar, Medea als Gegenüber wahrzunehmen. Erstmals gerät die Geschichte Medeas in das Blickfeld. Ihre „matriarchalisch geprägte afrikanisch-ägyptische Herkunft" (ebd.) und ihre „mehrfache Fremdheit im patriarchalischen Griechenland" (ebd.) werden ebenso angesprochen wie die Zeit und der Ort der Begegnung am „Fuße des 20. Jahrhunderts und in Doppeldeutschland" (ebd.). Gesucht wird nach der „‚wirklichen‘, vielleicht lebendigen Medea" (ebd.), die der „Medea der Dichter" (S. 163) entgegengestellt werden kann. Zwischen „damals" und „jetzt" (S. 164) klafft jedoch ein solcher „Zeit-Raum" (ebd.) und eine solche „(Bildungs)Lücke" (S. 165), daß das monologisierende Ich erneut auf die Dichter zurückgreifen muß.

Im letzten, längsten Abschnitt erscheint das Theater als ein Ort, in dem sich die Kerker des Ichs und der Diskurse für einen kurzen Augenblick öffnen:

> … und nun stelle ich mir noch vor, ich sei ein Publikum, und in einem Theater wird Hans Henny Jahnns Medea gegeben. (S. 165)

In dieser nur im Kopfe des Ichs spielenden Aufführung geht es nicht um einen der zahlreichen „Annäherungsversuche" (ebd.) an Medea, sondern um das schonungslose Ausagieren von „Schmerz, Einsamkeit" und „Ohnmacht vorm Unausweichlichen" (ebd.). Der Text von Hans Henny Jahnn, „aufgeschrieben zwischen drei Gläsern: eins voll Knabenurin, eins voll Pferdepisse und das dritte voll mit billigem Fusel" (ebd.), verweist das Ich auf die eigene Körperlichkeit, seine tierische Herkunft und Ärmlichkeit und macht ihm schockartig klar, daß es *„den* Feind" (ebd.) nicht gibt, auf den es die eigenen Ängste vor der Einsamkeit und Sterblichkeit projizieren kann.

Das „Gefühl des Verlorenseins füreinander" (S. 166), das „nicht einmal als Einsamkeit lebbare Alleinsein" (ebd.), ist so total, daß ein Pferd, das sich das Ich herbeiwünscht, das einzig Lebendige auf der Bühne wäre, die angefüllt mit Toten und Tod ist.

> Der mythologische Raum liegt voller Leichen des nächsten Augenblicks, die ersticken an der Erde selbst […]. (ebd.)

Am Schluß werden Schauspieler und Publikum gemeinsam verschüttet vom „Staub der Geschichte(n)", der „alle Ausgänge und Notausgänge" (ebd.) verstopft. Der phantasierte Ort des Theaters entpuppt sich als ein weiterer Kerker, in dem „nichts" und niemand „übrigbleibt":

> […] selbst Du nicht Medea, Du am allerwenigsten, gerade weil Du übrigbleibst, als einzige, doch nur in dem Stück, nur in diesem Spiel […]. (S. 166f)

Dennoch beharrt der Text am Ende auf dem Gestus des Ausbruchs und der Annäherung und auf der „Phantasie" als der einzigen Möglichkeit, die Grenzen des Ichs und den Kerker der Diskurse zu sprengen. Er mündet ein in die:

> […] Phantasie über eine wirkliche Mörderin, die nicht reaktionär wäre, eben kein Opfer zuvor, wie, seit der Keilschrift, nahezu alle in der Literatur und im juristischen Archivmaterial, und auch kein weiblicher Täter, sondern eine „richtige" Täterin, von ihr (von Dir), von mir […]. (S. 167)

Die Phantasie einer „richtigen Täterin", die am Schluß noch einmal als grandioser Entwurf der beiden Zellennachbarinnen gegen die traditionellen Opfer- und Weiblichkeitsdiskurse aufgerichtet wird, erfährt am Ende freilich eine weitere Brechung. Das Wort „Utopie", mit dem der Text endet, kann, wie wir wissen, beides bedeuten: Hoffnung auf einen Ort und ‚kein Ort Nirgends'.

## IV

Lange-Müllers Text entpuppt sich als ein düsteres Szenario über ein Ich, das in fast autistisch zu nennender Weise in sich selbst und den Subjekt-Diskursen der Dichter und Philosophen gefangen ist. Trotz der radikalen Ich-Bezogenheit ist Medea der unverzichtbare Punkt, um den sich das Ich und der Text organisieren. Medea repräsentiert das Andere, das Nicht-Ich, ohne welches das Subjekt sich überhaupt nicht entwerfen kann. Die Phantasie einer „wirklichen Täterin", in die der Text mündet, ist grandioser Selbstentwurf und Entwurf eines grandiosen Gegenüber. Dabei schwankt der Text zwischen Verdoppelung und Spaltung, Verschmelzung und Verwerfung, Nähe und Distanz, Einheit und Differenz – und zeichnet damit in nuce die widersprüchlichen Bewegungen nach, die sich in der Beziehung zwischen dem ‚Eigenen' und dem ‚Fremden' historisch beobachten und theoretisch beschreiben lassen. Die Beziehung zwischen ‚Eigenem' und ‚Fremden' wird von Lange-Müller im Sinne von Julia Kristevas *Fremde sind wir uns selbst*[17] radikal psychologisiert. Die politische Dimension verflüchtigt sich in die Phantasie einer „wirklichen Täterin". Diese Phantasie, hinter der die alte Dichotomie von ‚Wort' und ‚Tat' aufscheint, weist zurück auf das Konzept einer „politischen Dichtung", von dem sich die Autorin, die durch ihre Herkunft aus der DDR und ihre spezielle Geschichte mit dem Regime in besonderer Weise verbunden ist, durch ihren von postmoderner Subjekt- und Mythenkritik beeinflußten Text radikal abzugrenzen versucht.

Ich lese den Text als Dokument einer Krisenerfahrung und als Versuch einer politischen, philosophischen und ästhetischen Neuorientierung angesichts von Mauerfall und Zusammenbruch der DDR, die zum Kollabieren all der Erbe-, Mythos- und Literaturkonzepte führte, die zum Selbstverständnis auch regimekritischer Autoren und Autorinnen gehört hatten. Die Anstrengungen dieser Neuorientierung sind dem Text von Katja Lange-Müller ebenso anzumerken wie die Unsicherheit, innerhalb der neuen ‚Realitäten‘ einen eigenen Ort zu finden. Medea ist in diesem Prozeß der Neuorientierung deshalb eine problematische Bezugsgröße, weil sie erstens eine durch die kulturelle Tradition extrem überdeterminierte Figur ist, zweitens von dem Ich mit Phantasmen und Wünschen überfrachtet wird und drittens die Beziehung zwischen Ich und Medea in ein psychisch und theoretisch gleichermaßen diffus bleibendes Verhältnis zwischen ‚Eigenem‘ und ‚Fremdem‘ eingelassen ist.

Indem der Text Medea als eine Figur des ‚Fremden‘ aufruft, verstrickt er sich in den Diskurs über das ‚Eigene‘ und das ‚Fremde‘, die Brecht in seinem Gedicht *Die Medea von Lodz* in deutlich politischer Absicht als Pole sorgfältig voneinander getrennt gehalten hat. Brechts Medea ist eine Fremde, so vage diese Fremdheit auch beschrieben ist. Durch die Ortsangabe „von Lodz“ werden von Brecht gezielt all jene Assoziationen aktiviert, die die Kategorie des ‚Fremden‘ in einen politischen Diskurs stellen. Das ‚massenhafte‘ Auftauchen von „Medeen“ in „Berlin“ signalisiert einen Einbruch des Fremden in einen Raum, der kein innerpsychischer ist wie bei Katja Lange-Müller, sondern ein eminent politischer. Die Potenzierung der Fremdheit – weiblich, polnisch, jüdisch - und ihre topographische Ver-rückung von der Peripherie immer weiter ins Zentrum – von Kolchis über Łódź nach Berlin – ist Teil eines ideologiekritischen Diskurses, der jedoch seltsam flach wirkt, weil er genau um die Dimensionen gekappt ist, die Katja Lange-Müller in ihrem Text so angestrengt thematisiert.

Brechts und Lange-Müllers Texte repräsentieren entgegengesetzte Positionen in dem diffizilen Verhältnis von ‚Fremdem‘ und ‚Eigenem‘, die auch in den aktuellen Debatten über Alterität, interkulturelles Verstehen und „die Einbeziehung des Anderen“[18] mehr oder minder unversöhnt gegeneinander stehen. Hinter dieser Dichotomisierung verbergen sich jedoch keine starren, nicht hintergehbaren Größen, sondern diese Kategorien sind relational und werden historisch, lebens-, diskurs- und literaturgeschichtlich produziert und so lange weiter produziert, wie die psychischen und politischen

Bedingungen bestehen, die dazu führen, daß Differenz nicht akzeptiert werden kann.

In diesem ‚Produktionsprozeß‘ wird und kann Medea deshalb immer wieder aufgerufen werden, weil sie letztlich eine ‚alte Bekannte‘ im musée imaginaire der abendländischen Gedächtniskultur ist. Sie repräsentiert zwar das ‚Fremde‘, sie ist genau genommen aber gar keine Fremde, sondern eine ‚Vertraute‘, deren bloße Namensnennung genügt, um die ganze Assoziationskette, die sich um das ‚Fremde‘ rankt, in Gang zu setzen.

Dabei ist der Grad der Vertrautheit – so läßt sich der Vergleich zwischen den beiden Texten abschließend noch einmal zuspitzen – durchaus unterschiedlich. Für Brecht als Autor ist Medea ‚weit‘ genug weg, um sie als politische Identifikationsfigur positiv zu besetzen – später, in der Auseinandersetzung mit den Schrecken des Zweiten Weltkrieges, wird er in Antigone eine neue, grandiose Bündnispartnerin finden. Für Katja Lange-Müller als Autorin ist die ‚ferne‘ Medea jedoch viel zu nahe, um sie derart von sich wegrücken zu können.

Die Ursachen für dieses in den Texten zutage tretende paradoxe Verhältnis von Nähe und Ferne, das sich bis in die topographischen Inszenierung hinein verfolgen läßt, lassen sich mit dem Verweis auf die erkenntnistheoretische Problematik des Subjekt- und Fremde-Diskurses und mit dem Hinweis auf die zeitliche Differenz zwischen den beiden Texten und die unterschiedlichen politischen Kontexte, in denen beide stehen, nur partiell aufdecken. Für bedeutsamer als Erklärungsansatz halte ich das widersprüchliche Verhältnis zwischen Mythos im allgemeinen und der Erfahrung von Fremdheit im besonderen. Während eine große Anzahl von Forschern den Mythos als das ‚Fremde‘ par excellence deutet, „mythisches Denken" und „fremdes Denken" also gleichsetzt[19], plädieren andere dafür, im Mythos gerade das ‚Eigene‘ zu sehen, das freilich verdrängt worden ist. Klaus Heinrichs Dahlemer Vorlesungen *Arbeiten mit Ödipus* setzen auf ein solches anamnetisches Verständnis des Mythos und definieren die „Arbeit am Mythos"[20] als „Erinnerungsarbeit", in die die „Geschlechterspannung als treibender Impuls" eingelassen ist.[21]

Diese Geschlechterspannung betrifft nicht nur die Inhalte der mythischen Erzählungen, sondern sie prägt auch das Verhältnis von

Autoren und Autorinnen dem Mythos gegenüber in einer ganz spezifischen Weise. Während sich ein Autor wie Brecht – ähnlich wie Hans
Henny Jahnn vor ihm – an Medea als dem Anderen, Fremden, Gegengeschlechtlichen abarbeiten kann, stößt Katja Lange-Müller auf eine
Figur, in welcher der „Mythos Frau"[22] eine höchst ambivalente Aus-
prägung gefunden hat: Als Medea finden sich Frauen nicht nur immer
schon als Beschriebene vor – als dämonisch Liebende, mörderische
Mutter, Tochter und Schwester, als Vernichtung bringende Hexe und
leidenschaftliche Verbrecherin, als betrogene, verlassene Frau, unge-
liebte Mutter, Tochter und Schwester, als heilkundige Zauberin und
grandiose Empörerin –, sondern sie geraten in Gefahr, von jenem
„Mythos der Weiblichkeit"[23] aufgesogen zu werden, der nicht erst ein
Produkt der Psychoanalyse in unserem Jahrhundert ist. In der Formulierung „Mythos Frau" ist dieses Verschmelzen bzw. Ineinander-
fallen von „Frau" und „Mythos" radikal zum Ausdruck gebracht. Wie
aber können Autorinnen mit dem Mythos arbeiten, wenn sie – zugespitzt formuliert – selbst dieser Mythos sind?

Genau an dieser Frage arbeitet sich Katja Lange-Müller in ihrem
selbstquälerischen und hermetischen Medea-Text von 1990 ab.
Sechs Jahre später wird Christa Wolf mit ihrem Roman *Medea.*
*Stimmen* eine Lösung präsentieren, in der die politischen und psychischen Dimensionen des Medea-Mythos so verschränkt sind, daß
das, was in den Texten von Brecht und Lange-Müller aufgespalten
ist, didaktisch zusammengeführt wird: Medea wird wieder im antiken Kolchis und Korinth lokalisiert, aber Kolchis und Korinth stehen parabelhaft für „Doppeldeutschland" (Katja Lange-Müller),
dessen Vereinigung private und nationale Identitäten in Frage stellt.

## Anmerkungen

1  Brecht, Bertolt: Gesammelte Werke in 20 Bänden. Bd. 9: Gedichte 2. Frank-
    furt a.M. 1967, S. 19/20.
2  Vgl. Rinne, Olga: Medea. Das Recht auf Zorn und Leidenschaft. Zürich 1988.
    Dort v.a. das Kapitel „Der dunkle Spiegel", S. 99 ff.
3  Wolf, Christa: Medea. Stimmen. Gütersloh 1996, S. 10.
4  Brecht, Bertolt: Gesammelte Werke in 20 Bänden. Bd. 10: Gedichte 3. Frankfurt
    a.M. 1967, S. 873 f.
5  Schlögel, Karl: Stadt ohne Grenzen. In: Die Zeit, 13. Sept. 1996, S. 80.

6 Ebd.

7 Ebd.

8 Ebd.

9 Ebd.

10 Vgl. zu Brechts Auseinandersetzungen mit den „großen Städten" sein frühes Stück *Im Dickicht der Städte* (1927).

11 Die Formulierung ist nicht ganz eindeutig. „Die Fremde" kann Medea sein, sie kann aber auch die fremde Stadt meinen.

12 Mehr als Vermutungen äußern auch die Herausgeber der Großen kommentierten Brecht-Ausgabe nicht: „Das Gedicht entsteht möglicherweise im Zusammenhang mit einer ‚*Medea*-Idee', die Brecht zusammen mit Eisler (Brief an Helene Weigel, November 1933). Es bezieht sich vermutlich auf die sogenannten Ostjuden, die sich hauptsächlich im Berliner Scheunenviertel niedergelassen haben. Sie gehörten zu den orthodoxen Juden, die sich nicht assimilierten und deshalb von den Nationalsozialisten besonders verfolgt wurden. – Das Gedicht verarbeitet die antike Sage von Medea, der Tochter des Königs von Kolchis, die den Argonauten hilft, das Goldene Vlies zu erringen. Medea folgt dem Führer der Argonauten Jason nach Korinth und wird dort von ihm verlassen."
Brecht, Bertolt: Werke. Große kommentierte Berliner und Frankfurter Ausgabe. Hg. v. Werner Hecht u.a. Bd. 14: Gedichte 4: Gedichte und Gedichtfragmente 1928–1939. Berlin und Weimar 1993, S. 588.
Zu Brechts Verhältnis zu den Juden vgl. Voigts, Manfred: Brecht and the Jews. In: Brecht-Yearbook 21 (1996), S. 101–122. Zu Brechts Verhältnis zur Antike siehe Witzmann, Peter: Antike Tradition im Werk Bertold Brechts. Berlin 1964.

13 Realenzyklopädie der klassischen Altertumswissenschaft. Leipzig 1931. Stichwort „Medea", Sp. 50.

14 Vgl. Laplanche, Jean und Pontalis, J. B.: Urphantasie. Phantasien über den Ursprung. Ursprünge der Phantasie. Frankfurt a.M. 1992.

15 Kreis, Gabriele und Siegmund-Schultze, Jutta (Hg.): Es geht mir verflucht durch Kopf und Herz. Vergessene Briefe an unvergessene Frauen. Hamburg 1990, S. 160–167. Im folgenden werden die Zitate direkt im Text nachgewiesen.

16 Vgl. dazu meinen Aufsatz: Medea, meine Schwester? Medea – Texte von Autorinnen im 20. Jahrhundert. (Im Druck).

17 Kristeva, Julia: Fremde sind wir uns selbst. Frankfurt a.M. 1990.

18 Vgl. Habermas, Jürgen: Die Einbeziehung des Anderen. Studien zur politischen Theorie. Frankfurt a.M. 1996.

19 Vgl. dazu jüngst Winkler, Markus: Mythisches Denken zwischen Romantik und Realismus. Zur Erfahrung kultureller Fremdheit im Werk Heinrich Heines. Tübingen 1995.

20 Blumenberg, Hans: Arbeit am Mythos. 5. Aufl., Frankfurt a. M. 1990.

21 Heinrich, Klaus: Arbeiten mit Ödipus. Basel und Frankfurt a.M. 1993.

22 Mythos Frau. Projektionen und Inszenierungen im Patriarchat. Hg. v. Barbara Schaeffer-Hegel und Brigitte Wartmann. Berlin 1984.

23 Schlesier, Renate: Mythos und Weiblichkeit bei Sigmund Freud. Frankfurt a.M. 1981.

# Unterwegs nach Troja

## Kassandra-Mythologie in Texten von Erich Arendt, Günter Kunert und Thomas Brasch

> Leider muß man nur meistenteils
> verstummen, um nicht, wie Kassandra,
> für wahnsinnig gehalten zu
> werden, wenn man das weissagt,
> was schon vor der Tür ist.
> (Goethe, 1789)[1]

## I

Mit Schillers *Kassandra* (1802) beginnt Kassandras „Geschichte als literarische Figur in der deutschen Literatur".[2] Dieser Beginn fällt nicht zufällig mit der Französischen Revolution zusammen. Die Französische Revolution ist das epochale Ereignis, mit dem nicht nur eine neue Zeitrechnung auch in Deutschland beginnt, sondern mit dem auch ein „Bedarf für Kassandra" entsteht:

> Im Gefolge von düsteren Erwartungen, unheilvollen Prophezeiungen und ungehörten Warnungen entsteht in der Auseinandersetzung um die Französische Revolution Bedarf für Kassandra.[3]

Stolbergs Ode *Kassandra* (1795) und konterrevolutionäre Pamphlete wie *Cassandra oder einige Betrachtungen über die französische Revolution* (1799)[4] funktionalisieren die Figur als Warnerin gegen Aufklärung und Revolution. Im Gegensatz zu solchen konterrevolutionären Inanspruchnahmen der Figur bezieht sich Schiller nur sehr vermittelt auf die aktuelle politische Situation. Dennoch ist auch seinem Gedicht die Französische Revolution als Erfahrungshintergrund deutlich eingeschrieben:

Geplant hatte Schiller ursprünglich ein Drama. Realisiert hat er ein Gedicht, das jedoch in seiner monologischen Struktur an das alte dramatische Projekt noch erinnert. Die Monologrede Kassandras ist eingebettet in einen Rahmen, der ungewöhnlich ist. Schiller wählt nicht den dramatischen Moment kurz vor Kassandras Tod, der von Zeitgenossen wie Wilhelm von Humboldt wegen seiner „Erhabenheit" als „erschütternd" und „rührend" besonders geschätzt wurde[5], sondern er entscheidet sich für die Hochzeitsfeier zwischen Achill und Polyxena als Ausgangspunkt für seine Inszenierung des Konflikts.

> Freude war in Trojas Hallen,
> Eh' die hohe Veste fiel,
> Jubelhymnen hört man schallen
> In der Saiten gold'nes Spiel.
> Alle Hände ruhen müde
> Von dem thränenvollen Streit,
> Weil der herrliche Pelide
> Priams schöne Tochter freit.
>
> Und geschmückt mit Lorbeerreisern
> Festlich wallet Schaar auf Schaar
> Nach der Götter heil'gen Häusern,
> Zu des Thymbriers Altar.
> Dumpferbrausend durch die Gassen
> Wälzt sich die bacchant'sche Lust,
> Und in ihrem Schmerz verlassen
> War nur Eine traur'ge Brust.[6]

In sechzehn Strophen, die regelmäßig als vierhebige trochäische Achtzeiler mit Kreuzreim und alternierenden ‚männlichen' und ‚weiblichen' Endungen gebaut sind, entwirft Schiller das Psychogramm einer Frau, die unter ihrer Sehergabe leidet und – hierin ähnlich der Jungfrau von Orleans – sich in die weibliche Rolle zurücksehnt.

> Freudlos in der Freude Fülle,
> Ungesellig und allein,
> Wandelte Kassandra stille

In Apollos Lorbeerhayn.
In des Waldes tiefste Gründe
Flüchtete die Seherin,
Und sie warf die Priesterbinde
Zu der Erde zürnend hin:

„Alles ist der Freude offen,
Alle Herzen sind beglückt,
Und die alten Aeltern hoffen,
Und die Schwester steht geschmückt.
Ich allein muß einsam trauern,
Denn mich flieht der süße Wahn,
Und geflügelt diesen Mauern
Seh' ich das Verderben nahn."

Die in den Eingangsstrophen aufgebauten Gegensätze zwischen
Freude und Trauer, Lust und Schmerz, Geselligkeit und Einsamkeit,
Verblendung und Wahrheit werden in den nachfolgenden Strophen
weiter zugespitzt, wobei geschichtsphilosophischer Diskurs und
Geschlechterdiskurs in dem Gedicht eine untrennbare Einheit bil-
den.[7]

Kassandra fühlt sich als „Gefäß" und „Stimme" Gottes und benei-
det ihre jüngere Schwester Polyxena um ihr Glück. Auch Kassandra
sehnt sich danach, Braut zu sein:

„[…]
Gerne möcht' ich mit dem Gatten
In die heim'sche Wohnung ziehn
Doch es tritt ein styg'scher Schatten
Nächtlich zwischen mich und ihn."

Aber ihr Wissen stellt sich der „Liebe Glut" in den Weg:

„Nimmer mit dem Schmuck der Bräute
Kränzt' ich mir das duft'ge Haar,
Seit ich deinem Dienst mich weihte
An dem traurigen Altar.
Meine Jugend war nur Weinen,

Abb. 33 *Klinger: Kassandra (1895)*

Und ich kannte nur den Schmerz,
Jede herbe Not der Meinen
Schlug an mein empfindend Herz.

„Fröhlich seh' ich die Gespielen,
Alles um mich lebt und liebt
In der Jugend Lustgefühlen,
Mir nur ist das Herz getrübt.
Mir erscheint der Lenz vergebens,
Der die Erde festlich schmückt:
Wer erfreute sich des Lebens,
Der in seine Tiefen blickt!"

„Sexualität" und „Wahrheit" treten unversöhnlich auseinander. Der
„Wille zum Wissen" (Foucault), Kassandra von Apoll aufgezwun-
gen, hindert an dem „Gebrauch der Lüste" (Foucault), zu dem es sie
drängt.[8] Sie ist eine „Außenseiterin wider Willen"[9] und daher trotz
ihres intellektuellen Profils durchaus akzeptabel im Kontext des
Geschlechterdiskurses um 1800.[10] Der Abdruck der Gedichte im
*Taschenbuch für Damen* (1803) ist ein deutliches Signal, daß Kassandras Reflektiertheit das traditionelle Frauenbild nicht in Frage
stellte, sondern daß die Seherin als ‚leidendes Weib' Leserinnen
gefahrlos als Identifikationsfigur angeboten werden konnte.
    Die von Kassandra formulierte geschichtsphilosophische These
des Gedichts, daß das Wissen der Tod und der Irrtum das Leben sei,
gewinnt durch die paradoxe Bezüglichkeit auf die traditionellen
Geschlechterrollen ihre besondere Pointe. Heine erinnert sich in
seinem Aufsatz über *Shakespeares Mädchen und Frauen* (1839)
nicht ohne Ironie daran, daß er gerade an dieser bedeutungsschwe-
ren Stelle gestockt habe:

Ich selber hatte einmal in öffentlicher Schulprüfung jenes Gedicht zu
deklamieren, und stecken blieb ich bei den Worten:

„Frommt's den Schleier aufzuheben,
Wo das nahe Schrecknis droht?
Nur der Irrtum ist das Leben,
Und das Wissen ist der Tod."[11]

Es muß dahingestellt bleiben, was Heine eigentlich zum Stocken gebracht hat – Schillers patriarchalisches Familien- und Frauenbild, sein pathetischer Geschichtspessimismus oder die fatale Mischung aus beidem – der Siegeszug des Gedichts im 19. und 20. Jahrhundert jedenfalls war unaufhaltbar. Es wurde Teil jenes Bildungsgutes und geflügelten Wortschatzes, aus dem bei feierlichen Anlässen gern und ausgiebig zitiert wurde.[12] Für alle Kassandra-Bearbeitungen der Folgezeit wurde Schillers Gedicht eine Vorgabe, auf die Autoren und Autorinnen unvermeidlich stießen, wenn sie sich mit der Figur beschäftigten.

## II

In ihrer *Frankfurter Poetik-Vorlesung*, in der Christa Wolf die „Voraussetzungen" ihrer *Kassandra*-Erzählung (1983) entwickelt, hat Wolf die „kaum übertreffbare Biederkeit" von Schillers Kassandra-Auffassung kritisiert:

> In sanft und gleichmäßig dahinfließenden Strophen erscheint eine Kassandra, die ihr Seherinnen-Los beklagt, eine Figur aus dem Zeitalter der Empfindsamkeit, die lieber gut bürgerlich verheiratet wäre, als andauernd unter der Last ihrer Gesichte stöhnen zu müssen. [...] Die kaum zu übertreffende Biederkeit dieser Kassandra-Auffassung, die dem landläufig-spießigen Abscheu gegen Größe, besonders Größe bei einer Frau, nichts schuldig bleibt, ist sicherlich nicht nur Schillers Frauen-Wunschbild zu danken, sondern ebenso stark seinem Klassik-Ideal, das es nicht erlaubt, einer Heroine eine lange, widersprüchliche historische Entwicklung zuzumuten.[13]

Gegen Schiller und eine lange von ihm beeinflußte Tradition von Kassandra-Deutungen hat Christa Wolf *ihre* Kassandra gesetzt, die zum „Signum der achtziger Jahre"[14] geworden ist und das Bild Kassandras bis in die Gegenwart hinein bestimmt. Hinter Christa Wolfs *Kassandra*-Projekt – einem der am häufigsten interpretierten literarischen Werke der jüngsten Vergangenheit – sind nicht nur die Texte der Vorläufer verblaßt, sondern es sind auch die Texte von zeitgenössischen DDR-Autoren in Vergessenheit geraten, die ebenfalls eigene Lesarten der Figur ausprobiert haben. Es ist das Verdienst der Arbeit von Thomas Epple *Der Aufstieg der Untergangsseherin Kassandra* (1993), daß sie – ohne die Bedeutung des Wolfschen Textes im geringsten zu schmälern – zeigt, daß Wolfs Interesse an der Figur an der Figur keine „individuelle Obsession"[15], sondern Teil eines regelrechten Mythos-Booms ist, der in der Literatur der DDR in den siebziger und achtziger Jahren ganz allgemein zu beobachten ist.[16]

> Die DDR-Literatur erscheint als produktive Nische für mythologische Figuren [...] Die Mythologie dient als Verweissystem, als ein gesellschaftliches Kommunikationsmittel von hoher Prägnanz, das gleichzeitig auch mit einer gewissen Distanz zur Realität verbunden ist, die den so chiffrierten Diskurs für die Staatsorgane akzeptabel macht. [...] Mythologie [...] wird (wieder) zu einem wichtigen Medium in einer halb-subversiven Kommunikation.[17]

In dieser „halb-subversiven Kommunikation" spielt Kassandra als „Figur des Geschichtspessimismus und der Fortschrittskritik"[18] insbesondere in der Lyrik eine Rolle. Vor allem die Gedichte von Erich Arendt und Günter Kunert weisen zahlreiche Parallelen zu der Kassandra-Deutung von Christa Wolf auf. Sie zeigen, daß Christa Wolfs *Kassandra*-Projekt kein isoliertes Unternehmen gewesen ist, sondern in einem Kontext entstanden ist.

*

Erich Arendt reist 1960 – über zwanzig Jahre vor Christa Wolf – nach Griechenland[19] und findet dort eine archaische Trümmerlandschaft, der sich die Gewaltspuren von Krieg und Geschlechterkampf unauslöschlich eingeprägt haben:

> Eisenblutende
> Stunde! Tod nur
> Tod, schändend
> begattend Tod den Tod
> der losläßt
> die Lust seiner Lenden
> – Achill –,

im geröteten Staub
seiner Wollust
Penthesilea,
Entleibt.

*Wolfshunger Geschichte.*[20]

Das ist trotz mancher Übereinstimmungen nicht die düstere „dorische Welt" Gottfried Benns aus den dreißiger Jahren[21], sondern es ist
eine Todeslandschaft, deren Opfer erinnert werden. Arendts Blick ist
nicht der kalte Blick Benns, sondern es ist ein Blick voller Trauer und
Schmerz. Die Metapher vom „Wolfshunger Geschichte" verweist
zurück auf Arendts Erfahrungen im Exil und thematisiert zugleich die
Erfahrungen in einem politischen System, mit dem Arendt als über-
zeugte Kommunist der ,ersten Stunde' immer stärker in Widerspruch
geriet. Sie macht überdies deutlich, daß es Menschen sind, die die
Geschichte machen. Homo homini lupus – die bittere Feststellung,
die Hobbes seinen *Leviathan* vorangestellt hat, prägt auch Arendts
Blick auf Geschichte und Gegenwart. Am deutlichsten tritt die ,wöl-
fische' Natur des Menschen in den Verhältnissen zwischen den
Geschlechtern zutage: Die Gewalt äußert sich als Vergewaltigung.
    Troja, das „Schlachthaus"[22] – wie es bei Christa Wolf heißt –, wird
für Arendt zur Chiffre für den „Wolfshunger Geschichte", dem
auch Kassandra zum Opfer fällt:

> *Windstimme, gebrochen, wie*
> *geschleiftes Troja – und*
> *die Wimper, die*
> *ihr Weh geschlagen, Kassandra,*
> *tränenleer:*
> *Adlerschrei*
> *über den Fluß. All*
> *das rote Gebein.*[23]

Wie der Krieg die Körper zerstückelt hat, so reißen die gebrochenen
Zeilen die Wörter auseinander. Die Erfahrung von Gewalt hat den
klassischen Typus des Gedichts, wie ihn Schillers *Kassandra* repräsentiert, aufgesprengt: Die einzelnen Wörter erinnern wie die

Abb. 34 *Sammler: Aufmarsch und Kampf (1979)*

Trümmerreste in der griechischen Landschaft an eine für immer zerstörte und verlorene Ordnung. Der pessimistische Blick auf die Geschichte und den Menschen ist total. Auch Kassandra wird davon nicht verschont. In dem Gedicht *Durchs Tor* (1978), dem die Weissagung Kassandras „und Troja wird sein Asche" vorangestellt ist, erinnert Arendt an jenen heroischen Moment – den Christa Wolf wenige Jahre später zum furiosen Auftakt ihrer *Kassandra*-Erzählung macht –, an den Gang durchs Löwentor von Mykene, mit den Kassandra ihre eigene Voraussage erfüllt und dem Tod hocherhobenen Hauptes entgegengeht:

> Ich geh hindurch
> unterm steilhäuptigen
> Wachen, dem
> Löwenpaar,
> unter mir fels–
> eingeschliffen
> die Tod hetzende
> Räderspur
>
> und Blöcke,
> himmelgetürmt
> ein Fugenlos gefügt
> die Gewalt.
>
> Weit oben
> beim Todesröcheln
> zwischen vier
> unverrückbaren Säulen:
> der Gipfel dahinter
> furchte
> die Stirn.
>
> In seinem Basalt
> das Jäh noch
> ich seh
> das Versteinen
> im Stein.[24]

Der aufrechte Gang Kassandras wird beschworen als Gegenbild zu
einer Gegenwart, die für Arendt keinerlei positive Perspektive bot.

*

Nicht weniger pessimistisch als Arendt ist Günter Kunert. Seine
Gedichte sind deutlicher noch als die von Arendt von der Auseinandersetzung mit der Zeitgeschichte geprägt: Biermann-Ausbürgerung und die eigene Ausreise in den Westen (1979) führen zu einer
Desillusionierung, der das Pathos Arendts ebenso fremd ist wie dessen Fixierung auf die Gewaltförmigkeit der Geschlechterverhältnisse. Das Gedicht *Keine Nachricht aus Troja* ist ein lakonischer
Bericht von einem Ort, der nicht in der Antike, sondern in der deutschen Gegenwart angesiedelt ist und in dem die Toten keine Namen
tragen:

> Wer
> einen Traum wahr-
>             machen will
> zerstört jeden Traum
> gestand Kassandra sterbend
> Aber
> was vom Bekenntnis
>             der Wahrheit
> auf Erden verbleibt
> ist mir fremd
> nichts Menschliches
>
> Erbrochenes Blut
> ein Farbfleck
> das Wegwischen
> nicht wert.[25]

Kunerts Troja liegt mitten in Berlin, an der Mauer, wo geschossen
und gestorben wird und wo Herkunft, Status und Geschlecht der
Toten belanglos sind. Die Emphase, mit der Arendt Namen wie die
von Achill und Penthesilea in Erinnerung ruft oder heroische

Abb. 35  *Hachulla: Die wahnsinnige Kassandra (1973)*

Momente wie Kassandras Gang durchs Löwentor beschwört, ist bei
Kunert einer Kühle gewichen, die ihre Entsprechung in der Inhu-
manität der Verhältnisse findet, von der sie berichtet: Ein Men-
schenleben zählt nichts und ist deshalb auch nicht der Erinnerung
wert. Die Nennung des Namens Kassandra und die kunstvolle
Fügung der Gedichtzeilen insgesamt zeigen jedoch, daß das lyrische
Ich nicht der unbeteiligte Beobachter ist, als den ihn der Titel einführt. Die Rolle des Berichterstatters ist eine bewußt gewählte
Maske, die es ermöglicht, die eigene Betroffenheit zu überspielen,
den Zusammenbruch der eigenen Träume zu thematisieren und die
kränkende Erfahrung eigener Marginalisierung und Entwertung zu
formulieren.

Daß Troja eine Chiffre für Berlin ist, wird ganz deutlich in dem
Gedicht *Mein Troja*, dem Titelgedicht einer Sammlung von Gedichten, in denen Orte und Plätze erinnert werden, die für Kunert
bedeutungsvoll sind. *Mein Troja* ist Berlin, wo Kunert geboren ist,
wo er gelebt hat und das er 1979 unfreiwillig verlassen mußte:

Mein Troja

Die Tragödie schlief noch
in den Steinen der Stadt:
Ruhevoll standen die Theater
Universitäten und Schlösser
Aussichtstürme Museen Kolonnaden
Kaufhäuser Kirchen
Die Synagogen und Cafés
die Rathäuser und Kammergerichte
die Fabriken und die Mietskasernen
Remisen Lauben und Schuppen
und dazwischen gingen die Menschen
umher wie in einer Legende
ehe der letzte Satz gesagt ist:
Einmal noch leuchteten sie auf
in einem altertümlichen Glanz
um brandig nachzuglühen
wie Kassandra gewußt[26]

# III

Auch für einen anderen DDR-Autoren liegt Troja in Berlin. Thomas Brasch greift – ähnlich wie Kunert – in dem Moment auf die Figur der Kassandra zurück, als sich die Situation für die Intellektuellen und Künstler im Zuge der Biermann-Ausbürgerung dramatisch zuspitzte.[27] Bereits im Dezember 1976, drei Wochen nach Biermanns Ausbürgerung, wechselte Brasch als einer der ersten Autoren vom Osten in den Westen.

Sein *Kassandra*-Gedicht trägt deutlich die Spuren der Auseinandersetzung mit dem Land, das er liebt, und den Verhältnissen, die er haßt.[28]

Das Gedicht – man kann es auch als ein Theater- oder Filmszenario lesen – besteht auch acht unterschiedlich langen Passagen, denen jeweils die entsprechenden Ziffern vorangestellt sind.[29] Die Abschnitte 1 und 8, holprig und unbeholfen im Metrum und Reim, bilden einen Rahmen um die restlichen sechs ungereimten Abschnitte, die zumindest auf den ersten Blick weder mit der im Rahmen erzählten Geschichte noch untereinander etwas gemeinsam haben.

Das Gedicht wird eröffnet mit dem Ampelsignal „Rot. Gelb. Grün.", das eine konkrete und symbolische Bedeutung hat: Gehen oder Bleiben ist ein durchgängiges Thema des Gedichts. Mit der auf Grün umspringenden Fußgängerampel in der Schönhauser Allee in Ost-Berlin wird die im Rahmen erzählte Geschichte abrupt eröffnet. Eine verletzte, verwahrloste und betrunkene Frau torkelt über die Straße – eine Pennerin, bei der es sich, wenn man der Überschrift des Gedichts folgt, um Kassandra handeln muß.

1

Rot. Gelb. Grün.
Auf ihre blutigen Füße starrend, wankt sie über
                  die Schönhauser Allee,
lehnt sich gegen den U-Bahnbogen, spuckt aufs
                  Pflaster: Ich seh, ich seh,
ich seh alles. Was hat mich hierher verschlagen.

Fällt gegen den Bockwurststand und reißt sich
                                        am Kragen
Geht doch alle vorbei. Hört doch alle nicht zu.
                                        Sie setzt
sich auf den Papierkorb aus Drahtgeflecht. Der Hut
                        fällt vom Kopf, der Mantel zerfetzt.

Sie hebt die Wodkaflasche an die trockenen Lippen,
weint, schlägt dem Mann im Trenchcoat die Fäuste
                                        gegen die Rippen:
Was gibts da zu glotzen,
gleich werde ich meinen Mantel vollkotzen.
Hände weg. Wie Steine werdet ihr auf den Grund
                                        sinken,
mit euren Aktentaschen werdet ihr alle ertrinken.
Sie schwankt zum Lottostand: O, O das große Glück.
Sie reißt die Lose aus dem Kasten, fällt und kriecht
                        zum U-Bahnhof zurück.

Brasch entwirft keine erhabene Figur, wie dies wenige Jahre später
Christa Wolf tun wird. Seine Kassandra ist eine vor sich hinlallende,
spuckende und aggressive Person, die Abscheu bei ihrer Umgebung
erregt. Ihre Verwünschungen scheinen einem verwirrten Kopf zu
entspringen und werden nicht ernst genommen. Niemand greift ein,
als sie zurück zur U-Bahn kriecht, auf die Schienen springt und dem
entgegenfahrenden Zug schreiend entgegenhinkt:

8

Mit zitternden Händen reißt sie aus dem
                Automaten den Fahrschein,
stürzt, klammert sich ans Geländer, kratzt
                        mit ihren Nägeln am Stein.
Auf dem Bahnsteig: Sie lacht. Sie springt
auf die Schienen. Sie steht. Sie winkt.
Da glotzt ihr. Sie schwenkt ihre Tasche. Sie singt:
„Wie ein Stern in einer Sommernacht".
                                Sie hinkt

in den Tunnel. Aus dem Dunkel blinkt
das Scheinwerferpaar: Ha, ha, sich regen
                    bringt Segen,
Schreiend wankt sie der U-Bahn entgegen.

Der Selbstmord im U-Bahn-Tunnel ist im Vergleich mit dem stol-
zen Gang durchs Löwentor in Mykene ein erbärmlicher Tod. Und
doch hat auch die Kassandra von Brasch eine Größe. Mit ihrer Pro-
phezeiung „mit euren Aktentaschen werdet ihr alle ertrinken" ist sie
Sprachrohr des Autors, der aus seinem Abscheu vor der (spieß-)
bürgerlichen Arbeitsmoral („sich regen bringt Segen") nie einen
Hehl gemacht hat. Für Brasch ist „Verwahrlosung" ein positiver
Begriff, da er die „Entlassung aus Obhut und Verwahrung" bedeutet, die seiner Meinung nach die notwendige Voraussetzung für jede
Art von Produktivität ist.[30] Kassandra als ‚verwahrloste‘ Figur repräsentiert die ‚andere Seite‘ bürgerlicher Angepaßtheit und Wohl-
anständigkeit. Sie ist a-sozial wie die Kunst und insofern alter ego
des Künstlers Brasch, der sich mit Kassandra als Außenseiterin
identifiziert.

Der Text erzählt aber nicht nur die Geschichte Kassandras als
trostloses Ende einer gesellschaftlich ausgegrenzten und verstoße-
nen Figur. Auch die anderen Passagen handeln von der Enge der
Verhältnisse und den „Todesarten" des Ichs in eben diesen Verhältnissen. Wörter wie Tunnel, Mauern, Steine, Wände, Schächte, Gru-
ben weisen darauf hin, daß der Lebensraum des Ichs extrem be-
grenzt und eingeschränkt ist und evozieren Bilder von Kerker und
Tod.

Der zweite Abschnitt schwenkt von der Straßenszene des ersten
Abschnitts in die Intimität des geschlossenen Raums, in dem das Ich
an der „Mauer der Wahrheit" kratzt und mit dem „Schädel" an den
„Stein ohne Bedeutung" schlägt. Das Bett wird zur „Grube aus
Laken und Kissen zerwühlt und verraten". „Ich + du" sind wie eine
unlösbare „Gleichung mit zwei Unbekannten". Die „Totenmessen
im Fernsehapparat" werfen ein gespenstisches Bild der äußeren
Realität in den Innenraum, der von Gewalt und Verrat erfüllt ist.
Das Ich ist unfähig, sich in ein Verhältnis zum „du" und zum phantasierten „wir" der Gesellschaft zu setzen, weil es die Wahrnehmung
für sich selbst verloren hat. Der Abschnitt endet mit dem bitteren

Abb. 36
*Breitling: Kassandra (1968)*

Fazit: „wer soll mir noch zuhören, wenn ich mir nicht mehr zuhöre".

Der dritte Abschnitt spielt das Thema der Entfremdung als witziges Szenario durch. Ein Mann paßt sich der politischen Lage an, indem er jeweils die Bilder der Mächtigen an die Wand hängt bzw. abhängt. Zunächst ist es Lenin, dann Stalin, dann Pieck und dann Ulbricht. 1971 nimmt er schließlich auch Ulbrichts Bild von der Wand und ersetzt es durch das Bild seiner Frau. Aber auch dieses Bild wird abgehängt und verschwindet im Keller hinter den Einweckgläsern. Als der Mann 1973 in Rente geht, hängt er einen Spiegel an die Wand und erschrickt: „Wer ist das", schrie er, „kann man denn nie allein sein." Der aufrechte Kommunist, in dessen Lebensweg sich die politischen Daten des Real-Sozialismus als makabre Bilderspur eingedrückt haben, wird am Ende seines Lebens zum Gespenst seiner selbst.

Der vierte Abschnitt, die zentrale und schwierigste Passage des Textes, trägt in dreizehn unvollständigen, atemlos aneinandergereihten weil-Sätzen die Gründe und Gegengründe zusammen, die dem Ich durch den Kopf schießen, wenn es eine Entscheidung zwischen ‚Gehen und Bleiben' treffen muß. Wenn das Ich nicht zugrunde gehen will, wie die Ichs der vorangegangenen Abschnitte, muß es gehen, sich zur Flucht entscheiden. Wenn es flieht, wird es aber den „Grund" verlieren, den es unter dem „Abgrund" vermutet. Die gegenläufigen Bewegungen des ‚vor' und ‚zurück', die wir bereits aus der Kassandra-Rahmen-Handlung kennen, prägen auch die rhetorische Struktur der monologischen Rede des Ichs:

> weil ich nicht wiederkehr in deine Mauern
> [...]
> weil ich in deine Mauern wiederkehren will
> [...]

Die Abschnitte 5 und 6 bilden durch die Figur der Lucie eine gedankliche Einheit. In beiden Abschnitten geht es um Träume. Im fünften, kürzesten Abschnitt des Textes träumt das Ich, daß es sich in eine Maschine verwandelt und daß auch Lucie als ‚Werktätige' an der „Drehbank" zur Stechuhr wird, die die Arbeit unbarmherzig mißt:

> Ich habe geträumt mein Herz
> wird ein Zahnrad, Zeiger
> werden meine Arme und mein Atem
> ein Ticken. Ich habe geträumt:
> Lucie wird eine Uhr.

Der sechste, längste Abschnitt des Textes eröffnet einen Raum für die Träume Lucies nach einem anderen Leben. Diese Träume kreisen um Jimi Hendrix, eine Kultfigur der Woodstock-Generation. Sein Foto und seine Musik „unterm Hemd, S-Bahnhof Friedrichstraße" über die Grenze geschmuggelt, stehen für den Protest einer ganzen Generation gegen den „American way of life", der im Vietnam-Krieg seine eigenen Ideale zu Grabe tragen wird. Der rebellische Ton, der aus der Musik von Jimi Hendrix spricht, wirkt auf Lucie wie eine Droge, die die Erbärmlichkeit ihrer eigenen Situation jedoch nicht vergessen machen kann:

> [...] und Lucie starrt auf den Cover
> der Nachlaß-LP „War Heros" und an jedem

18. September geht sie mit schwarzen Strümpfen
an ihre
Drehbank, weint in der Spätschicht zwischen
Werkzeugschrank und Kofferradio über den
Tod des
James Marshall Hendrix genannt Jimi Hendrix,
der nicht gesungen hat,
nicht gesprochen, gejammert vielleicht, nicht
geschrien, gerufen
vielleicht durch den U-Bahnschacht, aber wohin,
doch nicht in
irgendeines Präsidenten riesiges Ohr, doch nicht
in den Himmel,
aber vielleicht in die Betonerde oder zu Lucie,
denkt Lucie.
Wieviel braucht der Mensch, Handvoll Erde ins
Maul oder Schaufel
über den Schädel, so ist das Lied, das ich sing,
wenn ich jetzt
vor der Schicht noch einkaufen geh für mich
und meinen Verlobten
so ist das Lied, James Marshall Hendrix genannt.
Ich weiß es nicht mehr
You never come back, du kommst nicht wieder,
aber was wird aus mir
mit meiner Einkaufstasche und deinem Foto.

Jimi Hendrix kann Lucie nicht befreien. Er ist tot, erstickt am „zweimal Verdauten". Seine „Todesart" ist nicht weniger erbärmlich wie
die von Kassandra. Beide Figuren, das ‚verwahrloste' Beat-Idol aus
Woodstock und die ‚verwahrloste' Pennerin in der Schönhauser
Allee werden durch die Anspielung auf den „U-Bahnschacht" zu
einer gemeinsamen Erinnerungsfigur verschmolzen, in der die
Träume nach einem anderen Leben – wenn auch verzerrt – aufbewahrt sind.

Der Abschnitt 7 schwenkt zurück in die Intimität des zweiten
Abschnitts. Abschnitt 2 und 7 bilden einen zweiten inneren Rahmen im Text:

7

> Nicht mehr aufstehen, sagst du, sage ich
> die Decke über den Kopf ziehen und
> warten, daß der Totengräber den Sechszöller
> durch das Brett in die Stirn treibt,
> ich bin noch gar nicht tot, ich lebe ja noch,
> ich rieche ja noch das Holz, den Leim,
> ich lese ja noch die Gerichtsberichte in der
> „Wochenpost",
> wie schließt sich die Wahrheit in den Stein,
> in die U-Bahnmauern, kratz nicht, sage ich
> sagst du, nicht
> mehr aufstehen.

Die Stube wird zum Kerker, das Bett zum Grab, in dem „ich" und „du" – zwei ‚Untote' – lethargisch auf ihren Tod warten.

Zusammengenommen entwickeln die acht Abschnitte des Textes ein düsteres Szenario, das die Zerrissenheit, Verzweiflung, die Wut, die Lethargie und die Ausbruchsversuche der Intellektuellen zur Zeit der Biermann-Ausbürgerung auf den verschiedensten Ebenen spiegeln. Brasch gehört – anders als Arendt und Kunert – zu der ‚lost generation' von Schriftstellern, die nach Heiner Müllers Worten den Sozialismus nicht mehr als „Hoffnung auf das Andere erfahren" haben:

> Die Generation der heute Dreißigjährigen in der DDR hat den Sozialismus nicht als Hoffnung auf das *Andere* erfahren, sondern als deformierte Realität. Nicht das Drama des Zweiten Weltkriegs, sondern die Farce der *Stellvertreterkriege* (gegen Jazz und Lyrik, Haare und Bärte, Jeans und Beat, Ringelsocken und Guevara-Poster, Brecht und Dialektik). Nicht die wirklichen Klassenkämpfe, sondern ihr Pathos, durch die Zwänge der Leistungsgesellschaft zunehmend ausgehöhlt. Nicht die große Literatur des Sozialismus, sondern die Grimasse ihrer Kulturpolitik.[31]

In dem Buch *Kargo* (1977)[32], einer Sammlung von kurzen und längeren Texten verschiedener Gattungen und Stilrichtungen, bildet das *Kassandra*-Gedicht das Zentrum, das auf den Eingangs- und

Abschlußtext des Buches verweist. Eröffnet wird der Band mit einer Ödipus-Passage[33], in die zentrale Bilder des *Kassandra*-Gedichts aufgenommen werden:

Ödipus

Er humpelt zur S-Bahn. Hinter ihm schließt der Betriebsschutz das Werktor. Die Norm ist geschafft (1200 Schaltstücke in 540 Minuten). Auf diesen Füßen marschiert die Zukunft, steht auf dem Plakat über dem Warenhaus. Auf diesen Füßen kam Lajos' Schicksal über die Berge, sagt Sophokles. Mit Blindheit geschlagen. Er sitzt vor dem Bildschirm und hört die Stimme des Sprechers: „Der Stamm, den wir hier vorfanden, huldigt dem Kargo-Kult, der besagt: Männer mit weißer Haut sind Geister von Toten, die ihr Ende nicht finden, leben nicht mehr und sind noch nicht tot." Da schläft die vergessene Klasse. Die Wände zittern von der letzten Straßenbahn, die durch die Kastanienallee fährt. Hinter der Wand stöhnt die Nachbarin. „Wir beenden unser Programm", sagt die Ansagerin, „ein letzter Blick auf die Uhr: Es ist 23 Uhr 5 mitteleuropäischer Zeit. Gute Nacht." Halts Maul, Kassandra.[34]

Die rüde Aufforderung bildet den Auftakt für den letzten Teil, der mit dem Namen Ödipus schließt:

Halts Maul, Kassandra. „Ein letzter Blick auf die Uhr: Es ist 23 Uhr 5 mitteleuropäischer Zeit", sagt die Ansagerin, „Gute Nacht. Wir beenden unser Programm." Hinter der Wand stöhnt die Nachbarin. Die Wände zittern von der letzten Straßenbahn, die durch die Kastanienallee fährt. Da schläft die vergessene Klasse. „Der Stamm, den wir hier vorfanden, huldigt dem Kargo-Kult, der besagt: Männer mit weißer Haut sind Geister von Toten, die ihr Ende nicht finden, leben nicht mehr und sind noch nicht tot." Er sitzt vor dem Bildschirm und hört die Stimme des Sprechers: Mit Blindheit geschlagen. Auf diesen Füßen kam Lajos' Schicksal über die Berge, sagt Sophokles. Auf diesen Füßen marschiert die Zukunft, steht auf dem Plakat über dem Warenhaus. Die Norm ist geschafft (1200 Schaltstücke in 540 Minuten). Hinter ihm schließt der Betriebsschutz das Werktor. Er humpelt zur S-Bahn: Ödipus.[35]

Die drei Texte *Ödipus*, *Kassandra* und *Halts Maul, Kassandra* und ihre programmatische Plazierung in dem *Kargo*-Band zeigen, daß Braschs „Arbeit am Mythos" (Blumenberg) voller Anspielungen ist. Der Titel *Kargo* weist über die engere Bedeutung ‚Ladung', ‚Schiffsladung' hinaus auf die mythische Argo und der Untertitel *32. Versuch auf einem untergehenden Schiff aus der eigenen Haut zu kommen* weniger auf den Untergang der Titanic[36], als auf den Untergang der Medusa[37], den Géricault in seinem berühmten Bild *Floß der Medusa* (1817/18) zur „Existenzmetapher"[38] einer ganzen Epoche gemacht hat.[39] Die Zahl 32 bezieht sich auf die zweiunddreißig Texte, die in dem Band versamelt sind und die alle in unterschiedlicher Weise den Versuch unternehmen, „aus der eigenen Haut" zu kommen. „Ich kann nicht aus meiner Haut", heißt es in *Der Papiertiger*[40] und „Deine Haut ist dein Gefängnis" in *Lovely Rita*[41].

*

Die Hautmetaphorik des Bandes zeigt deutlich, daß der *Kargo*-Band weit über die Thematisierung einer spezifischen DDR-Befindlichkeit von Künstlern und Intellektuellen hinausgeht. Zu Recht hat Thomas Brasch für sich das Etikett „DDR-Schriftsteller" abgelehnt und auf die Gemeinsamkeiten zwischen Ost und West hingewiesen:

> Ich mache hier für mich die enorm wichtige Erfahrung, daß viele der Erscheinungen, die ich in der DDR für DDR-typisch gehalten habe oder für spezifisch sozialistisch mir jetzt wiederbegegnen: der Drang zur Perfektion etwa, der Mangel an Humor, die Abwehr gegen vieles, was den allgemeinen Normen nicht entspricht.[42]

Der Kargo-Kult, von dem Brasch in seinem *Ödipus*- und *Halts Maul, Kassandra*-Text spricht, ist systemübergreifend. Er ist eine Angelegenheit des weißen Mannes, der nicht begriffen hat, daß seine Zeit und die Mitteleuropas längst abgelaufen ist.

In ihrer Poetik-Vorlesung hat Christa Wolf die Literatur des Abendlandes als eine „Reflexion des weißen Mannes auf sich selbst"[43] bezeichnet und auf das Vermächtnis von Franzas letzten Worten „Die Weißen, sie sollen verflucht sein"[44] in dem *Todesarten*-Projekt von Ingeborg Bachmann hingewiesen. Indem Wolf Bachmann zitiert und Franza zur Kassandra erklärt, gibt sie der Kargo-Kult-Idee von Brasch eine Bedeutung, die an Aktualität nichts eingebüßt hat:

Was sagt Kassandra heute, verspottet natürlich, ungehört, für unnormal
erklärt, ausgesetzt, dem Tod überantwortet? Sie sagt:
*„Die Weißen kommen. Die Weißen gehen an Land. Und wenn sie wieder
zurückgeworfen werden, dann werden sie noch einmal wiederkommen,
da hilft keine Revolution und keine Resolution und kein Devisengesetz,
sie werden mit ihrem Geist wiederkommen, wenn sie anders nicht mehr
kommen können. Und auferstehen in einem braunen und schwarzen
Gehirn, es werden noch immer die Weißen sein, auch dann noch. Sie werden die Welt weiter besitzen, auf diesem Umweg."*[45]

# Anmerkungen

1  Goethe, Johann Wolfgang: Tag- und Jahreshefte (1789). In: ders.: Sämtliche
   Werke. München 1986, Bd. 14, S. 14.

2  Epple, Thomas: Der Aufstieg der Untergangsseherin Kassandra. Zum Wandel
   ihrer Interpretation vom 18. Jahrhundert bis zur Gegenwart. Würzburg 1993,
   S. 61.

3  Ebd., S. 59.

4  Ebd., S. 58.

5  Humboldt, Wilhelm von: Gesammelte Werke. Hg. v. A. Leitzmann. Berlin 1909,
   Bd. 8, S. 124.

6  Schiller, Friedrich: Kassandra. In: ders.: Werke, Bd. 21: Gedichte nach der Ausgabe letzter Hand. Weimar 1983, S. 255–258.

7  Vgl. dagegen Epple, der beides auseinanderzuhalten versucht: „Kassandras
   eigentliche Problematik, ihr Wissen und der Umgang damit, werden außer Acht
   gelassen, wenn das Gedicht nur auf den unbewußt eingeschriebenen Weiblich-
   keitsdiskurs zugespitzt wird. Wie Schillers weibliche Hauptfiguren in seinen
   Dramen, steht auch Kassandra repräsentativ für das Wesen und – in ihrem Fall
   als negatives Exempel – für die Möglichkeit des Menschen und transzendiert
   damit auch Schillers eigene patriarchalische Fixierung." (S. 66) (Anm. 2).

8  Vgl. hierzu die Arbeit von Müller, die in ihrem Buch explizit mit Foucaults
   *Sexualität und Wahrheit* arbeitet. Müller, Solvejg: Kein Brautfest zwischen Menschen und Göttern. Kassandra-Mythologie im Lichte von Sexualität und Wahrheit. Köln u.a. 1994.

9  Ebd., S. 93.

10 Lange, Sigrid (Hg.): Ob die Weiber Menschen sind. Geschlechterdebatten um
   1800. Leipzig 1992.

11 Heine, Heinrich: Shakespeares Mädchen und Frauen. In: ders.: Sämtliche Schriften in zwölf Bänden. Hg. v. Klaus Briegleb. München und Wien 1976, Bd. 7,
   S. 195.

12 Vgl. Epple: „Schillers Kassandra gehört seit der Erstausgabe von 1836 zum
   unveränderlichen Kernbestand des ‚Echtermeyer'. 1936, in der 48. Auflage, muß

das Gedicht den verstärkt aufgenommenen ‚Blut- und Boden-Dichtern' weichen und wird auch in die nach dem Krieg herausgegebene Neuauflage nicht wieder aufgenommen." (S. 240) (Anm. 2)

13　Wolf, Christa: Voraussetzungen einer Erzählung: Kassandra. Frankfurter Poetik-Vorlesungen. Darmstadt und Neuwied 1983, S. 140 f.

14　Epple, S. 341 (Anm. 2).

15　Ebd., S. 342.

16　Vgl. Riedel, Volker: Antikerezeption in der Literatur der DDR. Berlin 1980; ders.: Literarische Antikerezeption. Aufsätze und Vorträge. Jena 1996. (Dort u.a. auch zu Arendt). Einflußreich für den Mythosdiskurs waren die Arbeiten von Franz Fühmann, vor allem sein Aufsatz *Das mythische Element in der Literatur* (1975). Vgl. Fühmann, Franz: Marsyas. Mythos und Traum Leipzig 1993.

17　Epple, S. 260. (Anm. 2)

18　Ebd.

19　Arendt, Erich: Griechische Inselwelt. Leipzig 1962. Vgl. zu Arendt: Der zerstückte Traum. Für Erich Arendt zum 75. Geburtstag. Hg. von Gregor Laschen und Manfred Schlösser. Berlin und Darmstadt 1978 und: Erich Arendt. Text + Kritik 82/3. München 1984. (Enthält Bibliographie von Manfred Schlösser)

20　Ders.: Stunde Homer. In: ders.: Ägäis. Gedichte. Leipzig 1967, S. 91 f.

21　Vgl. den Beitrag zu Benn in diesem Band.

22　Wolf, Christa: Kassandra. Erzählung. Darmstadt und Neuwied 1983, S. 5.

23　Arendt, Stunde Homer. S. 91. (Anm 20)

24　Ders.: Durchs Tor. In: ders.: Zeitsaum. Berlin 1978, S. 29 f.

25　Kunert, Günter: Unterwegs nach Utopia. Berlin und Weimar 1980, S. 74.

26　Ders.: Stilleben. München 1992 (zuerst München und Wien 1983). S. 39.

27　Vgl. Berbig, Roland u.a. (Hg.): In Sachen Biermann. Protokolle, Berichte und Briefe zu den Folgen einer Ausbürgerung. Berlin 1994.

28　„Das Schreiben hat zwei Voraussetzungen:
　　Das Land lieben,
　　seine Verhältnisse hassen.
　　Das eine ohne das andere ist nichts.
　　Das andere ohne das eine muß ich verlassen."
　　Thomas Brasch, 27.3.1987. In: Arbeitsbuch Thomas Brasch. Hg. v. Margarete Häßel und Ulrich Weber. Frankfurt a.M. 1987, S. 5

29　Brasch, Thomas: Kassandra. In. Kargo. 32. Versuch auf einem untergehenden Schiff aus der eigenen Haut zu kommen. Frankfurt a.M. 1979, S. 120–125. (Erstveröffentlichung 1976) Auf einen Einzelnachweis der Zitate im Text wird verzichtet.

30　„Verwahrlosung ist die Entlassung aus Obhut und Verwahrung. Darum ist es notwendig. Für mich. In der Arbeit, also der Kunst, in der Politik, in dauerndem Wechsel der Ansichten und Gefühle."
　　Thomas Brasch, 5.5.1987. In: Arbeitsbuch Thomas Brasch, S. 5. (Anm 28)
　　Vgl. zu Brasch auch Fröhlich, Margrit: Between Affluence and Rebellion. The Work of Thomas Brasch in the Interface between East and West. New York u.a. 1996.

31  Spiegel, 19.2.1977, S. 212.

32  „Kargo ist das Werk eines wirklichen Dichters." Bataillon, Michael: Mercedes. Thomas Brasch verstößt gegen die Regeln. In: Arbeitsbuch Thomas Brasch, S. 388. (Anm. 28)

33  Vgl. den Ödipus-Kommentar von Heiner Müller und meinen Beitrag: Im Schatten des Mythos. Zur Ödipus-Sphinx-Konstellation bei Ingeborg Bachmann und Heiner Müller. In: Responsibility and Commitment. Ethische Postulate der Kulturvermittlung. Festschrift für Jost Hermand. Hg. von Klaus L. Berghahn u.a. Frankfurt a.M. u.a. 1996, S. 209-223.

34  Brasch, Thomas: Kargo, S. 8. (Anm. 29)

35  Ebd., S. 194.

36  Diese Assoziation findet sich bei Luigi Forte: Die Auflösung des Subjekts. Gedanken zu Thomas Brasch. In: Arbeitsbuch Thomas Brasch, S. 383. (Anm. 28)

37  Vgl. McKee, Alexander: In der Todesdrift. Das Floß der Medusa. München 1976.

38  Heinrich, Klaus: Das Floß der Medusa. In: Faszination des Mythos. Hg. v. Renate Schlesier. Basel und Frankfurt a.M. 1991, S. 338. Mit „Existenzmetapher" meint Heinrich zwar Guéricaults *Gardejäger-Offizier* (1812), der Begriff läßt sich aber ebenso auf das *Floß der Medusa* übertragen.

39  Eine zentrale Bedeutung hat Guéricaults Bild für Peter Weiss in seiner *Ästhetik des Widerstands*. Vgl. Herding, Klaus: Arbeit am Bild als Widerstandsleistung. In: Die Ästhetik des Widerstands. Hg. v. Alexander Stephan. Frankfurt a.M. 1983, S. 246–284.

40  Brasch, Kargo, S. 94. (Anm. 29)

41  Ebd., S. 172.

42  Zit. nach Arbeitsbuch Thomas Brasch, S. 398. (Anm. 28)

43  Wolf, Voraussetzungen einer Erzählung, S. 44. (Anm 13)

44  Ebd., S. 154.

45  Ebd., S. 154 f.
    Wie stark auch die KünstlerInnen in der DDR von der Kassandra-Mythologie beeindruckt waren, zeigt die Ausstellung in der Staatlichen Galerie Moritzburg Halle, 1987. Vgl. den Katalog: Kassandra. Halle 1987.

# Geschlechtermythologien und nationale Diskurse

## Genealogische Schreibweisen bei Botho Strauß (*Ithaka*) und Christa Wolf (*Medea. Stimmen*)

Die Beobachtung, daß in Umbruchs-, Kriegs- und Krisenzeiten sich in der Literatur die mythischen Rekurse häufen, ist nicht sonderlich originell. Die Erinnerung an die Heroinen und Heroen abendländischer Gedächtniskultur hat immer dann Konjunktur, wenn die nationale Identität bedroht und das Subjekt in seinem Selbstverständnis verunsichert ist. Spätestens seit der Französischen Revolution läßt sich zu Zeiten politischer Umstürze und gesellschaftlicher Modernisierungsschübe eine geradezu inflationäre Zunahme und Verbreitung von Texten beobachten, die auf die Krisenerfahrung mit einer Mobilisierung mythischer Denkmuster und Figurenkonstellationen reagieren.

Wie immer man solche mythischen Rekurse einschätzt, als „Flucht", „Trost" oder „Revolte"[1] – allein die Fülle der Zeugnisse legt es nahe, die Texte, ungeachtet der zwischen ihnen bestehenden ideologischen und ästhetischen Differenzen, zunächst einmal als Symptome einer Konstellation zu interpretieren, die sich in Zeiten nationaler und mentaler Umbrüche mit schöner Regelmäßigkeit immer wieder erneut herstellt.

Angesichts des in der Literatur- und Kulturgeschichte der Moderne zu beobachtenden engen Zusammenhangs zwischen Krisenerfahrung und Mythenrenaissance drängt sich die Vermutung auf, daß die Wiederbelebung des Mythos in der Gegenwart eine Reaktion auf die nationalen Umbrüche im Gefolge von 1989 sein könnte. Wenn die Vermutung stimmt, daß auch noch heute, zu Zeiten der Postmoderne, nationale und mythische Diskurse in einem engen

Wechselverhältnis stehen, dann ließe sich nicht nur erklären, warum ein mit deutscher Geschichte und Gegenwart so gesättigter Roman wie *Das weite Feld* (1995) von Günter Grass von der Kritik und vom Publikum nicht als der große „deutsche Roman über Wende und Mauerfall" angenommen worden ist[2], sondern warum Texte, die uns in mythische Zeiten zurückversetzen, erfolgreicher sind als solche, die die politischen Erfahrungen in direkter Weise thematisieren.

Die große öffentliche Resonanz auf Christa Wolfs Roman *Medea. Stimmen* (1996) und Botho Strauß' Theaterstück *Ithaka* (1996) läßt m.E. darauf schließen, daß es sich um Texte handelt, in denen die deutsch-deutschen Befindlichkeiten im immer noch nicht zusammengewachsenen „Doppel-Deutschland" (Katja Lange-Müller) in ganz besonders symptomatischer Weise zum Ausdruck kommen. Dabei sind die Texte nicht nur aufschlußreich für die unterschiedlichen Wahrnehmungen, die der Einigungsprozeß bei Autoren in Ost und West ausgelöst hat, sondern sie sind interessant v. a. in Hinsicht auf den Geschlechterdiskurs, der in beiden Texten in sehr unterschiedlicher Weise mit dem nationalen und mythischen Diskurs verflochten ist.

# I

Botho Strauß' Vorliebe für den Mythos ist den Interpreten schon früh aufgefallen.

> Vor dem Hintergrund einer radikalen Absage an die Medien- und Konsumwelt unserer Tage erweist sich Strauß' Rückgriff auf Mythen und Allegorie wie religiöse und romantische Motive als Versuch, die Allgegenwart medialer Gleichzeitigkeit zu durchbrechen. Mit der Verbindung von „Einst" und „Jetzt", aktuellen und historischen Formen und Inhalten, öffnet er den Blick auf die „abgehauenen Wurzeln" unserer modernen Gesellschaft.[3]

Sigrid Berka hat in ihrer Arbeit *Mythos – Theorie und Allegorie bei Botho Strauß* (1991) die These formuliert, daß mit Strauß' Werk eine „Mythenumschrift der BRD"[4] vorliege. Dagegen hat Helga Kaussen in ihrer Dissertation *Kunst ist nicht für alle da* (1991) von der „Verschleierung des Mythos"[5] bei Botho Strauß gesprochen.

Auch in anderen Arbeiten ist die Bedeutung des Mythos für das Werk von Botho Strauß immer wieder herausgestellt worden, so von Sabine Wilke in ihrer Arbeit *Poetische Strukturen der Moderne* (1992), in der neben Heiner Müller, Christa Wolf, Michael Ende und Christoph Ransmayr auch Botho Strauß unter dem Stichwort „Das Durchscheinen des Mythologischen"[6] behandelt wird.

Spätestens mit seinem kulturpolitischen Essay *Anschwellender Bocksgesang*, am 8.2.1993 im *Spiegel* veröffentlicht, hatte Strauß einer breiten Öffentlichkeit bereits mit dem Titel deutlich gemacht, daß Antikerekurs und Zeitkritik für ihn untrennbar zusammengehören. Der Essay, der seit Heinrich Bölls Frage, ob Ulrike Meinhoff „Gnade" oder „freies Geleit" wolle (*Spiegel*, Nr. 3, 1972), zu den am heftigsten diskutierten Beiträgen eines deutschen Autors gehörte, rief eine Fülle von Kommentatoren auf den Plan.[7] Thomas Assheuer prägte in der *Frankfurter Rundschau* die Formel von der „Avantgarde des Rückschritts"[8], Peter Glotz erklärte den Verfasser in der *Wochenpost* zum „gefährlichen Wirrkopf"[9] und stellte ihn in eine Ahnenreihe rechtskonservativer und antidemokratischer Schriftsteller, die *taz* fragte maliziös, ob Strauß „ein Faschist"[10] sei, während Eckhard Nordhofen in der *Zeit* anerkennend schrieb: „Mit dem Text verstellt Botho Strauß den Fluchtweg zurück in die Nachkriegszeit."[11]

Für Aufregung gesorgt hatten v.a. die Passagen des Essays, in denen Strauß sich auf eine „Rechte" berufen hatte, die ihrem „Wesen nach Tiefenerinnerung"[12] sei, „Rassismus und Fremdenfeindlichkeit" unter Rekurs auf Girards Buch *Das Heilige und die Gewalt* (1992) als „gefallene Kultleidenschaften" bezeichnet hatte, die „ursprünglich einen sakralen, ordnungsstiftenden Sinn"[13] gehabt hätten, und Verständnis für nationalistische Strömungen gezeigt hatte.

> Daß ein Volk sein Sittengesetz gegen andere behaupten will und dafür bereit ist, Blutopfer zu bringen, das verstehen wir nicht mehr und halten es in unserer liberal-libertären Selbstbezogenheit für falsch und verwerflich.[14]

Karl Ludwig Baader hat in einer resümierenden Stellungnahme in der *Hannoverschen Allgemeinen* darauf hingewiesen, daß gerade solche Sätze in einer „ohnehin unruhigen Situation, in der die politische Geographie durcheinandergerät, die Grenzen zwischen

‚rechts' und ‚links' fließend werden, sich viele umorientieren und andere deswegen allenthalben Verräter und Überläufer entdecken"[15], zumindest zu Mißverständnisse Anlaß geben.

In diese Landschaft plazierte Strauß einen schillernden, schwer zugänglichen Text, der, durchdrungen vom Gefühl einer nahenden Katastrophe, vor dem Zusammenbruch unserer Übereinkünfte warnt und eine anschwellende Tragödie (zu deutsch: Bocksgesang) beschwört. Statt zur Klärung der wirren geistigen Lage der Nation beizutragen, erheischt Strauß' pompöses Pamphlet selbst mit hochmütiger Gebärde die Deutungsanstrengungen der Leser. Es potenziert die reale Uneindeutigkeit und provoziert damit gerade verstärkte (Ein-) Ordnungsbedürfnisse.[16]

Mit *Ithaka*, im Juli 1996 in München uraufgeführt, hat Botho Strauß nach einer längeren Zeit des Schweigens dann einen Text vorgelegt, der sich wie eine Umsetzung der Gedanken liest, die er im *Anschwellenden Bocksgesang* formuliert hatte.[17] Das Schauspiel erzählt die Geschichte einer „Heimkehr" als Rückkehr zu den „magischen Ordnungsvorstellungen"[18] des Mythos. Strauß versetzt Zuschauer und Leser zurück in die „Kindheit der Welt" (S. 7), die er in Homers *Odyssee* zu finden glaubt. Im Vorspann zu dem Schauspiel schreibt er:

Dies ist eine Übersetzung von Lektüre in Schauspiel. Nicht mehr, als höbe jemand den Kopf aus dem Buch des Homer und erblickte vor sich auf einer Bühne das lange Finale von Ithaka, wie er sich's vorstellt. Abschweifungen, Nebengedanken, Assoziationen, die die Lektüre begleiten, werden dabei zu Bestandteilen der Dramaturgie. Der Dialog opfert, um beweglich zu sein, den Vers und den rhapsodischen Ton. Dennoch bleiben die großen Übertragungen von Johann Heinrich Voß und Anton Weiher zumindest im Anklang gegenwärtig: es möge genügen, um den Hörer wie eh und je in die Kindheit der Welt zu versetzen. (S. 7)

Mit einem solchen Statement grenzt sich Strauß gegen die „kritischen Aufgeklärten" ab, „die keinen Sinn für Verhängnisse besitzen"[19]. Auch wenn Strauß keinen Namen nennt, machen Formulierungen wie „libertärer bis psychopathischer Antifaschismus"[20] und „anarchofidele Erst-Jugend um 1968"[21] deutlich, wogegen sich seine Affekte richten: gegen die Kritische Theorie und ihre 68er Nachfahren, die nach seiner Meinung „den Individuen jede *Anwesenheit* von unaufgeklärter Vergangenheit, […], von mythische Zeit rauben und ausmerzen"[22] wollen und durch ihre „Tabuzertrümmerung"[23] die Misere der Gegenwart verschuldet haben.

Mit seinem Heimkehrer-Stück verabschiedet sich Strauß explizit von dem kritischen Mythos-Diskurs, den Horkheimer und Adorno in ihrer *Dialektik der Aufklärung* im amerikanischen Exil in der Auseinandersetzung mit dem Faschismus entwickelt haben. Für Horkheimer und Adorno ist die *Odyssee* ein „Grundtext der europäischen Zivilisation"[24] und Odysseus verkörpert das „Urbild [...] des bürgerlichen Individuums"[25], das sich durch List, Betrug, Disziplinierung und Entsagung zum „identischen Ich"[26] konstituiert, wobei Naturbeherrschung und Triebunterdrückung Hand in Hand gehen. Für Horkheimer und Adorno stehen in Folge dessen die Reise des Odysseus und seine Abenteuer und nicht seine Ankunft im Zentrum ihres Interesses:

> Die Irrfahrt von Troja nach Ithaka ist der Weg des leibhaft gegenüber der Naturgewalt unendlich schwachen und im Selbstbewußtsein erst sich bildenden Selbst durch die Mythen.[27]

Die Heimkehr zu Penelope deuten sie nicht als Triumph treuer Liebe, sondern als Sieg der „bürgerlichen Kälte"[28] über das anarchische Feuer des Begehrens.

Ganz anders dagegen versteht Botho Strauß die *Odyssee*. Für ihn ist der homerische Text eine „Urdichtung", in deren Mittelpunkt eine „unfaßliche Liebesgeschichte"[29] steht. Odysseus ist der unangefochtene Held („Der Held bleibt der Held."[30]) und er selbst ist der Autor, der das „Finalabenteuer"[31] seines Helden „unverfälscht"[32] auf die Bühne bringt. Strauß verzichtet auf jede Form der Modernisierung, wie sie etwa Michael Köhlmeier in seinem Roman *Telemach* (1995)[33] versucht hat. Welten trennen ihn auch von dem concept-art-project *Absolut Homer* (1995)[34], das Walter Grond mit einem internationalen Team von zweiundzwanzig Autorinnen und Autoren als mehrfach verfremdete Wiederholung der Irrfahrt des Odysseus unter den Bedingungen postmoderner Autorschaft realisiert hat.

Im Zentrum der Botho Straußschen Nacherzählung, die der homerischen Vorlage weitgehend folgt, stehen Heimat und Familie. In Odysseus' Abwesenheit hat sich eine Meute von Freiern als „Schmarotzer" (S. 48) im Palast breitgemacht und bedrängt Penelo-

pe, sich endlich für einen von ihnen zu entscheiden. Das Land ist
„völlig verwahrlost" (S. 21) und das Volk „will endlich regiert sein"
(ebd.). Allein Penelope, der Sohn Telemach und die alte Amme
Eurykleia haben die Hoffnung auf die Rückkehr des Odysseus
nicht aufgegeben. Dieser landet nach zwanzigjähriger Abwesenheit
am „Strand von Ithaka" (I, 3) und erkennt mit Hilfe Athenas, die ihn
als Schutzgöttin auf seiner Irrfahrt begleitet hatte, daß er sich endlich in der Heimat befindet:

> ODYSSEUS Mein Land! Dies ist mein Land. [...] Ich im Land meiner
> Heimat [...] Selig küsse ich den fruchtbaren Boden, den liebsten der
> Erde. (S. 17)

An einem Treffen mit Penelope hat Odysseus zunächst wenig Interesse, weil er befürchtet, daß ihm ein ähnliches Schicksal bevorstehen
könne wie Agamemnon, der bei seiner Rückkehr von seiner Ehefrau
Klytämnestra und ihrem Liebhaber Ägisth erschlagen worden war.
Auch gegenüber dem Sohn ist er ziemlich mißtrauisch, weil er fürch-
tet, daß dieser ihm als Konkurrenten um das Amt des Herrschers nach
dem Leben trachten könne. (II, 2) Telemach ist jedoch ein loyaler
Sohn und es kommt zu einer rührenden Vereinigungsszene von Vater
und Sohn. Gemeinsam machen sich Vater und Sohn daran, „Ordnung" zu schaffen und das „Königtum [...] zum Schutz und Heil des
Volkes von Ithaka" (S. 76) wiederherzustellen. Unter den Anfeuerun-
gen von Athene („laß nicht nach in deiner Mordlust", S. 83) kommt es
zu einem „herrlichen Blutbad" (S. 86), an dessen Ende Vater und Sohn
als Sieger zurückbleiben. Damit ist der Weg frei für die Wiedervereinigung von Odysseus und Penelope, die als „Kerze der Erwartung"
(S. 13) sich dem Gatten entgegengesehnt hatte.

Nicht mit der Zusammenführung des Paares schließt das Schauspiel ab, sondern mit einer traumartigen Sequenz, in der Odysseus
aus Angst vor der Rache der Väter der ermordeten Freier „Schutz"
(S. 97) bei seinem Vater Laertes sucht. Er findet den greisen Vater in
einem blühenden Apfelbaumhain bei gärtnerischer Arbeit. Mit
Telemach, der dazukommt, bilden Vater, Sohn und Enkel ein Drei-
gestirn kämpferischer Männlichkeit.

> LAERTES [...] Was für ein Tag ist heute! Die Freude! Sohn und Enkel
> stehen im Kampf, und ich Alter darf es mitansehen! (S. 101)

Der Kampf, in den sich Odysseus und Telemach gemeinsam gegen
die Väter der ermordeten Freier stürzen wollen, wird jedoch durch
ein Machtwort von Zeus beendet.

> Der Streit ist vorbei. [...] Da nun wiedervereint ist das Paar, tritt durch
> sie beide die heilige Ordnung wieder in Kraft. [...] Wir aber verfügen,
> was recht ist: aus dem Gedächtnis des Volks wird Mord und Verbrechen
> des Königs getilgt. Herrscher und Untertanen lieben einander wie früher.
> Daraus erwachsen Wohlstand und Fülle des Friedens den Menschen.
> (S. 103)

Der ironische Unterton, mit dem am Ende der Frieden durch göttlichen Spruch hergestellt wird, und die spielerische Leichtigkeit, mit
der sich die Vereinigung des Paares im Schlußbild vollzieht, mildern
das Pathos des Stückes sehr deutlich. Auch sonst ist das Bemühen
des Autors unverkennbar, den *Bocksgesang* abschwellen zu lassen.
Vor allem die Erfindung der „drei fragmentarischen Frauen" (Knie,
Schlüsselbein, Handgelenk), die den antiken Chor vertreten, ist ein
witziger Einfall. Solche ironischen Verfremdungen brechen das
Pathos des Textes im ganzen jedoch nicht auf. Das Augenzwinkern,
mit dem der Text – und v. a. die Aufführung – den Helden Odysseus
relativiert, stellt die „heilige Ordnung" als Ganzes nicht in Frage.
Diese Ordnung aber ist eine männlich-väterliche, an der die Frauen
nur als Amme, Gattin und Mägde teilhaben. Auch Athene ist am
Ende nur die Tochter von Zeus, die artig die Befehle des Vaters aus-
führt. Die Erfindung der „drei fragmentarischen Frauen" – so dra-
maturgisch ergiebig ein solcher Einfall auch ist – bestätigt die mar-
ginale Position des Weiblichen in grotesker Überdeutlichkeit
ebenso wie die phallische Metapher von Penelope als „Kerze der
Erwartung" (S. 13). Frauen stören nur in einer Ordnung, die sich als
familiales Bündnis zwischen Vätern und Söhnen herstellt. An die
Stelle des „Vaterhasses", den Strauß im *Bocksgesang* als „häßliche
Frucht aus der Vereinigung eines verordneten mit einem libertären
bis psychopathischen Antifaschismus"[35] bezeichnet hatte, tritt die
liebende Vereinigung von Vater und Sohn, die sich durch die Koop-
tion des Großvaters zur väterlichen Dreieinigkeit erweitert und
durch das Hinzutreten von Zeus Züge einer patriarchalischen Vier-
faltigkeitsidylle annimmt.[36] Offensichtlich grenzt sich Strauß mit
dieser emphatischen Restituierung der Vater-Sohn-Achse als Ga-

Abb. 37 *Strauß: Ithaka, Foto der Münchner Inszenierung (1996)*

rant familialer und nationaler Ordnung von den Autoren der sog. „Väter-Literatur" ab, die sich in sehr subjektiv gehaltenen Texten mit der vom Faschismus belasteten Väter-Generation auseinandergesetzt hatten.

Im Gegensatz zu den Autoren der 68er Generation scheint Strauß keine Berührungsängste Vätern gegenüber zu haben, zumindest literarischen Vätern gegenüber nicht. Rolf Michaelis hat in seiner Besprechung der Münchner Uraufführung darauf aufmerksam gemacht, daß der Titel „Der Bogen des Odysseus", den der vierte Abschnitt des Straußschen Textes trägt, auf das gleichnamige Drama von Gerhart Hauptmann von 1914 zurückverweist.[37] Hier findet sich bereits der Gedanke vorformuliert, daß die Welt nur durch Blut zu reinigen sei. („Durch Blut, durch Blut! Wodurch den sonst? Durch Blut!") Siegfried Jacobsohns Spott über Hauptmann als den „homerus post homerum" („An Homer erinnert er wie ein Gemüsebeet an einen Urwald") und Kerrs Stoßseufzer, daß „alle Bearbeitungen der Teufel holen" möchte („Man setze den Titel: ‚Der Degen des Emil' – und das Stück wird nicht zu Ende gespielt.") werden von Michaelis zitiert, um sie kritisch gegen *Ithaka* als „die wohl 1001. Bearbeitung von Homers fast 3000 Jahre alten Epos auf zwölftausend Hexameter-Versen zwischen Aischylos und Walter Jens, Dante und James Joyce" zu wenden.

> Hätten wir die Uraufführung dieses antiken Märchenspiels erlebt, wenn der mühselig formulierte Text nicht geadelt wäre durch den Verfasser-Namen Botho Strauß?[38]

Vermutlich würden sich wohl nur wenige Leser und Zuschauer für den gespreizten und langatmigen Text interessieren, wenn nicht Botho Strauß der Autor wäre und wenn der *Anschwellende Bocksgesang* nicht die Erwartung geweckt hätte, daß *Ithaka* eine antidemokratische Variation der umstrittenen *Bocksgesang*-Thesen über die Notwendigkeit von „Blutopfern" und sittlicher Umkehr sein würde. Auch wenn der Text weniger martialisch ist, als der *Bocksgesang* befürchten ließ, so bleibt es doch zumindest irritierend, daß Botho Strauß im Jahre 1996 Ithaka als einen Ort der blutigen Reinigung entwirft, in der die nationale Befriedung als familiale Rekonstruktion unter weitgehendem Ausschluß der Frauen inszeniert wird.

## II

Irritationen hat auch der Text von Christa Wolf ausgelöst, der als Gegenstück zu Botho Strauß' *Ithaka* gelesen werden kann. Ähnlich wie Strauß' *Ithaka* Teil des Odyssee-Booms der letzten Jahre ist, so ist Wolfs *Medea* Teil der Medea-Renaissance, die seit einigen Jahren in der Kultur- und Literaturszene der BRD zu beobachten ist.

So groß der Unterschied zwischen Strauß und Wolf in Hinsicht auf den von ihnen verkörperten „Habitus" (Bourdieu) des Autoren auch ist, so sind sie doch beide gleichermaßen hochrangige Repräsentanten im „literarischen Feld" (Bourdieu), des alten und des neuen Deutschlands. Auch wenn sie unterschiedliche ästhetische und politische Positionen vertreten, so teilen sie doch das Interesse für den Mythos und mythologisierende Schreibweisen.

Stärker noch als der Name von Botho Strauß ist der Name von Christa Wolf mit dem Mythos verbunden. Ihr *Kassandra*-Projekt (1983) ist das prominenteste Beispiel für eine „Arbeit am Mythos" (Blumenberg), mit der die DDR-Intellektuellen von Fühmann über Heiner Müller bis Brasch sich vom ‚real' existierenden Sozialismus verabschiedet und seine Forderungen nach ‚realistischer' Schreibweise unterlaufen haben.

Überdies ist Christa Wolf – wie Botho Strauß – Mittelpunkt in einem „Literaturstreit" geworden, der weniger ihr als der stellvertretenden Abrechnung mit den DDR-Intellektuellen und der Rechtfertigung der Einverleibung der DDR als „neue Bundesländer" in die alte Bundesrepublik galt.[39] Wie im Literaturstreit um Botho Strauß ging es auch in der Auseinandersetzung um Christa Wolf letzlich um die Frage nationaler Identität und um politische Richtungsentscheidungen nach dem Zusammenbruch des sozialistischen Staatensystems. Es ist daher nicht verwunderlich, daß auch Christa Wolfs *Medea* mit ähnlicher Spannung erwartet wurde wie Strauß' *Odyssee*-Paraphrase und daß auch hier die publizistische Vorgeschichte die Rezeption prägte. Ein Vergleich der Rezensionen würde ein deutliches ‚Ost-West-Gefälle' in der Einschätzung des Romans ergeben und zeigen, daß über die Person Christa Wolf noch immer ein Literaturstreit „abgewickelt" wird, in dem die Probleme des deutsch-deutschen Einigungsprozesses verhandelt werden.

Tatsächlich handelt es sich bei Wolfs Roman um einen Text, der eine aktualisierende Lesart nahelegt, ja sie geradezu provoziert. In einem Interview hat Christa Wolf auf die Frage, „wie sie ausgerechnet auf Medea gestoßen" sei, geantwortet:

> Ich war selbst überrascht, daß sich mir noch einmal ein mythologischer Stoff aufdrängte, aber so verwunderlich ist es doch nicht. Ich begann 1990/91, mich mit der Medea-Figur auseinanderzusetzen. Es zeigte sich mir in jenen Jahren, daß unsere Kultur, wenn sie in Krisen gerät, immer wieder in die gleichen Verhaltensmuster zurückfällt: Menschen auszugrenzen, sie zu Sündenböcken zu machen, Feindbilder zu züchten, bis zu wahnhafter Realitätsverkennung. Dies ist für mich unser gefährlichster Zug. In der DDR hatte ich ja gesehen, wohin ein Staat gerät, der immer größere Gruppen ausgrenzte, der seine Integrationsfähigkeit immer mehr verlor. Jetzt erleben wir in der größer gewordenen Bundesrepublik Deutschland, wie immer größere Gruppen von Menschen überflüssig werden, aus sozialen, aus ethnischen und anderen Gründen. Angefangen hatte es mit bestimmten Gruppen der DDR-Bevölkerung, gegen die man im Vereinigungsprozeß im Westen eine Abwehrhaltung entwickelte. Diese Ausgrenzung des Fremden zieht sich durch die ganze Geschichte unserer Kultur. Immer schon vorhanden ist die Ausgrenzung des angstmachenden weiblichen Elements.[40]

Es ist nicht verwunderlich, daß gerade solche Äußerungen, in denen hochsensible Begriffe wie „Fremde" und „Ausgrenzung" so unterschiedslos auf unterschiedliche Gruppen und Phänomene ausgeweitet werden, Wasser auf die Mühlen derjenigen ist, die in Wolfs Entwurf einer „unschuldigen Medea" den nur allzu durchsichtigen Versuch einer Autorin sehen, sich selbst und ihre Verstrickung in das Machtgefüge der alten DDR zu entschuldigen.[41] Der Roman zeigt jedoch, daß eine solche biographische Lesart zu kurz greift und die Komplexität des Romans übersieht.

*Medea. Stimmen* ist ein streng komponierter Text, der in den Proportionen sorgfältig austariert ist.[42] Er besteht aus sechs verschiedenen „Stimmen", die kunstvoll miteinander verschränkt sind. Die Autorin läßt nicht nur bekannte Figuren wie Medea, Jason und Glauke sprechen, sondern sie läßt auch drei erfundene Personen zu Worte kommen und schafft durch Zitate, die den elf inneren Monologen als Motti vorangestellt sind, zusätzliche Stimmen, die eine wichtige Metaebene für das Verständnis des Romans bilden.

Der Roman wird eröffnet mit einem Zitat von Elisabeth Lenk über „Achronie" (S. 5). Die Vorstellungen Lenks von einem „Ineinander der Epochen" und von der Durchlässigkeit der „Zeitwände" (ebd.) faszinieren Christa Wolf offensichtlich deshalb, weil sie die von ihr phantasierten „Begegnungen" durch die „Tiefe der Zeit" (S. 9) plausibel erscheinen und zugleich in der Vergangenheit die Gegenwart und vice versa erkennen lassen. In einem kurzen Vorspann, der zwischen Anfangsmotto und erstem Monolog eingeschoben ist, relativiert Wolf das chronologische Prinzip im Sinne eines „voran" oder „zurück".

> Lassen wir uns zu den Alten hinab, holen wir sie ein? Gleichviel. Es genügt ein Händereichen. Leichthin wechseln sie zu uns über, fremde Gäste, uns gleich. (ebd.)

Diese Simultanität setzt die Chronologie jedoch nicht außer Kraft. Der Wunsch nach Begegnung mit der Vergangenheit entsteht aus der „Not" (ebd.) der Gegenwart. Im Vergleich zur Vergangenheit besitzt die Gegenwart einen unschätzbaren Vorteil. Sie verfügt über den „Schlüssel, der alle Epochen aufschließt" (ebd.). Das Bild des Schlüssels macht deutlich, daß Christa Wolf ein analytisches Interesse an der Begegnung mit „fremden Gästen" (ebd.) hat. Wenn man die von ihr im Vorspann benutzten Begriffe „Verkennung" und „Selbstverkennung" (S. 10) positiv faßt, wird deutlich, worauf Wolf zielt: auf Erkennen und Selbsterkennen. Damit aber schließt sie an eben die kritische Aufklärung an, die Botho Strauß in seinem *Bocksgesang* so vehement attackiert hatte.

Wolfs Arbeit am Mythos (Blumenberg) ist nicht mimetisch-wiederholend, wie die von Strauß, sondern analytisch-hermeneutisch. Der Mythos wird nicht „unverfälscht" nacherzählt, wie Strauß dies vorgibt zu tun, sondern er wird hinterfragt und neu erzählt. Die Frage, wie nationale und familiale Ordnungen begründet, erhalten oder zerstört werden, ist dabei auch eine Leitfrage für den Text von Christa Wolf. Blut, Macht, Gewalt und Geschlecht bilden auch bei ihr die entscheidenden Momente der Erzählung. Gleich der Anfangsmonolog Medeas macht deutlich, daß Wolf den genealogischen Diskurs anders als Strauß führt. Bei ihr steht die Beziehung Medeas zu ihrer Mutter im Zentrum. Auf den sechsundzwanzig Seiten des Eingangsmonologs fällt die Anrede „Mutter" vierundzwan-

Abb. 38 *Hampel: Medea (1994)*

zig Mal. Die ferne in Korinth zurückgebliebene Mutter ist die Person, bei der Medea in ihren Fieberträumen Zuflucht sucht vor dem Entsetzen des schrecklichen Geheimnisses, auf das sie in den unterirdischen Gängen des Palastes gestoßen ist: Korinth „ist auf ein Verbrechen gegründet" (S. 15). Der Herrscher Kreon hat seine älteste Tochter Iphinoe – deren Name an Iphigenie, das antike Opferlamm schlechthin, erinnert – ermorden lassen, um zu verhindern, daß sie seine Nachfolge antritt und sich in Korinth wieder eine „Frauendynastie" (S. 127) nach „alter [...] Sitte" etabliert. Dieser Mord in Korinth hat eine Parallele in einem Mord, der in Kolchis geschehen ist und der der eigentliche Grund dafür ist, daß Medea die Heimat verlassen hat. Der König Aietes hat seinen Sohn Absyrtos umbringen lassen, um sich an der Macht zu halten. Er hatte damit geschickt den Plan einer Fraktion von Frauen durchkreuzt, die Chalkiope, die ältere Schwester Medeas, zur Königin machen wollten und sich dabei auf „alte Bräuche" (S. 100) berufen hatten. Indem Aietes auf noch ältere „Rituale" (S. 101) zurückgriff, nach denen entweder „der alte König, oder sein junger Stellvertreter geopfert werden" (ebd.) muß, gelang ihm das Kunststück, sowohl die älteste Tochter wie auch den Sohn als Konkurrenten um die Macht auszuschalten und die jüngste Tochter Medea aus dem Land zu treiben. Aus diesen beiden „Blutopfern" erwächst jedoch keine politische Stabilität, sondern die beiden ermordeten Kinder sind die ‚Leichen im Keller', um die die Verdrängungsanstrengungen und die Aufdeckungsbemühungen der verschiedenen Figuren im Roman gleichermaßen dramatisch kreisen.

Opfer und Opferkult spielen in Wolfs Text eine zentrale Rolle. Die beiden Zitate aus *Das Heilige und die Gewalt* von Girard, ein Buch, auf das sich Strauß in seinem *Bocksgesang* ebenfalls ganz explizit beruft, deuten darauf hin, daß auch Wolf sich für die magischen, unaufgeklärten Reste einer Gesellschaft interessiert, die zur Festigung ihres Selbstverständnisses und ihrer Macht immer wieder auf Opferrituale und Sündenböcke zurückgreift. Anders als Strauß, der „Blutopfer" als Form einer notwendigen nationalen Reinigung begreift, deckt Wolf die Mechanismen auf, die zu Blutopfern führen. Die „Selbstüberhebung" (S. 179), v.a. aber der „Antrieb der Männer, in Erinnerung zu bleiben und sich einen unsterblichen Namen auf ewige Zeiten zu erwerben" (S. 41) sind die eigentlichen

Gründe dafür, warum Männer eine „Spur von Blut" (S. 109) hinter sich herziehen und immer wieder Frauen suchen, die ihnen die Erinnerung an ihre Verbrechen abnehmen und ihnen sagen, „daß sie an nichts schuld sind" (S. 109).

In diesem tödlichen, auf männliche Herrschaftsabsicherung zielenden Opfersystem sind die Kinder – und zwar Mädchen wie Knaben gleichermaßen – die eigentlichen Opfer, während Frauen beides sein können – Opfer und Täterinnen. Interessant in diesem Doppelstatus als Opfer und Täterin ist nicht nur Medea, sondern v.a. Agameda, eine unschöne, von Männern und Frauen gleichermaßen enttäuschte Frau, die schon vom Namen her als Gegenfigur zu Medea konzipiert ist. Sie spielt das Spiel der Männer und gewinnt Lust an der tatsächlichen oder phantasierten Teilhabe an der Macht. Es sind letztlich ihre Intrigen, die Medea als angebliche Mörderin des Bruders, der Nebenbuhlerin und der Kinder zu Fall bringen und aus ihr jenes „Opfer" machen, mit dem eine krisengeschüttelte Gesellschaft von dem eigenen ‚Gründungsmord' abzulenken versucht. Der Opferstatus Medeas wird also durch eine Aufspaltung hergestellt: Die Erfindung der ‚bösen' Agameda ist Voraussetzung für die Konstruktion einer ‚guten' Medea. So problematisch eine solche ‚Entlastung' Medeas und gleichzeitige ‚Belastung' Agamedas auch ist, so hilft sie doch, eine schematische Verteilung von Gut und Böse zwischen Frauen und Männern zu vermeiden und Moral nicht einseitig geschlechtsspezifisch zuzuordnen.

Trotz solcher Bemühungen um ausgleichende Gerechtigkeit wird der Seite der Frauen – schon in der Verteilung der „Stimmen" im Roman – mehr Aufmerksamkeit und Sympathie entgegengebracht. Die Beziehungen zwischen den Frauen sind die zentralen Achsen, um die sich der Roman erzählerisch organisiert. Die Freundschaften zwischen den Frauen funktionieren als Gegenbilder zu den auf Herrschaftsabsicherung zielenden Allianzen der Männer, die zu Freundschaften untereinander nicht fähig sind. Die Frauenfreundschaften schließen jedoch – anders als in *Kassandra* – liebevolle Beziehungen zu Männern nicht aus: Medea ist Jason eine ebenso nachsichtige Geliebte, wie sie die dem Bildhauer Oistros eine leidenschaftliche Liebhaberin ist. Der Text favorisiert also nicht ausschließlich die weibliche Linie, sondern er kritisiert die männlichen Genealogien, die auf der Opferung und Ausgrenzung von Frauen und Kindern beruhen. Die Überzeugung Christa Wolfs, daß „der männliche und weibliche Blick gemeinsam erst ein vollständiges Bild von der Welt vermitteln"[43] können, schlägt sich in einem erzählerischen Verfahren nieder, das die Geschlossenheit des Monologs, wie sie in *Kassandra* vorherrschte, durch eine Vielzahl von Stimmen aufbricht.

Trotzdem hinterläßt die Lektüre des Romans Unbehagen. Die didaktische Verschränkung von mythischer Vorzeit und bundesrepublikanischer Gegenwart und die Annahme, daß es immer wieder die „gleichen Verhaltensmuster"[44] seien, die sich durch die Jahrtausende beobachten ließen, führen zu einer Verwischung von Differenzen und Besonderheiten und produzieren letztlich ein „geschlossenes System" (S. 10) von Verweisen, dem Wolf durch die Vielstimmigkeit ihres Romans gerade zu entkommen sucht.

Nur an wenigen Stellen ist im Roman jenes Schaudern zu spüren, das die Begegnung mit dem „Fremden" auslöst, das nicht als das „Eigene", schon Bekannte und Erkannte, in die Wahrnehmung des Selbst integriert werden kann. Die Aktivitäten einer „fanatischen Gruppe alter Weiber" (S. 102), die sich auf die „alten Zeiten" berufen, führen zu etwas, was gesellschaftlich längst überwunden zu sein schien, zum Menschenopfer. Wenn Medea und ihr Kreis von Frauen sich ebenfalls auf die „alten Bräuche" (S. 100) berufen, um die Schwester Chalkiope zur Königin zu machen, so leisten sie damit einem Fundamentalismus Vorschub, dem Absyrtos schließlich zum Opfer fällt.

> [...] seitdem ist mir ein Schauder geblieben vor diesen alten Zeiten und vor den Kräften, die sie in uns freisetzen und derer wir dann nicht mehr Herr werden können. (S. 103)

Dieser „Schauder" wird jedoch sogleich didaktisch aufgelöst:

> [...] wenn dein furchtbarer Tod mich etwas gelehrt hat, Bruder, dann dies, daß wir nicht nach unserem Belieben mit den Bruchstücken der Vergangenheit verfahren können, sie zusammensetzen oder auseinanderreißen, wie es uns gerade paßt. (ebd.)

Es gibt also keinen Weg zurück. Die Vergangenheit ist kein Fluchtpunkt für die Gegenwart, sondern Anlaß zum Lernen. Solche Überzeugungen stehen in einem gewissen Widerspruch zu dem Relati-

vismus anderer Stellen („Aber was heißt da vorwärts, was zurück",
S. 19) und der Emphase, mit der die Wolf die „wilde Frau" (S. 10) Medea
ausphantasiert und eine versunkene mythische Welt in ihrem Text
wiederauferstehen läßt.

Didaktische Absicht und „Faszination des Mythos" (Schlesier)
stehen in einem ungelösten Spannungsverhältnis. Es ist, als ob der
Text sich nicht entscheiden könnte, auf wen er hören will: auf die vielen verwirrenden Stimmen der Vergangenheit und Gegenwart oder
auf die *eine* belehrende Stimme der Autorin, die hinter den Stimmen
ihrer Protagonisten immer hörbar bleibt. Aufklärung und Mythos
verschränken sich in Wolfs Text in eben der Weise, wie sie Horkheimer und Adorno in ihrer *Dialektik der Aufklärung* beschrieben
haben. Die Folge ist, daß Ethik und Ästhetik auseinanderfallen, daß
der Widerspruch zwischen aufklärerischer Absicht („die verschütte-
te Wahrheit aufzudecken", S. 175) und Beschwörung mythischer
Weiblichkeit („die wilde Frau", S. 10) zu ästhetischen Brüchen führt
und die Intention des Textes diffus macht.


## III

Der Widerspruch zwischen mythischem Rekurs und aufklärerischer Absicht, der Christa Wolfs *Medea* durchzieht, prägt – so läßt
sich zusammenfassend sagen – auch das *Ithaka*-Projekt von Strauß,
wobei Aufklärung in beiden Fällen etwas sehr Unterschiedliches
bedeutet. Der aktuelle nationale Diskurs, in den sich die beiden
Texte einschalten, wird als Gründungsdiskurs geführt bzw. kritisiert, wobei Männlichkeit bzw. Weiblichkeit die phantasmatischen
Bezugspunkte bilden. Botho Strauß entwirft einen Ort, wo männliche Identität sich im Kampf härtet und sich Väter und Söhne im
Männerbund die Hände und die Waffen reichen. Christa Wolf entwirft eine Figur, in der sich Widerständigkeit und Fremdheit zu
einem Bild „wilder" Weiblichkeit verbinden. Strauß' Text enthält
die Gründungsphantasie einer neuen Ordnung, Wolfs Text formuliert die Kritik an der Gründungspraxis bestehender Ordnungen.

So groß die Unterschiede in der genealogischen Schreibweise
zwischen den beiden Texten auch sind, so haben sie doch eine Ge-
meinsamkeit: Beide Autoren greifen auf den Typus der „großen

Erzählung" zurück, die zu Zeiten der Postmoderne und der Post-histoire längst als verabschiedet galt. Auch wenn beide Texte den Typus der „großen Erzählung" als universeller Sinngebungsge-schichte tendenziell brechen – Strauß durch Ironie, Wolf durch Mehrstimmigkeit –, schließen Autor und Autorin mit ihren genea-logischen Schreibprojekten doch an eben diesen Typus an. Zuge-spitzt läßt sich formulieren: Der Mythos ist die „große Erzählung" par excellence und die *Odyssee* und die *Argonautica* ihre nicht mehr zu übertreffenden Steigerungsformen.

Was bedeutet unter solchen Voraussetzungen das Anknüpfen an die großen mythischen Erzählungen? Ist es – ästhetisch gesprochen – ein Rückfall in die Moderne oder gar Vormoderne und ist es – poli-tisch gesprochen – eine Rückkehr zu den alten Gründungs- und Begründungsmustern, die im Laufe der Geschichte für die unter-schiedlichsten Legitimierungen herhalten mußten?

Auf dem 41. Historiker-Tag, der im September 1996 in München tagte, gab es eine Sektion mit dem Titel *Mythen als Argument*?[45] Die dort gestellten Fragen, ob unsere Gegenwart nicht an einem „Mythendefizit" leide, ob es nicht „legitime Mythen" gäbe, die zum Überleben der Gesellschaft unabdingbar seien, und ob es deshalb nicht schädlich sei, Mythen zu dekonstruieren, lassen sich unmittel-bar auf die hier vorgestellten Texte übertragen. Es zeigt sich, daß die Fragen der Historiker und die literarischen Texte Teil einer Debatte sind, in der es um Positionierungen und Sinnkonstruktionen in einem unübersichtlichen Feld geht. Die Rolle, die der Mythos hier-bei spielt, ist ambivalent, weil es erstens *den* Mythos nicht gibt, sondern nur Mythen, die durch Erzählen immer erneut hergestellt werden, und weil zweitens die mythischen Erzählungen und Nach-erzählungen einen Assoziationsraum eröffnen, der durch die voran-gegangenen Texte sehr stark festgelegt und der Intentionalität der Autoren damit weitgehend entzogen ist. Der mythische Rekurs ver-leiht den Texten zwar eine hohe Dignität, die Autoren profitieren von der Aura der großen Erzählungen, ihre Texte werden aber in einen intertextuellen Bedeutungszusammenhang eingebunden, der sich als Subtext den neuen Texten auch gegen den Willen ihrer Autoren einschreibt. Die Ahnung, daß „wir nicht nach unserem Belieben mit den Bruchstücken unserer Vergangenheit verfahren" (S. 103) können, die Christa Wolf ihre Medea formulieren läßt, kann als hellsichtiger Kommentar zu dem schwierigen Verhältnis von Mythos und Literatur zu Zeiten der Postmoderne gelesen werden.

## Anmerkungen

1   Vgl. Klinger, Cornelia: Flucht, Trost, Revolte. Die Moderne und ihre ästhetischen Gegenwelten. München und Wien 1995.
2   Negt, Oskar (Hg.): Der Fall Fonty. Göttingen 1996.
3   Strauß lesen. Hg. v. Michael Radix. München und Wien 1987, S. 7.
4   Berka, Sigrid: Mythos-Theorie und Allegorik bei Botho Strauß. Wien 1991, S. 149.
5   Kaussen, Helga: Kunst ist nicht für alle da. Zur Ästhetik der Verweigerung im Werk von Botho Strauß. Aachen 1991, S. 28.
6   Wilke, Sabine: Poetische Strukturen der Moderne. Zeitgenössische Literatur zwischen alter und neuer Mythologie. Stuttgart 1992.
7   Der Essay und ein Teil der Kommentare sind abgedruckt in: Deutsche Literatur 1993. Jahresüberblick. Stuttgart 1994, S. 254–314.
8   Ebd., S. 272.
9   Ebd., S. 274.
10  Ebd., S. 289.
11  Ebd., S. 282.
12  Strauß, ebd., S. 259.
13  Strauß, ebd., S. 263.
14  Strauß, ebd., S. 256.
15  Ebd., S. 309.
16  Ebd.
17  Strauß, Botho: Ithaka. Schauspiel nach den Heimkehr-Gesängen der Odyssee. München und Wien 1996. Zitatnachweise im folgenden direkt im Text.
18  Strauß, Botho: Bocksgesang, S. 259.
19  Ebd., S. 261.
20  Ebd.
21  Ebd.
22  Ebd., S. 259.
23  Ebd., S. 261.
24  Horkheimer, Max und Adorno, Theodor W.: Dialektik der Aufklärung. Amsterdam 1947, S. 61.
25  Ebd., S. 58.
26  Ebd., S. 63.
27  Ebd., S. 61.
28  Ebd., S. 91.
29  Leserbrief Botho Strauß im „Spiegel" 21 (1996), S. 10.
30  Ebd.

31  Ebd.

32  Ebd.

33  Köhlmeier, Michael: Telemach. München und Zürich 1995.

34  Grond, Walter: Absolut Homer. Graz und Wien 1995.
    Die Bücher von Köhlmeier und Grond sind Teil eines Odysseus-Booms der
    neunziger Jahre. Vgl. Homer: Die Odyssee. Erzählt von Christoph Martin.
    Frankfurt a.M. 1996 (ursprünglich Radioversion für den Hessischen Rundfunk).
    1996 wurde Max Bruchs weltliches Oratorium *Odysseus* (1872) wiederentdeckt
    und bei den Sommerspielen auf Schloß Kranichstein bei Darmstadt neuaufge-
    führt, ebenfalls 1996 feierte Ivan Liska internationale Triumphe in dem Ballett
    *Odyssee* von John Neumeier.

35  Strauß, Botho: Bocksgesang, S. 261.

36  Die Buchausgabe von *Ithaka* zeigt auf dem Umschlagsbild Odysseus und Laer-
    tes in liebevoller Umarmung.

37  Michaelis, Ralf: Der Bogen des Botho. In: Die Zeit, 26. Juli 1996, S. 39f. Siehe
    auch Bohrer, Karl Heinz: Das homerische Phantasma Grausamkeit. Aus Anlaß
    von Bothos Strauß' „Ithaka". In: Merkur 12 (1996), S. 1103–1113. Siehe auch
    Kiesel, Helmut: Wovon uns nur die Götter erlösen können. Eine Reflexion auf
    die Wiederkehr der Götter. Aus Anlaß von Botho Strauß' „Ithaka". In: Sinn und
    Form 49, H. 1 (1997), S. 149–155.

38  Ebd.

39  Anz, Thomas (Hg.): „Es geht nicht um Christa Wolf". Der Literaturstreit im ver-
    einten Deutschland. München 1991.

40  Warum Medea? (Gespräch von Petra Kammann mit Christa Wolf). In:
    BuchJournal 1 (1996), S. 26–35. Das Zitat befindet sich auf S. 28.

41  Hage, Volker: Kein Mord, nirgends. In: Der Spiegel 9 (1996), S. 202–207.

42  Wolf, Christa: Medea. Stimmen. Gütersloh 1996. Zitatnachweise im folgenden
    direkt im Text.

43  Warum Medea? (Anm 40), S. 32.

44  Ebd., S. 28.

45  Erkenntnis ohne Interesse? (Bericht über den 41. Historikertag in München) In:
    Frankfurter Rundschau v. 23. September 1996.

# Mythos – Geschlechterdiskurs – Moderne

## I. Nachschlagewerke, Darstellungen, Forschungsberichte

Bibliographie zur Symbolik, Ikonographie und Mythologie. Internationales Referatorgan. Baden-Baden 1967 ff.

Gottschalk, Herbert: Lexikon der Mythologie der europäischen Völker. Berlin 1973.

Grant, Michael und Hazel, John: Lexikon der antiken Mythen und Gestalten. München 1980.

Hansing, H. W. (Hg.): Wörterbuch der Mythologie. Stuttgart 1965 ff.

Hederich, Benjamin: Gründliches mythologisches Lexikon. Leipzig 1770, Neudruck Darmstadt 1967.

Hunger, Herbert: Lexikon der griechischen und römischen Mythologie. Reinbek 1974.

Roscher, W. H. (Hg.): Ausführliches Lexikon der griechischen und römischen Mythologie. Leipzig 1884–1937, 10 Bde., Nachdruck Hildesheim 1965.

Rose, Herbert: Griechische Mythologie. Ein Handbuch (1928). 8. Aufl., München 1992.

Der kleine Pauly. Lexikon der Antike in fünf Bänden. München 1979.

Der Neue Pauly. Enzyklopädie der Antike in 15 Bänden und 1 Registerband. Hg. v. Cancik, Hubert und Schneider Hemuth. Stuttgart 1996ff.

Walker, Barbara: The Woman's Encyclopedia of Myths and Secrets. San Francisco 1983.

Schmalzriedt, E. und Haussig, H. W. (Hg.): Wörterbuch der Mythologie. Stuttgart 1965–89, 6 Bde. und ein Sonderband.

*** 

Creuzer, Friedrich: Symbolik und Mythologie der alten Völker, besonders der Griechen. 3. verb. Aufl. 1837–43, Neudruck 1973.

Grimal, Pierre (Hg.): Mythen der Völker. Frankfurt a.M. und Hamburg 1976, 3 Bde.

Grimm, Jakob: Deutsche Mythologie. Göttingen 1843.

Kerényi, Karl: Die Mythologie der Griechen I und II. Zürich 1958 ff, 2 Bde.
– Mythen alter Kulturen. (Buchreihe bei Reclam), Stuttgart 1993 ff.
Ranke-Graves, Robert von: Griechische Mythologie. Quellen und Deutungen. Reinbek 1960, 2 Bde.
Schwab, Gustav: Sagen des klassischen Altertums (1834/40). Frankfurt a.M. 1975, 3 Bde.

***

Aly, Wolf: Mythos. In: Paulys Realencyclopädie der classischen Altertumswissenschaft. Neue Bearbeitung, begonnen von Georg Wisowa, hg. v. W. Kroll, 32. Halbband, Stuttgart 1935, Sp. 1374–1411.
Betz, Werner: Vom Götterwort zum ‚Massentraumbild'. Zur Wortgeschichte von Mythos. In: Mythos und Mythologie in der Literatur des 19. Jahrhunderts. Hg. v. H. Koopmann, Frankfurt a.M. 1979, S. 11–24.
Bolle, Kees W.: Myth. In: The Encyclopedia of Religion. Editor in Chief: Mircea Eliade, Vol. 10, New York/London 1988, S. 261–273.
Burkert, Walter / Horstmann, Axel: Mythos, Mythologie. In: Historisches Wörterbuch der Philosophie. Bd. 6, Darmstadt 1984, Sp. 281 ff.
Dupré, Wilhelm: Mythos. In: Handbuch philosophischer Grundbegriffe. Hg. v. H. Krings u. a., Studienausgabe, Bd. 4, München 1973, S. 948–956.
Horstmann, Axel: Der Mythosbegriff von frühen Christentum bis zur Gegenwart. In: Archiv für Begriffsgeschichte 23 (1979), S. 7–54 und 197–245.
Lanczowski, Günter u.a.: Mythos, Mythologie. In: Lexikon für Theologie und Kirche. Bd. 7, Hg. v. J. Höfer und K. Rahner, Freiburg 1962, S. 746–754.
Plumpe, Gerhard: Das Interesse am Mythos. Zur gegenwärtigen Konjunktur eines Begriffs. In: Archiv für Begriffsgeschichte 19 (1975), S. 236–253.
Slok, J. u.a.: Mythos und Mythologie. In: Religion in Geschichte und Gegenwart. Handwörterbuch für Theologie und Religionswissenschaft. 3. Aufl., hg. v. K. Galling, Bd. 4, Tübingen 1960, S. 769–803.

## II. Untersuchungen

Andrea, Bernhard: Odysseus. Archäologie des europäischen Menschenbildes. Frankfurt a.M. 1982.
Anton, Herbert: Der Raub der Proserpina. Literarische Traditionen eines erotischen Sinnbildes und mythischen Symbols. Heidelberg 1967.

Bachofen, Johann Jakob: Das Mutterrecht. Eine Untersuchung über die Gynaikokratie der alten Welt und ihrer religiösen und rechtlichen Natur (1862). Eine Auswahl hg. v. Hans-Jürgen Heinrichs, Frankfurt a.M. 1975

Dazu: Heinrichs, Hans-Jürgen (Hg.): Materialien zu Bachofens ‚Das Mutterrecht‘. Frankfurt a.M. 1975.

Barings, Anne und Cashford, Jules: The Myth of the Goddess. Evolution of an Image. London 1991.

Barthes, Roland: Mythen des Alltags. Frankfurt a.M. 1964.

Baumann, Hermann: Das doppelte Geschlecht. Ethnologische Studien zu Bisexualität in Ritus und Mythos. 2. Aufl., Berlin 1980.

Bayer, Otto (Hg.): Mythos und Religion. Interdisziplinäre Aspekte. Stuttgart 1990.

Bering, K. und Hohmann, W. L. (Hg.): Mythos. Realisation von Wirklichkeit? Essen 1988.

Berka, Sigrid: Mythos-Theorie und Allegorik bei Botho Strauß. Wien 1991.

Berman, Morris: Wiederverzauberung der Welt. Am Ende des Newtonschen Zeitalters. 2. überarb. Aufl. München 1984.

Bernhardt, Rüdiger: Odysseus’ Tod – Prometheus’ Leben. Antike Mythen in der Literatur der DDR. Halle und Leipzig 1983.

Berrisch, Angela: Hieroglyphen der Transzendenz. Mythos und neues Bewußtsein im New Age. Münster und New York 1995.

Bigwood, Carol: Earth Muse. Feminism, Nature and Art. Philadelphia 1993.

Binder, G. und Effe, B. (Hg.): Mythos. Erzählende Weltdeutung im Spannungsfeld von Ritual, Geschichte und Rationalität. Trier 1990.

Blumenberg, Hans: Die Arbeit am Mythos. Frankfurt a.M. 1979.

Bohrer, Karl Heinz (Hg.): Mythos und Moderne. Begriff und Bild einer Rekonstruktion. Frankfurt a.M. 1983.

Borchmeyer, Dieter (Hg.): Wege des Mythos in der Moderne. Richard Wagner ‚Der Ring des Nibelungen‘. Eine Münchner Vorlesung. München 1987.

Bornemann, Ernest: Das Patriarchat. Ursprung und Zukunft unseres Gesellschaftssystems. Frankfurt a.M. 1979.

Bossinade, Johanna: Das Beispiel Antigone. Textsemiotische Untersuchungen zur Präsentation der Frauenfigur. Von Sophokles bis Ingeborg Bachmann. Köln und Wien 1990.

Brand, Gerd: Gesellschaft und persönliche Geschichte. Die mythologische Sinngebung sozialer Prozesse. Stuttgart 1972.

Braun, Hans-Jürgen u.a. (Hg.): Über Ernst Cassirers Philosophie der symbolischen Formen. Frankfurt a.M. 1988.

Brosi, Sibylle: Der Kuß der Sphinx. Weibliche Gestalten nach griechischem

Mythos in Malerei und Graphik des Symbolismus. Münster und Hamburg 1993.

Buchholz, Helmut: Perspektiven der neuen Mythologie. Mythos, Religion und Poesie im Schnittpunkt von Idealismus und Romantik um 1800. Frankfurt u.a. 1990.

Bürger, Christa (Hg.): „Zerstörung, Rettung des Mythos durch Licht". Frankfurt a.M. 1986.

Burkert, Walter: Wilder Ursprung. Opferritual und Mythos bei den Griechen. Berlin 1990.

– Antike Mysterien. München 1990.

Campbell, Joseph: The Masks of God. Vol. 2: Occidental Myth. Vol. 4: Creative Mythology. New York 1962 und 1968.

– Lebendiger Mythos. Wissenschaft, Musik, Poesie. München 1991.

Calosso, Roberto: Die Hochzeit von Kadmos und Harmonia. Frankfurt a.M. u. Leipzig 1993.

Cancik, Hubert: Nietzsches Antike. Vorlesung. Stuttgart 1995.

Canfora, Luciano: Politische Philologie. Altertumswissenschaften und moderne Staatsideologien. Stuttgart 1995.

Cassirer, Ernst: Philosophie der symbolischen Formen. 2. Teil: Das mythische Denken. 2. Aufl., Oxford 1954. Ebd., Darmstadt 1987.

Cid, Adriana: Mythos und Religiosität im Spätwerk Rilkes. Frankfurt a.M. u.a. 1992.

Clarus, Ingeborg: Odysseus und Oidipus. Wege und Umwege der Seele. Fellbach-Oettingen 1986.

Clauss, James J. (Hg.): Medea. Essays on Medea in Myth, Literature, Philosophy and Art. Princeton, New Jersey 1997.

Demisch, Heinz: Die Sphinx. Geschichte ihrer Darstellung von den Anfängen bis zur Gegenwart. Stuttgart 1977.

Dethlefsen, Thorwald: Ödipus, der Rätsellöser. Der Mensch zwischen Schuld und Erlösung. München 1990.

Dettenhofer, Maria H. (Hg.): Reine Männersache? Frauen in Männerdomänen der antiken Welt. Köln, Weimar und Wien 1994.

Devereux, Georges: Frau und Mythos. München 1986.

– Baubo. Die mythische Vulva. Frankfurt a.M. 1985.

Dierks, Manfred: Studien zu Mythos und Psychologie bei Thomas Mann. München 1972.

Dihle, Albrecht: Die Griechen und die Fremden. München 1994.

Dimension$^2$. Contemporary German-Language Literature. Vol. 3, Nr. 3 (Sept. 1996), Focus: The Classical Tradition.

Dinter, Annegret: Der Pygmalion-Stoff in der europäischen Literatur. Heidelberg 1979.

Doll, Annette: Mythos, Natur und Geschichte bei Elfriede Jelinek. Eine Untersuchung ihrer literarischen Intention. Stuttgart 1994.

Dornheim, Alfredo u.a. (Hg.): Die Rückkehr des Imaginären. Märchen, Magie, Mystik, Mythos. Anfänge einer anderen Politik. München 1981.

Doerri, Heinrich: Die schöne Galatea. Eine Gestalt am Rande des griechischen Mythos in antiker und neuzeitlicher Sicht. München 1968.

Dover, Kenneth J.: Homosexualität in der griechischen Antike. München 1983.

Drewermann, Eugen: Tiefenpsychologie und Exegese. Bd. 1: Die Wahrheit der Formen. Traum, Mythos, Märchen, Sage und Legende. Olten und Freiburg 1984.

Duby, Georges und Perrot, Michelle (Hg.): Geschichte der Frauen: Antike. Frankfurt a.M. 1993.

Duerr, Hans Peter: Traumzeit. Über die Grenze zwischen Wildnis und Zivilisation. Frankfurt a.M. 1978.

Duerr, Hans Peter (Hg.): Der Wissenschaftler und das Irrationale. Frankfurt a.M. 1981.

– Sehnsucht nach dem Ursprung. Zu Mircea Eliade. Frankfurt a.M. 1983.

Dumézil, Georges: Mythos und Epos. Frankfurt a.M. und New York 1989.

Dux, Günter: Die Spur der Macht im Verhältnis der Geschlechter. Über den Ursprung der Ungleichheit zwischen Mann und Frau. Frankfurt a.M. 1992.

– Die Zeit in der Geschichte. Ihre Entwicklungslogik vom Mythos zur Weltzeit. Frankfurt a.M. 1992.

d'Eaubonne, Francoise: Les femmes avant le patriarcat. Paris 1977.

Eliade, Mircea: Der Mythos der ewigen Wiederkehr. Düsseldorf 1953.

– Mythen, Träume und Mysterien. Salzburg 1961.

– Das Heilige und das Profane. Frankfurt a.M. 1984.

– Mythos und Wirklichkeit. Frankfurt a.M. 1988.

Epple, Thomas: Der Aufstieg der Untergangsseherin Kassandra. Zum Wandel ihrer Interpretation vom 18. Jahrhundert bis zur Gegenwart. Würzburg 1993.

Faber, Richard u. Seidensticker, Bernd (Hg.): Worte, Bilder, Töne. Studien zur Antike und Antikerezeption. Würzburg 1997.

Fausto-Sterling, Anne: Myths of Gender. New York 1985.

Feder, Lilian: Ancient Myth in Modern Poetry. Princeton 1971.

Fischer-Seidel, Therese: Mythenparodie im modernen englischen und amerikanischen Drama. Heidelberg 1986.

Flashar, Hellmut: Inszenierung der Antike. Das griechische Drama auf der Bühne der Neuzeit 1585–1990. München 1991.

Frank, Manfred: Der kommende Gott. Vorlesungen über die Neue Mythologie. Frankfurt a.M. 1982, 2 Bde.

– Die unendliche Fahrt. Die Geschichte des Fliegenden Holländers und
verwandte Motive. Leipzig 1995.

Frazer, James George: Der goldene Zweig. Das Geheimnis von Glauben
und Sitten der Völker. Reinbek b. Hamburg 1994. (Originalausgabe
u.d.T. „The Golden Bough", 1922.)

Freier, Hans: Die Rückkehr der Götter. Von der ästhetischen Überschrei-
tung der Wissensgrenze zur Mythologie der Moderne. Stuttgart 1976.

Fried, Jochen: Die Symbolik des Realen. Über alte und neue Mythologie in
der Frühromantik. München 1985.

Fromm, Erich: Märchen, Mythen, Träume. Zürich 1957.

Frye, Northrop: Spiritus Mundi. Essays on Literature, Myth and Society.
Bloomington 1976.

Fühmann, Franz: Marsyas. Mythos und Traum. Leipzig 1993.

Fuhrmann, Manfred (Hg.): Terror und Spiel. Probleme der Mythenrezeption. München 1971.

Gascard, Johannes R.: Medea-Morphosen. Eine mytho-psychohistorische
Untersuchung zur Rolle des Mann-Weiblichen im Kulturprozeß. Berlin
1993.

Glau, Katherina: Christa Wolfs „Kassandra" und Aischylos' „Orestie". Zur
Rezeption der griechischen Tragödie in der deutschen Literatur der
Gegenwart. Heidelberg 1996.

Glotz, Peter und Kunert, Günter (Hg.): Mythos und Politik. Über die
magischen Gesten der Rechten. Hamburg 1985.

Gockel, Heinz: Mythos und Poesie. Zum Mythosbegriff in Aufklärung und
Romantik. Frankfurt a.M. 1981.

Göttner-Abendroth, Heide: Die Göttin und ihr Heros. Die matriarchalen
Religionen in Mythos, Märchen und Dichtung. München 1980.

– Die tanzende Göttin. Prinzipien einer matriarchalen Ästhetik. 2. überarb. und erw. Aufl. München 1984.

– Das Matriarchat I und II. 2. Aufl., Stuttgart, Berlin und Köln 1988.

Graevenitz, Gerhart von: Mythos. Zur Geschichte einer Denkform. Stuttgart 1987.

Grassi, Ernesto: Kunst und Mythos. Reinbek 1957.

Gregor, Paul: Mythos, Philosophie und Rationalität. Frankfurt a.M. u.a.
1988.

Greiner-Kemptner, Ulrike und Riesinger, Rober F. (Hg.): Neue Mythographien. Gegenwartsmythen in der interdisziplinären Debatte. Wien u.a.
1995.

Groenewold, Gabriele: Ich und kein Ende. Der Mythos von Ödipus und der Sphinx. Frankfurt a.M. 1985.

Gulian, C. J.: Mythos und Kultur. Zur Entwicklungsgeschichte des Denkens. Frankfurt a.M. 1981.

Guthke, Karl S.: Die Mythologie der entgötterten Welt. Ein literarisches Thema von der Aufklärung bis zur Gegenwart. Göttingen 1971.

Hammes, Manfred: Die Amazonen. Vom Mutterrecht und der Erfindung des gebärenden Mannes. Frankfurt a.M. 1981.

Hamburger, Käte: Von Sophokles zu Sartre. Griechische Dramenfiguren antik und modern. Stuttgart 1962.

Harth, Dietrich und Assmann, Jan (Hg.): Revolution und Mythos. Frankfurt a.M. 1992.

Hays, Hoffmann R.: Mythos Frau. Das gefährliche Geschlecht. Frankfurt a.M. 1974.

Heinrich, Klaus: Parmenides und Jona. Vier Studien über das Verhältnis von Philosophie und Mythologie. Frankfurt a.M. 1982.

– Vernunft und Mythos. Ausgewählte Texte. Frankfurt a.M. 1983.

– Arbeiten mit Ödipus. Dahlemer Vorlesungen 3. Basel und Frankfurt a.M. 1993.

– Floß der Medusa. 3 Studien zur Faszinationsgeschichte mit mehreren Beilagen und einem Anhang. Basel und Frankfurt a.M. 1995.

Heizmann, Jürgen: Antike und Moderne in Hermann Brochs „Tod des Vergil". Über Dichtung und Wissenschaft, Utopie und Ideologie. Tübingen 1997.

Heinsohn, Gunnar: Die Erschaffung der Götter. Das Opfer als Ursprung der Religionen. Frankfurt a.M. 1997.

Heubeck, Alfred und Hoeckstra, Arie: A Commentary on Homer's Odysee. Oxford 1989, 2 Bde.

Heuermann, Hartmut: Medienkultur und Mythen. Regressive Tendenzen im Fortschritt der Moderne. Reinbek b. Hamburg 1994.

– Medien und Mythen. Die Bedeutung regressiver Tendenzen in der westlichen Medienkultur. München 1994.

Highwater, Jamake: Sexualität und Mythos. Olten und Freiburg 1992.

Hochuli, Brigitte: Mythische Diskurse in Max Frisch „Meine Name sei Gantenbein". Bern u.a. 1994.

Hoffmann, Kurt (Hg.): Die Wirklichkeit des Mythos. Zehn Vorträge. München und Zürich 1965.

Hofmann, Gert: Dionysos Archemythos. Hölderlins transzendentale Poiesis. Tübingen und Basel 1996.

Hölscher, Uvo: Die Odyssee. Epos zwischen Märchen und Roman. München 1988.

– Das nächste Fremde. Von Texten der griechischen Frühzeit und ihrem Reflex in der Moderne. München 1994.

Holzhey, Helmut und Leyvraz, Jean-Pierre (Hg.): Rationalitätskritik und neue Mythologie – Critique de la rationalité et nouvelles mythologies. Bern und Stuttgart 1984.

Horkheimer, Max und Adorno, Theodor W.: Dialektik der Aufklärung. Philosophische Fragmente. Amsterdam 1947.

Horn, Andràs: Mythisches Denken und Literatur. Würzburg 1995.

Huber, Andreas: Mythos und Utopie. Eine Studie zur Ästhetik des Widerstands von Peter Weiss. Heidelberg 1990.

Huber, Ottmar: Mythos und Groteske. Die Problematik des Mythischen und ihre Darstellung in der Dichtung des Expressionismus. Meisenheim a.Glan 1979.

Hübner, Kurt: Die Wahrheit des Mythos. München 1985.

Ders. und Vuillemin, Jules (Hg.): Wissenschaftliche und nichtwissenschaftliche Rationalität. Ein deutsch-französisches Kolloquium. Stuttgart 1983.

Jamme, Christoph: „Gott hat an ein Gewand". Grenzen und Perspektiven philosophischer Mythos-Theorien der Gegenwart. Frankfurt a.M. 1991.

– Einführung in die Philosophie des Mythos. Darmstadt 1991.

Jens, Walter: Hofmannsthal und die Griechen. Tübingen 1955.

Johnson, Buffie: Die Große Mutter in ihren Tieren. Göttinnen alter Kulturen. Olten und Freiburg 1990.

Jung, Carl Gustav und Kerényi, Karl: Einführung in das Wesen der Mythen. 4. Aufl., Zürich 1951.

Jung, Carl Gustav u.a.: Der Mensch und seine Symbole. Olten und Freiburg 1986.

Jünger, Friedrich Georg: Griechische Götter. Apollon – Pan – Dionysos. Frankfurt a.M. 1943.

– Griechische Mythen. 3. umgearb. u. durchges. Aufl. Frankfurt a.M. 1957.

Der Kampf der Geschlechter. Der neue Mythos in der Kunst 1850–1930. München 1995 (Ausstellungskatalog).

Kaschnitz, Marie Luise: Griechische Mythen. Hamburg 1946.

Kellner, Beate: Grimms Mythen. Studien zum Mythosbegriff und seiner Anwendung in Grimms „Deutscher Mythologie". Frankfurt a.M. 1994.

Kemper, Peter (Hg.): Macht des Mythos – Ohnmacht der Vernunft. Frankfurt a.M. 1989.

Kenkel, Konrad: Medea-Dramen. Entmythisierung und Remythisierung. Bonn 1979.

Kerényi, Karl: Romandichtung und Mythologie. Ein Briefwechsel mit Thomas Mann. Zürich 1945.

- Prometheus. Die menschliche Existenz in griechischer Deutung. Reinbek b. Hamburg 1959.
- Die Mysterien von Eleusis. Zürich 1962.
- Auf den Spuren des Mythos. München 1967.
- Die Eröffnung des Zugangs zum Mythos. Ein Lesebuch. Darmstadt 1967.
- Apollon und Niobe. München und Wien 1980.

Kern, Hermann: Labyrinthe. Erscheinungsformen und Deutungen. 5 000 Jahre Gegenwart eines Urbildes. München 1982.

Killy, Walter (Hg.): Mythographie der frühen Neuzeit. Ihre Anwendung in den Künsten. Wiesbaden 1974.

Kirk, Geoffrey Stephan: Griechische Mythen. Ihre Bedeutung und Funktion. Reinbek 1987.

Kleinbaum, Abby Wettan: The War against the Amazons. New York u.a. 1983.

Klinger, Cornelia: Flucht. Trost. Revolte. Die Moderne und ihre ästhetischen Gegenwelten. München und Wien 1995.

Klossowski, Pierre: Das Bad der Diana. Reinbek b. Hamburg 1970.

Kobbe, Peter: Mythos und Modernität. Eine poetologische und methodenkritische Studie zum Werk Hans Henny Jahnns. Stuttgart u.a. 1973.

Kolakowski, Leszek: Die Gegenwärtigkeit des Mythos. München und Zürich 1973.

Koopmann, Helmut (Hg.): Mythos und Mythologie in der Literatur des 19. Jahrhunderts. Frankfurt a.M. 1979.

Kott, Jan: Gott-Essen. Interpretationen griechischer Tragödien. München 1975.
- Wilder Ursprung: Opferritual und Mythos bei den Griechen. Berlin 1990.

Krasser, Helmut u. Schmidt, Ernst A. (Hg.): Zeitgenosse Horaz. Der Dichter und seine Leser seit zwei Jahrtausenden. Tübingen 1996.

Kurnitzky, Horst: Ödipus. Ein Held der westlichen Welt. Über die zerstörerischen Grundlagen unserer Zivilisation. Berlin 1978.

Larcher, G. (Hg.): Symbol – Mythos – Sprache. Ein Forschungsgespräch. Annweiler 1988.

Laplanche, Jean und Pontalis, J.B.: Urphantasie. Phantasien über den Ursprung, Ursprünge der Phantasie. Frankfurt a.M. 1992.

Leach, Edmund (Hg.): Mythos und Totemismus. Beiträge zur Kritik der strukturellen Analyse. Frankfurt a.M. 1973.

Lehmann, Hans Thies: Theater und Mythos. Die Konstitution des Subjekts im Diskurs der Moderne. Stuttgart 1991.

Lesky, Albin: Die griechische Tragödie. 3. Aufl. Stuttgart 1964.

Lévi-Strauss, Claude: Mythologica I–IV. Frankfurt a.M. 1990
Bd. I: Das Rohe und das Gekochte.
Bd. II: Vom Honig zur Asche.
Bd. III: Der Ursprung der Tischsitten.
Bd. IV, 1 + 2: Der nackte Mensch.
Ders. u a.: Mythos ohne Illusion. Frankfurt a.M. 1984.

Lichtenstern, Christa: Metamorphose. Vom Mythos zum Prozeßdenken. Ovid-Rezeption. Surrealistische Ästhetik. Verwandlungsthematik in der Nachkriegskunst. Weinheim 1992.

Link, Jürgen und Wülfing, Wulf (Hg.): Bewegung und Stillstand in Metaphern und Mythen. Fallstudien zum Verhältnis von elementarem Wissen und Literatur im 19. Jahrhundert. Stuttgart 1984.

Losev, Aleksej: Die Dialektik des Mythos. Hamburg 1994.

Lüdemann, Susanne: Mythos und Selbstdarstellung. Zur Poetik der Psychoanalyse. Freiburg 1994.

MacLagan, David: Creation Myths. London 1977.

Mafesoli, Michel: Der Schatten des Dionysos. Zu einer Soziologie des Orgiasmus. Frankfurt a.M. 1986.

Marchand, Susanne L. Down from Olympus. Archeologie and Philhellenism in Germany 1750–1970. Princeton 1997.

Martinez, Matias (Hg.): Formaler Mythos. Beiträge zu einer Theorie ästhetischer Formen. München 1996.

Mautz, Kurt: Georg Heym. Mythologie und Gesellschaft im Expressionismus. Frankfurt a.M. 1972.

Meller, Horst und Zimmermann, Hans-Joachim (Hg.): Lebende Antike. Symposium für Rudolf Sühnel. Berlin 1967.

Mühlher, Robert: Dichtung der Krise. Mythos und Psychologie in der Dichtung des 19. und 20. Jahrhunderts. Wien 1951.

Müller, Solvejg: Kein Brautfest zwischen Menschen und Göttern. Kassandra-Mythologie im Lichte von Sexualität und Wahrheit. Köln, Wien und Weimar 1994.

Münkler, Herfried: Odysseus und Kassandra. Politik im Mythos. Frankfurt a.M. 1990.

Murray, H. A. (Hg.): Myth and Mythmaking. New York 1960.

Neumann, Erich: Amor und Psyche. Eine tiefenpsychologische Deutung. Olten und Freiburg 1971.

– Die Grosse Mutter. Eine Phänomenologie der weiblichen Gestaltungen des Unbewußten. Olten und Freiburg 1985.

Nieden, Brigitte zur: Mythos und Literaturkritik. Zur literaturwissenschaftlichen Mythendeutung der Moderne. Münster und New York 1993.

Nottelmann-Feill, Mara: Ludwig Tiecks Rezeption der Antike. Berlin u.a. 1996.

Okkultismus und Avantgarde. Frankfurt a.M. 1995 (Katalog).

Orlowsky, Ursula und Orlowsky, Rebekka: Narziß und Narzißmus im Spiegel von Literatur, Bildender Kunst und Psychoanalyse. München 1992.

Otto, Walter F.: Mythos und Welt. Stuttgart 1962.

- Dionysos. Mythos und Kultus. Frankfurt a.M. 1980.

Olson, A. M. (Hg.): Myth. Symbol and Reality. Notre Dame, Ind./London 1986.

Pagels, Elaine: Adam, Eva und die Schlange. Die Theologie der Sünde. Reinbek 1991.

Panikkar, Raimondo: Rückkehr zum Mythos. Frankfurt a.M. 1985.

Panofsky, Dora und Erwin: Die Büchse der Pandora. Bedeutungswandel eines mythischen Symbols. Frankfurt a.M./New York 1992.

Parrinder, Geoffrey: Sexualität in den Religionen der Welt. Olten und Freiburg 1991.

Picht, Georg: Kunst und Mythos. Stuttgart 1986.

Plumpe, Gerhard und Schuler, Alfred: Chaos und Neubeginn. Zur Funktion des Mythos in der Moderne. Berlin 1978.

Poliakov, Léon: Der arische Mythos. Zu den Quellen von Rassismus und Nationalismus. Hamburg 1993.

Politzer, Heinz: Hatte Ödipus einen Ödipus-Komplex? München 1974.

- Das Schweigen der Sirenen. Studien zur deutschen und österreichischen Literatur. Stuttgart 1968.

Pomeroy, Sarah B.: Frauenleben im klassischen Athen. Stuttgart 1985.

Poser, Hans (Hg.): Philosophie und Mythos. Ein Kolloqium. Berlin und New York 1979.

Rahner, Hugo: Griechische Mythen in christlicher Deutung. Zürich 1945.

Ramer, Ulrich: Mythos und Kommunikation. Frankfurt a.M. 1987.

Ranke-Graves, Robert von: Die weiße Göttin. Sprache des Mythos. Berlin 1981.

Reeder, Ellen D. (Hg.): Pandora. Frauen im klassischen Greichenland. Basel 1996 (Katalog).

Reinsberg, Carola: Ehe, Hetärentum und Knabenliebe im antiken Griechenland. München 1989.

Remmler, Helmut: Das Geheimnis der Sphinx. Archetyp für Mann und Frau. 2. überarb. Aufl. Göttingen und Zürich 1995.

Riedel, Volker: Literarische Antikerezeption. Aufsätze und Vorträge. Jena 1996.

Robert, Carl: Ödipus. Berlin 1915, 2 Bde.

Rohde, Erwin: Psyche. Seelenkult und Unsterblichkeitsglaube der Griechen. 2. Aufl. Freiburg und Leipzig 1898. (Fotomechanischer Nachdruck, Darmstadt 1961).

Rohde-Dachser, Christa: Expedition in den dunklen Kontinent. Weiblichkeit im Diskurs der Psychoanalyse. Berlin u.a. 1991.

Rössner, Michael: Pirandello Mythenstürzer. Fort vom Mythos – Mit Hilfe des Mythos – Hin zum Mythos. Wien u.a. 1980.

– Auf der Suche nach dem verlorenen Paradies. Zum mythischen Bewußtsein in der Literatur des 20. Jahrhunderts. Frankfurt a.M. 1988.

Roszak, Theodore: Der Verlust des Denkens. Über die Mythen des Computer-Zeitalters. München 1986.

Rudolph, Enno: Odyssee des Individuums. Zur Geschichte eines vergessenen Problems. Stuttgart 1991.

Samuel, Pierre: Amazonen, Kriegerinnen und Kraftfrauen. München 1979.

Schütze, Peter: Peter Hacks. Ein Beitrag zur Ästhetik des Dramas. Antike und Mythenaneignung. Kronberg / Ts. 1976.

Sebok, Thomas A. (Hg.): Myth. A Symposium. Bloomington, Ind. 1955.

Seidensticker, Bernd u. Habermehl, Peter (Hg.): Unterm Sternbild des Hercules. Antikes in der Lyrik der Gegenwart. Frankfurt a.M. 1996.

Serres, Michel: Hermes I–V. Berlin 1991–1994

Shay, Jonathan: Achilles in Vietnam. New York 1994.

Siegmann, Ernst: Homer. Vorlesungen über die Odyssee. Würzburg 1987.

Simmel, Georg: Philosophische Kultur. Über das Abenteuer, die Geschlechter und die Krise der Moderne. Gesammelte Essays. Berlin 1983.

Skrodzki, Karl Jürgen: Mythopoetik. Das Weltbild des antiken Mythos und die Struktur des nachnaturalistischen Dramas. Bonn 1986.

Soeffner, Hans Georg: Der geplante Mythos. Untersuchungen zur Struktur und Wirkungsbedingung der Utopie. Hamburg 1974.

Sprengel, Peter: Die Wirklichkeit der Mythen. Untersuchungen zum Werk Gerhart Hauptmanns. Berlin 1982.

Szondi, Peter: Lektüren und Lektionen. Versuche über Literatur, Literaturtheorie und Literatursoziologie. Frankfurt a.M. 1973.

Schadewaldt, Wolfgang: Hellas und Hesperien. Gesammelte Schriften zur Antike und zur neueren Literatur. 2. Aufl. Zürich und Stuttgart 1970, 2 Bde.

Schaeffer-Hegel, Barbara und Wartmann, Brigitte (Hg.): Mythos Frau. Projektionen und Inszenierungen im Patriarchat. Berlin 1984.

Schatz, O. und Spatzenegger, H. (Hg.): Wovon werden wir morgen geistig leben? Mythos, Religion und Wissenschaft in der „Postmoderne". Salzburg 1986.

Schlesier, Renate: Mythos und Weiblichkeit bei Sigmund Freud. Zum Problem von Entmythologisierung und Remythologisierung in der psychoanalytischen Theorie. Frankfurt a.M. 1981.

Schlesier, Renate (Hg.): Mythos. Wien und Berlin 1983.

Schlesier, Renate und Richard Faber (Hg.): Restauration der Götter. Antike Religion und Neo-Paganismus. Würzburg 1986.

Schlesier, Renate (Hg.): Faszination des Mythos. Studien zu antiken und modernen Interpretation. Basel und Frankfurt a.M. 1991.

Schlesier, Renate: Kulte, Mythen und Gelehrte. Anthropologie der Antike seit 1800. Frankfurt a.M. 1994.

Schmeling, Manfred: Der labyrinthische Diskurs. Vom Mythos zum Erzählmodell. Frankfurt a.M. 1987.

Schmid, Hans Heinrich: Mythos und Rationalität. Gütersloh 1988.

Schmid, Susanne: Jungfrau und Monster. Frauenmythen im englischen Roman der Gegenwart. Berlin u.a. 1996.

Schmidbauer, Wolfgang: Mythos und Psychologie. Methodische Probleme, aufgezeigt an der Ödipus-Sage. München und Basel 1970.

Schmid-Henkel, Georg: Mythos und Dichtung. Bad Homburg u. a. 1967.

Schmidt-Dengler, Wendelin: Genius. Zur Wirkungsgeschichte antiker Mythologeme in der Goethezeit. München 1978.

Schmidt-Henkel, Gerhard: Mythos und Dichtung. Zur Begriffs- und Stilgeschichte der deutschen Literatur im 19. und 20. Jahrhundert. Bad Homburg v.d.H. u.a. 1967.

Schmiz, Heinz Gustav: Kritische Gewaltenteilung. Mythenrezeption der Klassik im Spannungsfeld von Antike, Christentum und Aufklärung. Frankfurt a.M. u.a. 1988.

Schreiner, Peter Walter: Oedipusstoff und Oedipusmotive in der deutschen Literatur. Diss. phil. Wien 1964.

Schrödter, Hermann (Hg.): Die neomythische Kehre. Aktuelle Zugänge zum Mythischen in Wissenschaft und Kunst. Würzburg 1991.

Schuller, Wolfgang: Frauen in der griechischen Geschichte. Konstanz 1984.

Schupp, Franz: Mythos und Religion. Düsseldorf 1976.

Schütze, Peter: Peter Hacks. Ein Beitrag zur Ästhetik des Dramas. Antike und Mythenaneignung. Kronberg/Ts. 1976.

Steiner, Georges: Die Antigonen. Geschichte und Gegenwart eines Mythos. München und Wien 1988.

Steffen, Uwe: Drachenkampf. Der Mythos vom Bösen. Zürich 1984.

Sterren, Driek van der: Ödipus. München 1974.

Storch, Wolfgang (Hg.): Mythos Orpheus. Leipzig 1997.

Ders. und Damerau, Burghard (Hg.): Mythos Prometheus. Leipzig 1995.

Strich, Fritz: Die Mythologie in der deutschen Literatur von Klopstock bis Wagner. Halle a. d. Saale 1910, 2 Bde., Neudruck Bern und München 1970.

Thompson, William Irvin: Der Fall in der Zeit. Mythologie, Sexualität und der Sprung der Kultur. Stuttgart 1985.

Topitsch, Ernst: Mythos, Philosophie, Politik. Zur Naturgeschichte der Illusion. Freiburg 1969.

Treusch-Dieter, Gerburg u.a. (Hg.): Denkzettel Antike. Berlin 1989.

Trilse, Christoph (Hg.): Stücke nach der Antike. Berlin 1969.

– Antike und Theater heute. Betrachtungen über Mythologie und Realismus, Tradition und Gegenwart, Funktion und Methode, Stücke und Inszenierungen. Berlin 1979.

Vernant, Jean-Pierre: Mythos und Gesellschaft im alten Griechenland. Frankfurt a.M. 1987.

– Tod in den Augen. Figuren des Anderen im griechischen Altertum. Artemis und Gorgo. Frankfurt a.M. 1988.

Veyne, Paul: Glaubten die Griechen an ihre Mythen? Frankfurt a.M. 1987.

Vickery, John B. (Hg.): Myth and Literature. Contemporary Theory and Practice. Lincoln 1966.

Vogel, Gerhard: Der Mythos von Pandora. Die Rezeption eines griechischen Sinnbildes in der deutschen Literatur. Hamburg 1972.

Vogt, Rolf: Psychoanalyse zwischen Mythos und Aufklärung oder Das Rätsel der Sphinx. Frankfurt a.M. und New York 1986.

Vries, Jan de: Forschungsgeschichte der Mythologie. Freiburg und München 1961.

Wagner-Hasel, Beate (Hg.): Matriarchatstheorien der Altertumswissenschaft. Darmstadt 1992.

Wallas, Armin A.: Albert Ehrenstein. Mythenzerstörer und Mythenschöpfer. München 1995.

Waschescio, Petra: Vernunftkritik und Patriarchatskritik. Mythische Modelle in der neuesten Literatur. Diss. phil. Duisburg 1991.

Weiler, Gerda: Der enteignete Mythos. Eine feministische Revision der Archetypenlehre C. G. Jungs und Erich Neumanns. Frankfurt a.M. 1991.

Weimann, Robert: Literaturgeschichte und Mythologie. Berlin und Weimar 1971.

Weinberg, Kurt: Die Travestien des Mythos. Bern und München 1963.

Wentzlaff-Eggebert, Christian (Hg.): Realität und Mythos in der lateinamerikanischen Literatur. Köln und Wien 1989.

Wetzels, W. D. (Hg.): Myth and Reason. A Symposium. Austin and London 1973.

Wesel, Uwe: Der Mythos vom Matriarchat. Über Bachofens Mutterrecht und die Stellung von Frauen in frühen Gesellschaften. Frankfurt a.M. 1980.

Wiethege, Kathrin: „Jede Metapher ein kleiner Mythos". Studien zum Verhältnis von Mythos und moderner Metaphorik in frühexpressionistischer Lyrik. Münster und New York 1992.

Wilke, Sabine: Poetische Strukturen der Moderne. Zeitgenössische Literatur zwischen alter und neuer Mythologie. Stuttgart 1992.

Wiederkehr des Mythos? München 1986 (= Widerspruch. Münchner Zeitschrift für Philosophie Nr. 12, H. 2, 1986 =)

Winkler, Markus: Mythisches Denken zwischen Romantik und Realismus. Zur Erfahrung kultureller Fremdheit im Werk Heinrich Heines. Tübingen 1995.

Witzmann, Peter: Antike Tradition im Werk Bertold Brechts. Berlin 1964.

Wolff-Windegg, Philipp (Hg.): Mythische Entwürfe. Stuttgart 1975.

Wülfing, Wulf (Hg.): Nationale Mythen und Symbole in der zweiten Hälfte des 19. Jahrhunderts. Strukturen und Funktionen von Konzepten nationaler Identität. Stuttgart 1991.

Ders. u.a. (Hg.): Historische Mythologie der Deutschen 1789–1918. München 1991.

Wunderlich, Werner (Hg.): Literarische Symbolfiguren. Von Prometheus bis Svejk. Bern und Stuttgart 1989.

Zepp, Klaus-Peter: Privatmythos und Wahn. Das mythopoetische Konzept im Werk Elias Canettis. Frankfurt a.M. u.a. 1992.

Ziolkowski, Theodore: Disenchanted Images. A literary Iconology. Princeton 1977.

– Vergil and the Moderns. Princeton 1993.

Zimmermann, Christiane: Der Antigone-Mythos in der antiken Literatur und Kunst. München 1993.

Zinser, Hartmut: Der Mythos des Mutterrechts. Frankfurt a.M. 1981.

Zuntz, Gunther: Persephone. Three Essays on Religion and Thought in Magna Graecia. Oxford 1971.

# Abbildungsverzeichnis

Titelbild: Max Ernst

25. Kollwitz: Trauernde Mutter (1937), Berlin
26. Rossetti: Proserpina (1877)
27. Marcks: Medea (1947), Bremen, Marcks-Haus
28. Hofer: Kassandra (1936), Halle, Staatliche Galerie Moritzburg
29. Marcks: Kassandra (1948), Bremen, Marcks-Haus
30. Agnes Straub als Medea, 1926, Medea-Theaterbuch, 1989
31. Käte Wittenberg als Medea, 1927, Medea-Theaterbuch, 1989
32. Eva Mattes als Medea, 1983, Medea-Theaterbuch, 1989
33. Klinger: Kassandra (1895), Leipzig, Museum der Bildenden Künste
34. Sammler: Aufmarsch und Kampf (1979), Privatbesitz
35. Hachulla: Die wahnsinnige Kassandra (1973)
36. Breitling: Kassandra (1968), Privatbesitz
37. Strauß: Ithaka, Foto der Münchner Inszenierung (1996)
38. Hampel: Medea (1994), Medea-Mappe

# böhlau Wien neu

**L`Homme**
**Zeitschrift für feministische Geschichtswissenschaft**
ISSN 1016-362X
Erscheinungsweise: zweimal jährlich, broschiert.
Gesamtumfang: ca. 300 Seiten
Abonnementpreis: öS 392,–/DM 56,–/sfr 51,–.
Einzelheftpreis: öS 235,–/DM 34,–/sfr 32,–.

**Edith Saurer (Hg.)**
**Die Religion der Geschlechter.**
**Historische Aspekte religiöser Mentalitäten**
**(L'Homme Schriften, Bd. 1). 1995. 296 S m. 4 SW-Abb.**
**Br. m. SU. öS 476,–/DM 68,–/sfr 62,–. ISBN 3-205-98388-2**

**Brigitte Mazohl-Wallnig (Hg.)**
**Bürgerliche Frauenkultur im 19. Jahrhundert**
**(L'Homme Schriften, Bd. 2). 1995. 443 S. m. SW-Abb.**
**Br. m. SU. öS 686,–/DM 98,–/sfr 89,–. ISBN 3-205-05539-X**

**Ulrike Greiner-Kemptner/Robert F. Riesinger (Hg.)**
**Neue Mythographien. Gegenwartsmythen in der**
**interdisziplinären Debatte**
**(Nachbarschaften. Humanwissenschaftliche Studien,**
**Bd. 5). 1995. 346 S. m. 25 SW-Abb. Br.**
**öS 498,–/DM 69,80/sfr 63,50. ISBN 3-205-98375-0**
Dem diffusen neuen Interesse am Mythos und seiner meist
unreflektierten Indienstnahme für Identitäts- und Handlungs-
konzepte wird hier geantwortet mit stringenten semiologi-
schen Analysen der soziokulturellen Zeichenhaftigkeit und der
realitätskonstituierenden Funktion von Kultobjekten wie
Werbung, Film, Fernsehen, Musik-Idolen, Autos, touristischen
Attraktionen, aber auch literarischen und wissenschaftlichen
Konzeptionen. Der interdisziplinäre Zugang – Geschichts- und
Literaturwissenschaft, Sozialwissenschaften und Pädagogik,
Film- und Medientheorie – ermöglicht eine Bestandsaufnahme
gegenwärtiger Mythen oder Mytheme sowie die Analyse der
Rückwirkungen dieser mythischen Konfigurationen ins Reale.

böhlau Wien

LITERATUR-KULTUR-GESCHLECHT
*Kleine Reihe*

Sigrid Weigel (Hg.)
## Leib- und Bildraum
Lektüren nach Benjamin
Bd.1, 1992. 167 S. 44 Abb. Br. ISBN 3-412-06891-8

Annegret Pelz
## Reisen durch die eigene Fremde
Reiseliteratur von Frauen als autogeographische Schriften
Bd.2, 1993. VIII, 274 S. zahlr. Abb. Br. ISBN 3-412-06991-4

Klaus R. Scherpe
## Die rekonstruierte Moderne
Studien zur deutschen Literatur nach 1945
Bd.3, 1992. 279 S. Br. ISBN 3-412-11291-7

Peter Uwe Hohendahl
## Geschichte - Opposition - Subversion
Studien zur Literatur des 19. Jahrhunderts
Bd.4, 1993. 280 S. Br. ISBN 3-412-02493-7

Jost Hermand (Hg.)
## Mit den Bäumen sterben die Menschen
Zur Kulturgeschichte der Ökologie
Bd.6, 1993. X, 244 S. 9 Abb. Br. ISBN 3-412-02593-3

Birgit Erdle und Sigrid Weigel (Hg.)
## Mimesis, Bild und Schrift
Ähnlichkeit und Entstellung im Verhältnis der Künste
Bd. 7, 1996. 260 S. 25 Abb. Br. ISBN 3-412-14395-2

Corina Caduff und Sigrid Weigel (Hg.)
## Das Geschlecht der Künste
Bd. 8, 1996. 240 S. 8 Abb. Br. ISBN 3-412-07693-7

Manuel Köppen und Klaus R. Scherpe (Hg.)
## Bilder des Holocaust
Literatur – Film – Bildende Kunst
Bd. 10, 1997. VI, 231 S. 24 Abb. Br. ISBN 3-412-05197-7

BÖHLAU VERLAG KÖLN WEIMAR WIEN

# LITERATUR-KULTUR-GESCHLECHT
*Große Reihe*

Sabine Schilling/ Inge Stephan/ Sigrid Weigel (Hg.)
## Jüdische Kultur und Weiblichkeit in der Moderne
Bd. 2, 1994. VIII, 352 S. 16 Abb. Br. ISBN 3-412-00492-8

Sigrid Schade/ Monika Wagner/ Sigrid Weigel (Hg.)
## Allegorien und Geschlechterdifferenz
Bd. 3, 1995. VI, 142 S. 32 Abb. Br. ISBN 3-412-02693-X

Ingeborg Dusar
## Choreographien der Differenz
Ingeborg Bachmanns Prosaband "Simultan"
Bd. 4, 1994. X, 317 S. Br. ISBN 3-412-13293-4

Silke Wenk
## Versteinerte Weiblichkeit
Allegorien in der Skulptur der Moderne
Bd. 5, 1996. 410 S. 100 s/w Abb. Br. ISBN 3-412-02595-X

Martin Luchsinger
## Mythos Italien
Denkbilder des Fremden in der
deutschsprachigen Gegenwartsliteratur
Bd. 6, 1996. VIII, 253 S. 8 s/w Abb. Br. ISBN 3-412-10595-3

Kathrin Oester
## Unheimliche Idylle
Zur Rhetorik heimatlicher Bilder
Bd. 7, 1996. VIII, 211 S. 35 s/w Abb. Br. ISBN 3-412-10695-X

Eva Klingenstein
## Die Frau mit Eigenschaften
Literatur und Geschlecht in der Wiener Frauenpresse um 1900
Bd. 8, 1997. XII, 328 S. 8 Abb. Br. ISBN 3-412-12796-5

Regula Fankhauser
## Des Dichters Sophia
Weiblichkeitsentwürfe im Werk von Novalis
Bd. 9, 1997. VII, 298 S. Br. ISBN 3-412-00397-2

BÖHLAU VERLAG KÖLN WEIMAR WIEN